刘世定 主编

经济与社会译丛

Joel M. Podolny

[美] 乔尔·波多尼 著

地位的信号

对市场竞争的社会学研究

Status Signals

a Sociological Study of Market Competition

张翔 艾云 张惠强 译 张翔 校

格致出版社 上海人民出版社

本书的翻译得到了国家社会科学基金一般项目"金融社会学：历史、理论与现实"（11BSH040）的资助，谨此致谢！

目　录

致谢 ……………………………………………………………… 1

引言 ……………………………………………………………… 1

第一章　地位、声誉和质量 ………………………………………… 11

第二章　(不)受约束的马太效应 …………………………………… 24

第三章　投资银行业的因少得多现象 ……………………………… 44

第四章　是否与普通民众交往:这是问题所在 …………………… 84

第五章　媒介、信息和信号 ……………………………………… 112

第六章　地位与发明 ……………………………………………… 143

第七章　嵌入性与进入 …………………………………………… 187

第八章　演化视角下的地位分隔 ………………………………… 215

第九章　反思不确定性 …………………………………………… 246

第十章　结论 ……………………………………………………… 270

感谢 …………………………………………………………… 289

参考文献 ……………………………………………………… 291

译后记 ………………………………………………………… 301

致　谢

　　人们总是期待结构社会学家们对于行动者的位置对行动者成就所造成的影响保持高度的敏感。当我带着这种敏感面对我自己的生活，思考这本书所涵盖的内容时，我无疑非常幸运地处在一个能够给我带来绝佳支持和智慧的位置上。

　　我15年前已经开始考虑本书最终表达的这些想法，那个时候我还是哈佛大学社会学系的一名博士研究生。作为博士生，我很幸运拥有一个特别好的论文指导委员会。Peter Marsden是论文指导委员会的主席，是他把我指引到我现在这条学术道路上。我现在作为一名教员又回到了哈佛大学，我很高兴我又能够享受到他的洞见、建议和友善。Peter对本书前面一些章节提出了非常有帮助的评论意见。已故的Aage Sørensen也是我论文指导委员会中的一员，在如何像一位社会学家一样思考方面，Aage教给我的比其他人都多。Bob Eccles在激励我理解我所收集的经验材料方面给了我非常大的帮助。

　　在哈佛大学读博士和重返哈佛大学做教员这两段经历中间，我在斯坦福大学商学院度过了十多年，我欠斯坦福大学商学院和那里的人们非常多。如果把所有帮助我推进想法的同事的名字都列出来的话，名单将会非常长，但是有四位同事值得特别介绍：Bill Barnett，Jim Baron，Mike Hannan和Ezra Zuckerman。在最初的5年时间里，Bill和我每周都要在一起讨论研究工作，如果要解释后来的几年我们一起讨论研究工作为什么少了一些的话，那也要部分归因于我们太熟悉对方的想法，以至于我们能够预见到对方的关注点、评述意见和质疑。我欠Mike的怎么说也不过分，他似乎总有时间听我讲那些半拉子想法，和我讨论问题并给我提出使我回到正确方向上的建议。作为一个同事，Mike是兼容并包、富有洞见和给人积极支持的完美混合体。每当我感到我已经彻底弄明白一个分析问题或推理的时候,我会找 Jim,他总是会和我一起讨论并敏锐地指出其中的弱点或发现使我的观点得以成立的其他实证含义。我在很多方面都欠 Ezra 的。我经常说 Ezra 到了斯坦福大学就像吹来了一缕新鲜的空气,他不仅给斯坦福大学而且更大点说给经济社会学领域带来了想象力和新的动力。他比任何人都更多地给我带来信心,相信经济社会学领域必将繁荣。我也非常荣幸普林斯顿大学出版社邀请 Ezra 作为本书的审稿人之一,他对本书初稿极其详细和深入的阅读使本书的终稿得以很大的改进。

Glenn Carroll 和我在斯坦福大学只共事过一段很短的时间,但我要感谢他对我几篇论文的评价和建议,这些评价和建议对推进我的想法很有帮助。我要感谢 Roberto Fernandez,他总是有空和我讨论研究工作。Jeff Pfeffer 给我提供的有关制度研究方面的建议(institutional advice)对我非常有帮助,我也非常感激能够定期得到 Jim March 的建议。

作为一个社会学家,为了弄明白如何才能更好地理解市场,听听斯坦福大学经济学家们的意见非常关键,他们对我从经济学角度的思考提出挑战,使我加深了对经济学的理解。我要特别感谢 Jon Bendor 和 Garth Saloner 的耐心和洞见,我为自己能够成为 David Kreps 和 John Roberts 智慧和友谊的受益者而感到非常荣幸。Bob Gibbons 在行为科学高级研究中心期间以及此后的几年给我提供了一些非常有创见的评论意见。

对我有帮助的斯坦福大学的其他同事还包括 Pam Haunschild, Rod Kramer, Joanne Martin, Mike Morris, Maggie Neale, Charles O'Reilly 和 Jim Phils。最后,我要感谢斯坦福大学商学院院长 Mike Spence,他给了我巨大的支持,他关于市场信号的研究对我的想法有极大的影响。

我还要感谢和我一起合作过研究项目的斯坦福大学学生兼现在的同事:Toby Stuart, Beth Benjamin, Damon Phillips, Douglas Park 和 Fabrizio Castellucci,我们的这些研究项目是本书的基础。我刚到斯坦福大学商学院做助理教授的时候,Toby 走进我的办公室要求浏览一下我研究的项目清单,他告诉我他觉得"专利"项目很有潜力,他表示如果我愿意的话,他想和我合作这个研究项目。Toby 的诚实与直率,和他令人捧腹的大大咧咧一样,让我受益匪浅。他是一位明星博士生,他把时间和精力投入到一位新来的助理教授身上是冒了很大的风险。我觉得我从他那里得到的受益和他从我这里得到的受益一样多，如果不是我得到的受益更多的话。本书第六章关于技术领域的地位过程就是我们通力合作的结果。Beth 在读博士的时候就率先研究了葡萄酒酿酒行业，后来我们一起合作研究，她的努力使我在更宽广的意义上考虑之前考虑的问题。她在收集数据中表现出来的充沛精力和积极态度对那时的我是很大的激励；而她对于真正重要的问题持续不断的关注至今对我还是很大的激励。我和 Beth 合作的研究构成了本书第五章的主体部分。我要感谢 Damon 为本书第四章中的地位增长模型所投入的时间以及他这些年来周到的评论和洞见。Douglas Park 在帮我收集数十年的墓碑公告数据时表现出了惊人的毅力，没有他的帮助就不可能有本书第八章的分析。我和 Fabrizio 的合作研究为本书第九章的分析打下了基础，他和我关于一级方程式赛车行业的合作研究对推进我的思考有很大的帮助。我还要感谢 Greta Hsu 和 Ozgecan Kocak 帮助我加深了对市场如何运转的理解。

除了感谢上述学生以外，我要感谢 Fiona Scott Morton，我们愉快而富有成果的合作引出了本书第七章的分析。Fiona 表现出了开放的心态，她乐于跨越学科的边界，我们的合作显示出一个经济学家和一个社会学家是可以取得丰硕的研究成果的。

当我两年前重新回到哈佛大学时，我开始热切地投入到本书的写作中，我真诚地感谢社会学系和商学院组织行为研究组同事们的支持和鼓励。老实说，虽然我被许多人的善意所包围，但我还是需要特别感谢 Max Bazerman, Frank Dobbin, Jack Gabarro, Boris Groysberg, Linda Hill, Rakesh Khurana, Jay Lorsch, Nitin Nohria, David Thomas, Mike Tushman, Mary Waters, Chris Winship 以及前面已经提到的 Peter Marsden。我要感谢 Dorothy Friendly 和 Tom Barrow 帮我整理手稿。最后，我要感谢 Kim Clark, Bill Kirby 和 Krishna Palepu 为我提供的大量资源支持，感谢我所在的机构。如果把我以前作为本科生、研究生和现在作为教员的时间加起来，我已经在哈佛大学呆了差不多 12 年。这里是我所知的能够为你发展自己想法而提供最好条件的地方。

虽然我大部分的学术时间是在哈佛大学和斯坦福大学度过的，但我在芝加哥大学也呆过一个学期。我要感谢 Ron Burt 为我提供了去芝加哥的机会，我们有多次令人兴奋的交流。在这个学科中，还有其他一些人也一直对我有很大的帮助。自从我 1985 年选修了 Peter Bearman 的一门本科生讨论课起，他就一直是我的老师、支持者和好朋友。如果不是因为他的影响，我不会选择成为一个社会学家。Peter 对本书前几章的部分内容给出了非常有帮助的反馈。Harrison White 在我 15 年的学术道路上一直给我温暖的支持。在所有学者中，Harrison 对我选择经济社会学作为专业领域的影响最大。我要感谢 Mark Mizruchi 对我提供的超出审稿人职责的帮助。和 Ezra 一样，Mark 对本书的所有章节都提出了非常详细的反馈意见。

我要感谢普林斯顿大学出版社的工作人员。Ian Malcolm 在编辑出版过程中做了大量的组织工作。Linny Schenck 和 Carolyn Hollis 在把我的手稿转化为一本书的过程中非常辛苦和负责任。Will Hively 对我的手稿进行了极其仔细的阅读和校对，我对此非常感激。

最后，我要感谢我生命中那些最亲近的人们。我要感谢我的父母培养了我对学习的爱好和自信，这种对学习的爱好和自信使我能够在学术生涯中坚信，每天持之以恒的努力必将获得成功。我要感谢我的孩子 Aaron 和 Asa，他们使我的生命充实并充满骄傲。我还要感谢我的妻子 Tamara，她是我最坚定的支持者和最亲密的朋友。她给予了我那么多，她教导我知识，使我明白不仅要把心灵连接在一起，而且要把思想连接在一起。我将这本书献给她，我知道这只是她已经为我所做的一切的一个小小的信号。

乔尔·波多尼
马萨诸塞州坎布里奇，2004 年

引　言

来自一个新领域的新视角

我们都熟悉待在宁静而崇高的象牙塔上的学者的形象。虽然这样的形象为那些批评所谓学者的受教育水平高但与日常生活相脱离的人们提供了口实,但对于那些选择以学术为业的人们而言,这样的形象也许是他们选择的内在动力之一。当然,当我决定读博士的时候,我就觉得这样的学者形象对我而言很有吸引力。在之后的几年中,我得到的结论是学术研究和摔跤比赛(wrestling match)一样,有其宁静而崇高的一面。想法和研究发现并不是像一阵风一样从象牙塔的窗户吹进来,而是像格列佛笔下的小人国居民那样,互相拉拉扯扯,推推搡搡,奚落和嘲笑着你,躲闪着不被你轻易抓住。有时候一个今天看来完全正确的想法到了明天却发现是完全错误的。有时候你发现一个出人意料的经验现象,以为是一条充满希望的研究路径,但一个星期或者更晚几天后却会发现这是一条死胡同。有时候你会面临将乍看上去毫不相关的发现——有的是预期之中的发现,而有的是意料之外的发现——联系起来的挑战。为了取得显著的进展,你就不得不从沉静的玄想转入到现实的困扰中,这些半拉子想法和初步发现在你脑子里日夜盘旋,直到最后被清楚地梳理成一种模式或者概念。如果你相信有好想法会一下子从窗户吹进来这样的好事,那么你善意的同事和匿名审稿人会很快毫不留情地让你回到清醒的状态。

我大概从 1990 年开始考虑如何将地位概念的不同层面和市场联系起来。我们通常在个人或者由个人组成的群体的关系背景下讨论地位,比如一个美国高中里不同群体之间的排列顺序,比如中世纪法庭中表现出来的顺从关系(deference displays in medieval courts),比如种姓社会(caste society)中对人际交往的规定和限制。我们很少把地位看成是公司所拥有的一种财产。有时候我们会顺带地谈到公司之间地位的差别,比如一家声誉卓著的银行,比如一家服务优质周到的(white-glove firm)律师事务所,比如一个有"品位"(class)的品牌。但即使在我们意识到不同公司的地位存在差异的情况下,我们一般也很少会把注意力集中到理解为什么会有这样的地位差异存在?这些差异是如何随着时间的推移被继续保持或者被改变的?

我以前和别人一样,没有对"市场中的地位"(status in markets)这一概念考虑太多,但当我在哈佛大学读研究生的时候,我读了Robert Eccles和Dwight Crane写的一本关于投资银行业的书《做交易》(Doing Deals)。他们在其中的一章中指出,投资银行家们时时刻刻为他的公司和其他公司相对地位的排序问题而焦虑。如我在本书第三章中所讨论的那样,投资银行业的一个特点是有所谓的"墓碑公告"[1](tombstone advertisements)来作为公司行业地位的有形标识。但我对Eccles和Crane关于地位焦虑的发现思考得越多,我就越发现这样的困扰并不仅仅限于投资银行业。当我阅读关于会计业、时尚用品业以及玩具业等不同行业的书籍和文章时,我发现公司就像一个人一样在乎自己的地位。但是所有的行业研究报告对于这些地位差异背后的原因、后果和机制都未能提供非常系统的信息。既然社会学家们对于个人之间的地位有深入的思考,那么把社会学关于地位的思考进一步拓展到理解市场中地位的运作方式也就顺理成章了。

受到20世纪80年代经济社会学研究进展的激励和鼓舞,我开始沿着其思路前进。自从Harrison White在1981年《美国社会学杂志》(American Journal of Sociology)上提出挑衅性的问题"市场从哪里来"以来,有很多社会学家都试图证明,如果把市场的运作理解成一种社会机制的话,我们能更好地理解市场的运转。例如,White认为如果我们把生产者们看成是在选择扮演一些相互有联系的角色的话,那么产量和生产者的报酬就能在市场这一结构中得到更好的理解。根据他的看法,生产者并不懂什么需求曲线,他们观察其他生产者的选择,然后确定某一价格/产量的组合,也确定了他们产品的品质比一些生产者好一些而比另一些生产者差一些。

通过一种类比的方式（by way of analogy），White（1981）注意到 Roger
Bannister 第一次在人类历史上在 4 分钟内跑完了 1 英里——这曾经被认
为是不可能的——之后不久，很多运动员都跑进了 4 分钟。虽然很明显对
此现象有其他解释，如训练和饮食的改进，但 White 的这一类比在某种程
度上是有意义的，因为这有助于把 White 的市场模型和社会学关于群体内
部角色结构的解释联系起来。比如，William Whyte（1981）观察到帮会成
员的保龄球分数受到他们在帮会中地位的影响。和在体育竞赛或者社会
群体中一样，在市场上"什么是可能的"这一问题很大程度上要通过一个社
会过程才能被确定下来，不同的群体成员在这一过程中互相打量和揣测，
以获得什么是合适的努力和表现的暗示。

　　虽然大家对于经济社会学是社会学中迅速发展的一门分支这一点已
有共识，但对于"新经济社会学"的研究范围却还没有达成共识
（Swedberg, 2003）。我想指出的是，目前经济社会学已经展现出的一个重
要特征就是利用社会学更宽泛的分析性架构（broader corpus of analytical
constructs）来重新思考市场的运转。

　　"新经济社会学"的一个分支试图阐明市场机制对资源的分配并不是
个体追求其个人利益的必然后果，而是集体追求共同利益（一般是以另一
集体的利益为代价）、主流的文化理解和国家行动的一种结果。这一流派
的研究深深地植根于 Polanyi 的经典著作《大转型》（*The Great Transfor-
mation*, 1944），并通过 Dobbin（1994）、Carruthers（1996）、Beckert（2002）
和 Fligstein（2001）等人的著作获得了新的发展动力。

　　除了上述研究市场制度性基础的理论流派以外，还有第二个理论流
派——本书就属于这个流派——关注市场究竟是如何运转的。在最低的
一个层面上，市场是一种匹配机制。但到底是什么因素决定了哪个买者和
哪个卖者相互匹配呢？是什么因素决定了特定买者和卖者之间交易的条
件——价格、质量和数量呢？

　　在经济学标准的一般均衡模型中，匹配和定价机制就是所谓的"瓦尔
拉斯拍卖师"（Walrasian auctioneer）在确定价格水平并导致市场出清（比
如在设定的商品价格水平上没有对该商品的过度需求）。瓦尔拉斯拍卖

师——这一称谓是为了纪念这一被称为一般均衡理论之父的法国学者——只是为了分析上的方便,这也是为了一般均衡模型能够确定价格而必需的一个假设。但是在真实的市场上,并不真的存在这样一个所谓的瓦尔拉斯拍卖师,所以市场是如何运转的这一问题依然有待解决:是什么因素决定了哪个买者和哪个卖者相互匹配? 是什么因素决定了交易的条件呢?

　　经济社会学家们到目前为止尚未发展出足以取代瓦尔拉斯拍卖师的对匹配机制的简单论述,我认为这样一种判断应该是合适的。但经济社会学家们的确已经强调了市场运转中几个会影响交易和交易条件的重要问题。比如,Espelang 和 Stevens(1998)强调了统一度量单位的重要性,通过建立公制单位,不同数量的商品之间变得可以相互比较了。Zelizer(1994)则向我们展示了文化和制度是如何通过影响我们参考的“心理账户”(mental accounts)从而影响了我们购买特定商品或者服务时愿意支付的价格,甚至影响了我们认为应该支付的价格。更重要的是,经济社会学家们强调个人和公司行动者之间关系网络的重要性。对社会网络影响市场结果最清楚的证明之一是 Wayne Baker(1984)关于芝加哥商品交易所的分析。经济学关于市场的模型总是假定市场效率会随着市场参与者的增加而增加,而市场效率增加的一种表现就是价格波动性的减小。但 Baker 认为个体是没有足够的认知能力去一一询问数之不尽的买卖意愿的。所以当某一特定商品的交易者数量增加到某一临界值以上时,市场就会分裂为数个交易群体,群体成员主要关注群体内部的交易信息。而这样的分裂会增加市场价格的波动性。事实上,认知能力的局限会导致行动者倾向于依赖于人际网络来获得信息,而对人际网络的依赖又影响了市场的运转。Mizruchi 和 Stearns(2001)的研究则显示了在不确定性的情境中,对个人网络的依赖是如何影响了银行的经理们向公司客户提出的交易条件。

　　更一般地说,人际网络是新经济社会学“嵌入性”理论传统的中心分析概念,这一理论最早由 Granovetter(1985)提出,随后被 Raub 和 Weeise(1990)、Portes 和 Sensenbrenner(1993)特别是 Uzzi(1997)进一步发展。在嵌入性理论传统中,市场行动者之间的社会关系(social ties)被视为是关于交易机会的信息以及信任的流通渠道,强关系有助于买者和卖者之间共享价格和数量以外更复杂的信息,从而能促进更好的匹配。Padgett 和 McLean(2002)指出,特定的交易关系模式可以被看做是一种背景下的逻辑转化到另一种背景下的逻辑的体现,从而扩展和丰富了嵌入性理论。比如,婚姻所确定的这样一种关系模式就带有强烈的谁能够和谁交易的含义,所以婚姻可以被视为是一个特定市场上的一种合适的关系交易模式。

人际网络也是 Burt(1992)结构洞理论(theory of structural holes)的中心概念,他的理论认为,一个行动者相对于其交易对象的自主权(autonomy)取决于其交易对象们相互之间的分隔程度。如果其交易对象之间是相互分隔的,那么这个行动者就能够在信息和资源的交易中取得更令他满意的交易条件。

如同上述学者以及其他一些学者所展示的那样,社会网络是新经济社会学对市场进行反思的中心。在上述引用的文献中,网络对于市场特别重要。因为网络就好像是物质得以传输的渠道或"水管"一样,网络是信息和资源的流动通道,形塑着(shape)市场结果。所以在 Baker 的研究中,社会网络就是关于交易信息的流通渠道。

虽然这一研究为我们提供了一个网络作为信息和资源流动渠道从而影响交易模式和交易条件的引人入胜的案例,然而网络还有另外一种影响市场结果的方式。两个行动者之间的社会关系不仅有助于他们之间的交流,而且别的市场主体也会参考这两个行动者之间的社会关系对这两个行动者的可靠程度进行判断,从而影响市场结果。比如 Baum 和 Oliver (1992)在一项对日间照料中心的研究中发现,日间照料中心是否和一个诸如教堂或学校之类的有合法性的机构(legitimate institution)有关系,在很大程度上将会影响客户对该日间照料中心的接受程度。日间照料中心和有合法性的机构之间关系的意义不在于为信息或者资源的流动提供渠道,而在于让客户能够感知到这种关系并根据这种关系对日间照料中心的服务质量进行判断。

当两个行动者之间的关系存在与否成为第三方对这两个行动者的内在质量进行判断的参考依据时,市场上既有的关系模式就成为其他市场主体寻找交易对象和确定合适交易条件的重要指引。如果说管道是社会网络第一种特征的形象比喻的话，那么多棱镜就是社会网络第二种特征的形象比喻，因为社会网络成为其他人分辨一系列行动者之间差异的基础。事实上，关系模式就成为在市场上观察差异的多棱镜。

如我后面很快将要更详细地讨论的那样，一个行动者的地位很大程度上是这个行动者被他人感知到的、向其流动的社会网络关系的一种结果。和这样的看法相一致，我试图通过强调地位和市场之间的相关关系，拓宽社会学对网络和市场结果之间关系的理解——我鼓励社会学家们把中心行动者的社会关系看成是其他行动者（这些其他行动者并不一定和中心行动者有社会关系）判断中心行动者质量时参考的依据。简单地说，我强调的网络重要性并不是简单地把网络看成是信息或资源流动的渠道，更在于把社会网络看做是身份（identity）的重要组成要素。

当然，地位并不是受到行动者社会网络关系影响的身份的唯一一个方面，也不是和市场结果相关的身份的唯一一个方面。比如，Rao、Davis 和Ward（2000）考察了公司是如何通过与纽约证券交易所或纳斯达克交易所发生联系来影响人们对其的看法。Zuckerman（1999，2000）研究了行动者的关系模式如何成为第三方判断其质量时参考的信息基础，这一研究非常有冲击力，他考察了金融分析师对股票的板块划分如何影响公司的资产剥离（divestitures）和股票价格。证券公司的金融分析师不会跟踪和预测所有公司的业绩，而是根据专业知识专门关注一些与某种制度化的认知类型（institutionalized cognitive category）一致的公司，比如食品储藏业（food stocks）就可能会被认为与制度化的认知类型一致，而娱乐业（entertainment）就可能被认为不一致。Zuckerman 发现金融分析师们对那些资产组合跨越多种认知类型的公司的关注更少，因为在评价这些公司的价值时缺乏非常清晰的参考群体。事实上，我们可以把公司的兼并或资产剥离看做是对认知类型内部和不同认知类型之间的交易关系模式进行重新建构，而金融分析师们基于这些关系模式来对公司进行分析。公司缺乏金融分析师的关注会转化为缺乏来自投资界的关注，从而使公司的融资成本上升。所以，即使有专门分析跨类型经营公司资产组合价值的工具，这样的公司也会因为其关系模式和制度化的市场类型不一致而受到资本市场的惩罚。Zuckerman的研究强调公司的交易关系模式影响了人们对公司的认知，也强调了市场网络的多棱镜功能——一个人的关系模式最终会决定其身份。

　　然而，为了更好地理解市场机制的运转，我们需要也应该进一步探讨市场身份的其他方面，本书的一个中心前提就是我们需要对地位做进一步的深入探讨。

　　我在1993年发表了我的第一篇论文，这篇题为"基于地位的市场竞争模型"的论文发表在《美国社会学杂志》上。我在文章中用地位的概念来透视市场竞争。在那以后，我独立或和他人合作——我已经把更详细的合作情况写在致谢中——讨论了不同市场背景中地位的作用：投资银行业、葡萄酒业、半导体业、远洋运输业、风险投资业以及一级方程式赛车行业。这些研究结果都已经发表在杂志或书籍中。

　　虽然上述每一个市场都为我们提供了分析性地透视地位的一个或者两个侧面，但没有哪一个市场能单独提供如下机会：清楚地表述所有的相关问题，或者突出地强调在考察市场地位过程中具有一般性的方法论问题。而且因为不同的市场中测量市场地位的方法不一样，所以对其他人甚至我自己而言，把不同的研究相互联系在一起并不是轻而易举的事情。

　　我把不同的经验研究集中在一起，试图建构出一幅比各部分之和更大的整体图景。虽然我在1993年的论文中提供了一个基于地位的市场竞争模型，但我的想法在此后的研究中又有了进一步的发展。与此同时，其他一些学者也进行了一些研究，这些研究拓展了我们对于地位和相关理论概念的理解。

　　因为我的想法有了新的发展，而且出现了很多相关研究，所以本书有多重目标。本书的首要目标就是要更清晰地界定"作为信号的地位"这一概念。我的信号概念和经济学中的信号概念有一些重要的区别。我在本书的第二章中将会详细阐述这些区别。

　　本书的第二个目标就是要把我独立或合作发表的不同论文的发现更清楚地整合在一起。在整合这些不同研究发现的过程中，我不仅要对市场内部的地位动态过程（status dynamics within markets）做更详细的讨论，而且强调市场地位和其他领域特别是社会领域以及公司的技术创新领域中地位的相互依赖关系。如我后面将会详细阐述的那样，地位的一个重要特征就是地位会"渗透"（leaks）。一个行动者的地位会受到与他交往的人地位的影响，而且地位也会在同一个行动者的不同活动领域之间渗透。比如，一个公司的领导们在社会领域的地位会"溢出"并影响与这些领导有关系的公司的地位。本书的第三章到第五章专门集中讨论市场上的地位过程，第六章和第七章则进一步拓展讨论了相互依赖的相关领域的地位特征（status distinctions）将会带来的市场后果。

本书的第三个目标是要提出引导市场地位动态过程（status dynamics in markets）研究方向的一系列问题，并强调在探讨这些地位动态过程时一再出现的实证问题。其中一些最重要的分析性问题如下：

（1）什么是维持市场地位次序（status ordering）的主要市场机制？

（2）其他相关领域中的地位特征是如何溢出到市场领域，从而对市场竞争产生影响的？

（3）哪些经济报酬方面的差异是由地位次序带来的？

（4）哪些环境条件决定这些由地位次序带来的经济报酬是大还是小？

部分一再出现的实证问题包括：

（1）确认地位差异产生所依赖的主要依据。

（2）把包括地位在内的市场行动者据以判断潜在交易对象质量的信号影响效应模型化。

本书的第四个也是最后一个目标就是把我关于地位的研究工作和其他人的相关研究联系起来。多年来我一直在思考我的地位概念与经济学中的声誉概念或者市场营销学中的品牌概念是什么样的关系。在本书的第一章，我一方面讨论了地位和声誉、品牌之间的差异，另一方面讨论了声誉和品牌的差异。在本书的第二章，我从地位的概念出发而不是从声誉或品牌的原初概念出发讨论了相关的理论假说和推论。除了把我对地位概念的理解和与来自其他学术领域的相关概念作出区分外，我还想把我和其他社会学家相关研究的联系和区别梳理清楚。自从"基于地位的市场竞争模型"一文发表以来，很多社会学家发现对他们关于市场动态变化的研究而言,地位是一个很有用的学术概念。在本书中,我力图将我和其他学者的研究整合起来。当然,对市场以外其他领域的地位问题有悠久的研究传统。除了 Weber(1948)、Veblen(1958)、Blau(1964)以及其他一些社会学家认为地位是一个重要的议题以外,地位也是被称为预期状态理论(expectation states theory,参见 Berger et al.,1977)的实验传统经常提及的一个概念,Gould(2001)最近的一篇论文提出了一个很吸引人的关于群体内地位层级结构的形式模型。这些著作对我总体上的思考有很大的影响,也影响了本书的写作。我在本书第二章的最后部分集中讨论了他们的地位概念和我的地位概念之间的联系与区别。我也试图与经济社会学和组织社会学的其他理论传统建立更清晰的联系,比如嵌入性传统(Granovetter,1985)、结构洞理论(Burt,1992)、组织生态系理论(Carroll & Hannan,2000)以及一系列关于技术演变的文献(Hughes,1987;Pinch & Bijker,1987)。虽然这些其他研究传统的中心关注点不是地位的动态过程,但他们关注公司和市场的特征,而这些与对市场地位的完整理解有关系。所以需要把他们的洞见和我的思考结合起来。我在本书的第一章和第二章对核心理论进行讨论,在本书第三章到第五章,我将主要关注市场地位的动态过程,在本书第六章到第九章,我将对市场地位的动态过程与上述其他理论做全方位的诠释。第六章关注地位特征如何随着产业技术的变化影响市场地位的动态过程;第七章把市场地位动态过程和嵌入性视角联系起来;第八章把市场地位动态过程和组织生态学联系在一起;第九章则结合 Burt 的结构洞理论讨论了地位和市场竞争的相关性。

我相信有想法的读者可能会对某个操作化提出质疑,或者对某一项发现提出其他解释。我当然知道我对部分实证分析有自己关心的问题。的确,一项研究所关心的问题会为随后的研究铺平道路。在写作本书的时候,我试图强调不同的经验研究都具有能够相互补充的性质。我热切地希望读者们对特定分析的质疑能够在与其他分析的相互碰撞中得到满足。我们通过地位的透镜使一系列纷繁复杂的市场现象得到更清晰的解读,我们从中获益匪浅,即使读者们读完了本书还有许多疑问的话,这些疑问也有必要从我们的收获中进行扣除。只要地位这一透镜真的能够帮助我们集中关注那些被主流市场图景所遮蔽的市场现象的不同方面,那么这本书就对经济社会学这一新兴领域作出了贡献,我将为此感到欣慰。

注释

　　[1] 墓碑公告是证券发行公告的一种通俗叫法。为了保持原文的意蕴,本书将继续使用墓碑公告这一译法。——译者注

第一章

地位、声誉和质量

我们都有过这样的经历:走进一个都是陌生人的房间。这样的经历类似于我们生活中的一些转折点,比如进入一所新的学校、开始一份新的工作或进入一个新的社区。我们中的大多数人都会觉得这样的时刻心中会充满焦虑。在我们心中有意或无意之间会产生一系列问题:我应该和谁说话? 不应该和谁说话? 如果我过一段时间不说话,人们会怎么看我? 如果我和不合适的人说话,人们又会怎么看我? 我待在这里的好处是什么? 是想遇到对我来说在新环境里非常重要的人,还是随便待一下? 我待在这里的坏处又是什么? 如果我说错了什么话或者被认为和不合适的人待在一起的话,会引起哪些影响未来人际交往的不利后果?

为了回答上述这些问题,我们会环顾整个房间,寻找可能的线索和信号。面对这样的不确定性,一种典型的第一反应就是看看有没有我们认识的人。如果这里的场景是开始一份新工作的话,那么我们就会看能不能找到我们曾经在工作面试中遇到的人。如果真的有这么个人的话,根据经验我们会到他那里寻求初步线索。如果我们喜欢那个人的话,我们会假定和那个人一起聊天的那些人可能是受人欢迎的。如果我们和那个人关系不好的话,我们就会转移注意力甚至会挪到房间的另一边,以确保我们第一个遇到的人不是一个糟糕的家伙。

如果我们确实一个人都不认识的话,我们还有其他的线索和信号可以依赖。谁是谈话的中心人物? 谁是谈话的边缘人物? 谁总是被一群朋友包围着? 谁的观点总是被人们忽略? 谁在主导着谈话? 甚至连笑话引起的笑声这样的细节都可以成为当下社交场合的线索。高尔夫球手 Lee Trevino 有一次被问及作为一个新手和作为一个成功的职业选手之间的差别，他打了个比方说："当我是个新手时，我讲笑话的时候没有人笑。而当我赢得了多项联赛之后，我讲同样一个笑话，突然之间人们就觉得我的笑话非常有趣。"这暗示了地位特征和顺从关系（deference relations）的特殊用途，他们能够帮助我们在社会生活中游刃有余。地位特征和顺从关系能帮助我们知道应该关注哪些人的观点，或者至少应该装出关注的样子。更深一层地说，他们能够帮助我们判断房间内人们的特征——谁是聪明的，谁是愚蠢的，谁是应该结交为好朋友的，谁是应该回避的。

当我们努力解读人们发送的信号的同时，我们也知道其他人也在——有意识和无意识之间——解读我们不可避免地发送出来的信号。通过和一些人交谈而忽略另一些人以及等着其他人说话，我们就创造出供他人判断我们情况时参考的可感知的基础。

即使这样的判断没有充分的根据，我们也知道这样的判断会导致一种自我实现的预言。如果一个人讲了一个笑话而没有人笑，这个人就会感到尴尬，不好意思再讲下一个笑话。而如果他再讲笑话的话，其他人也会忽略过去。结果，这个人很有可能成为这个群体里的一个边缘行动者，即使人们最初的冷淡反应仅仅是因为他的运气不好而已。

当一个人在一个社会情境中做评论时也存在同样的情况。如果一个人的评论被其他人质疑、嘲弄或忽略的话，这个人就会变得没有把握和信心，而其他人则更有信心对他评论的模糊之处进行挑战。同样的，最初的互动可能仅仅是因为运气不好，但是因为预期对行为的动态影响，最初的互动还是会对随后的结果产生影响。当然，运气不一定总是不好。有的人可能一开始就被人们认为很聪明很风趣，甚至比他实际的情况还要更聪明更风趣。最初互动的积极反馈将会鼓励他做进一步的投资——比如去了解最新的流行话题，上网搜索最新的笑话——这将使他在一段时间内能在群体中占据中心位置。

50 多年以来，社会学家们已经发现地位的概念非常有助于我们理解类似上述情境的社会动态过程。的确，20 世纪最伟大的社会学家们，如 Weber（1948）、Blau（1964）、Homans（1951）、Merton（1968）和 Parsons（1963），都发现地位的概念对我们理解一系列社会情境中的行动非常有帮助。地位的概念展现出一幅关于位置的层级制（hierarchy）——一种社会秩序——图景，个体在这一层级制中的位置会影响其他人对该个体的期待和行动，从而决定该个体面临的机会和约束条件。

　　本书将这一最有社会学味道的概念运用到对市场的研究中，我将用地位层级制的图景对市场中的生产者进行一种概念化。对特定市场中生产者的集中关注对于勾画本书的范围和贡献非常重要。从 Veblen（1953）到 Bourdieu（1984），社会学家们一直都对个体的地位如何影响他们的消费模式感兴趣。在上述研究传统中，对其他领域中基于地位的竞争——比如街坊邻里之间、同一教堂的教友之间或同一家公司的同事之间——而言，市场是一项必不可少的投入（an essential input）。与此不同的是，本书将关注点集中于市场内的竞争，我认为我们并不一定需要超越市场上生产者和消费者的互动才能观察到地位的影响。

一个关于地位的故事

　　地位对于我们理解市场中的生产者非常重要，为了对这一点做初步的说明，让我们来看一个刊登在 2002 年 7 月 19 日《华尔街日报》头版上的故事。绿松石通常被认为是一种"次贵重"（semiprecious）的石头。当然，即使是次贵重的石头，也是价值数千美金的宝石，绿松石也不例外。有的绿松石售价超过了一万美金，而由美国本土最优秀的艺术家加工的绿松石在全国著名的博物馆巡回展览。然而，与此同时，这种次贵重的宝石却在凤凰城天空国际航空港内的"沙漠风景"（Desert Images）旅游纪念品商店里和 0.25 美元一张的明信片以及 2.99 美元一副的变色眼镜放在一起出售"，其宝石的形象大大受损。

　　面对需求的急剧增长，高端珠宝商们有下列三种应对策略。有些高端珠宝商，比如"受人尊敬的纽约零售商"Fortunoff 公司大大增加了对绿松石的收购。另外一些高端珠宝商则一如既往地少量收购绿松石。比如根据报道，一直销售绿松石的 Tiffany 公司"嘲笑了"（scoff at）为应对需求增长而扩大绿松石采购的想法。第三类高端珠宝商大概从来没有卖过绿松石，他们拒绝销售绿松石。事实上，那篇报道的开篇就是关于 Lane 珠宝公司的描述。这家来自芝加哥的珠宝商"以其高端的服务为荣，但是也有缺点。前来求购绿松石——时下必备的宝石——的顾客就不得不另寻他处了"。Steve DeMarco 是 Lane Jewelers 公司的老板，他甚至愿意告诉这些潜在的顾客，他们应该到哪里能找到绿松石的销售商："亚利桑那州的公路边。"和 Fortunoff 公司不同，Tiffany 公司和 Lane 公司担心把绿松石引入到其商品目录中——在 Lane 公司的案例中，甚至仅仅对绿松石进行介绍——会影响其公司形象。

　　虽然看起来一个高端的珠宝商担心出售绿松石会影响其形象的原因是显而易见的，但是这一问题却值得进一步探讨。高端珠宝商的形象是如何受到威胁的？Lane 珠宝公司如果出售次贵重的宝石，那么就不能提供高端的服务了吗？当然不是。事实上，Lane 公司的客户可能有理由认为Lane 公司拒绝销售绿松石说明其服务不够好。如果顾客真的希望买到绿松石的话，他们就不得不寻找一个新的值得信任的绿松石销售商。

　　珠宝商的形象会受到威胁，主要因为"价格昂贵"是其形象的关键因素，而绿松石是一种价格相对较便宜的宝石吗？也许，Tiffany 公司和Lane 公司担心其店内充斥着不请自来的希望买到便宜货的顾客，而这可能会影响那些会花费几千、几万甚至几十万元购买珠宝的高端客户的购物体验。这样一种解释有两个问题。首先，如前所述，一个高端珠宝商可以扩大对绿松石的采购，但只出售高价的绿松石，比如单价 5 000 或 10 000美元以上的绿松石。事实上，《华尔街日报》的文章就提到一个叫 Eiseman Jewels of Dallas 的珠宝公司采取了这种策略，其顾客每笔交易的平均额度达到了 9 000 美元。根据文章所述，Richard Eiseman 公司找了 50 多处绿松石集散地（collections），以寻找与其公司形象相符合的高端绿松石，最终他们确信找到了他们想要的绿松石。其次，至少在 Tiffany 公司的案例中，Tiffany 公司已经开始销售绿松石了。如果绿松石的价格能够保持在足够高的价格门槛以上的话，很难相信 Tiffany 公司需要担心如果把绿松石的采购增加两三倍的话，会招来更多不请自来的顾客。

　　我们还需要考虑这些商店声誉的其他方面，但看起来 Tiffany 公司和

Lane 公司应该是可以在采取措施提升其服务以满足顾客们不断增长的期待——服务、清洁度、高价优质的商品、私密性强的购物环境——的同时，扩大对绿松石的采购。所以，我们要再一次问：为什么这些珠宝商会担心其形象受到影响？

这个问题的答案部分地与声誉和地位这两个概念之间的差别有关，经济学家们在对市场的分析中经常使用声誉概念，而地位概念是本书的核心概念。当经济学家们使用声誉这个术语时，或者普通人日常提及声誉时，他们常常是指一种基于过去行为的对未来行为的预期。所以，当我们说 Tiffany 公司在提供高端的服务和私密的环境方面享有盛誉的时候，我们事实上在说大众相信 Tiffany 公司会提供高端的服务和私密的购物环境，因为这种水平的服务和购物环境在其销售人员和顾客过去的交易互动中已经得到了体现。抽象一点说，如果一个行动者——不管是个体行动者还是由个体行动者组成的团体比如公司——在 X 方面具有声誉，那么这是因为行动者在过去的行动中证明了这一点。但是，当我们使用地位这个术语时，我们是指一个行动者在一定层级秩序中的位置（position in a hierarchical order）。这一位置反映了一些更好或更差的模糊感受（diffuse sense of better or worse），这些感受与过去的行为只是间接相关，但却与关系模式以及这个行动者选择是否建立从属关系（affiliation）直接相关。

很明显，高端珠宝商的问题在于绿松石的形象受到了影响，因为绿松石在亚利桑那州的路边商店以及机场商店和变色眼镜、明信片等低端商品一起出售。如果一个高端珠宝商售卖绿松石的话，那么感觉上这个珠宝商就好像沦为卖变色眼镜的低地位销售商的同类。消费者——或有意识或无意识地——开始怀疑高端珠宝商事实上是比他们事先想象的更低端的销售商，这样高端珠宝商就会有地位下降的风险。

正如社会学家们和人类学家们（Blau，1955，1964；Dumont，1981）已经证明的那样，地位会通过人际交往和交换或顺从关系发生转换。交换关系的特征，是交换的双方之间存在着价值方面一种含蓄的、不严格相等的交易；交换可能涉及物质商品和支付，但并不必然如此。比如，朋友关系就具有交换关系的特征，每一方都轮流扮演着给予者和接受者的角色。顺从关系具有不平等的特征：一个人对另一个人表现出能够被大家认为是承认对方在某种程度上处于更高地位的行为。有一些学者把学术期刊上对他人的引用解读为一种顺从关系，因为引用他人的文献一般会被认为是对被引用作者的研究作出了重要贡献的一种含蓄的承认。

当一个行动者参与到被他人认为是一种和其他人进行交换或交往的行为中时，每一方的地位都会对其他方产生影响。如果一个高地位行动者和一个低地位行动者交往，那么高地位行动者的地位就下降了。一个关于地位下降特别生动的例子来自于 Elias 和 Scotson（1994）的著作《内部人和外部人》（*The Established and the Outsiders*），他们对一个英国村庄的社会动态过程进行了考察。Elias 和 Scotson 在书中描写了一个新来者来到一个小镇的较好地段及后来被驱逐出去的故事。

入住村庄"好街区"的新进入者总是会受到怀疑，除非他们显而易见地属于"好人"。原来的居民们需要一段观察期，以保证其地位不会因为和一个行为标准尚不确定的邻居交往而下降。这个案例中被驱逐的"害群之马"是一个刚搬到这一地区的妇女，她在被问及与其邻居的关系时表示："他们非常保守，从来不在路上讲任何事情。"她随后讲述了她是如何在刚搬进来没多久的"一个大冷天，请一位清洁工进屋来喝了一杯热茶"……"他们看到了，这使这里的人们大为震惊。"

在这个例子中，一方（工人）已有确定的身份，而另一方（屋主人）还没有确定的身份。所以，工人对屋主人身份的影响就要强于屋主人对工人身份的影响。如果交换的双方都有明确的固定身份，那么我们可以预期地位较低一方的地位一般就会上升，而地位较高一方的地位一般就会下降。所以，学者们在对印度种姓制度的研究中发现：跨种姓的交往在高地位的人们看来是对其地位的玷污（polluting）。我将在后面关于投资银行地位变化的分析中提供合作银行之间此类地位污染（statue contamination）或地位渗透的证据。

地位也会通过顺从关系发生流动。当一个高地位个体展示对他人的顺从关系时，比如对大众宣称将会听从某个人的安排，那么那个人的地位就上升了。事实上，得到一个高地位行动者的顺从比得到一个低地位行动者的顺从会对个人产生更大的影响。如果一个首席执行官告诉雇员们他们应该听从某一个新雇员的意见，他的这样一种表示顺从的姿态所产生的影响将远远大于一个流水线工人做类似表示所能产生的影响。

地位不仅会在同一个领域内的不同行动者之间——比如在两个处于同一组织或社区的个体之间——渗透，地位特征还会在不同领域之间渗透。社会领域内的地位特征会溢出并对政治或经济领域产生影响。你可以观察到电影界的名流支持政治家，政治家（或者至少是曾经的政治家）们公开支持某些公司，知名的律师事务所和银行的雇员会在酒吧里"借用"其雇主的好名声，力图给他人留下印象。

简而言之，当两个行动者相互交往发生交换或顺从关系的时候，其他人将会观察到这种关系的存在，与此同时，地位就通过这种关系发生了渗透。如果是两个地位相当的个体之间发生这样的关系的话，双方的地位既不上升也不下降。但是，如果是两个地位不一样的行动者之间发生关系的话，那么地位较高一方的地位将下降，而地位较低一方的地位将上升。无可否认，这一规则存在一些例外或变化，当其中一方的地位和另一方相比更为稳固（established）时，这一规则就会发生变化。但是从总体而言，地位会通过关系渗透，高端珠宝商对这样的关系很关注。虽然高端珠宝商们可以通过提供优质的服务、完美的产品以及其他受到顾客们欢迎的特质来保持良好的声誉，他们担心涉足由低地位商家主导的绿松石贸易会降低他们的地位。

强调地位会通过交换关系流动，能够帮助我们在社会学的地位概念和经济学的声誉概念之间作出区分，也能够帮助我们在社会学的地位概念和市场营销学中的品牌的概念之间作出区分。市场营销专家们和刊登广告的人们使用品牌这一术语来反映市场对一家公司或一项产品的总体看法。品牌是一个总括性的（all-encompassing）概念，有很多因素会影响人们对一个品牌的看法——一家公司的产品、这家公司产品广告中使用的音乐、这家公司雇员从事非法活动的可能性、这家公司的母国所在地等等。品牌在多个维度上（比如：可信赖程度、亲和力、创新力）受到公司声誉的影响，同样品牌会受到地位的影响。但是正因为品牌是一个总括性的概念，所以品牌不是一个能够帮助我们更好地理解认知形成机制的好的概念。相比较而言，像地位或声誉（至少当声誉这个术语前总是跟着"什么方面的"定语的时候）这样的分析性概念有助于我们集中关注特定的机制[1]。当然，我们一方面指出了声誉和品牌概念之间的概念差异，而另一方面又指出了地位与这些概念的区别，一个新的问题就出现了：如果地位和服务、私密性等方面的声誉之间的确存在显著差别的话，为什么高端珠宝商会在乎地位的下降呢？难道一个理性的消费者不应该仅仅关注这个珠宝商享有盛誉的这些特质，而忽略地位带来的短暂影响吗？更直接一点说，如果一个消费者对 Lane 公司能够为他提供完美的服务和私密的购物环境充满信心的话，为什么他/她还需要关心 Lane 公司的地位呢？

一种可能的回答是珠宝商的地位有助于他/她的炫耀性消费，所以消费者在乎珠宝商的地位。如果其他人知道他/她从 Lane 公司而不是其他地位更低的珠宝商那里买到同样一件首饰，他们对他/她会有更深的印象。虽然这一解释有一定的道理，但珠宝首饰中的品牌不像汽车或者衣服那样的炫耀品那样醒目。像 Tiffany 公司这样的大珠宝商可能有部分首饰会打上其标识，但更多的首饰并没有这样的标识。所以，虽然一些特定的宝石如钻石或红宝石可能可以用于炫耀性消费，但一般而言珠宝商地位的影响是很小的。

我的答案来自于一个简单的观察：即使一个行动者——无论是个体行动者还是公司——在某一特定质量方面有声誉，这个行动者的潜在交换对象还是会常常遇到产品质量不确定性和相关生产者的声誉问题。这种不确定性可能有很多原因。从基础层面上说，不管一个行动者在某一特定维度上的平均质量水平如何，总是不可避免地会存在比这一平均质量水平更高或更低的情况。比如，如果关心的是服务质量，不同的销售人员在服务水平上总是存在差别，即使是同一个人在不同的时间也不会完全一样。

另一个潜在交换对象会对质量和声誉感到不确定的原因，在于要收集可靠的信息可能成本非常高。如果一个人想买一辆车，他可能会觉得花费时间和精力从不同的渠道获取这种车的相关信息以确定其质量是值得的。但是，如果这个人只是想买一瓶 10 美元的葡萄酒，那么他对钻研这瓶酒的质量以及酿酒商声誉的兴趣就会下降很多。

　　不确定性的第三种来源是一个生产者产品的价值在很大程度上取决于其他人如何看待其产品的价值。所以,在珠宝首饰的例子中,一件首饰的价值完全是首饰的主人转售这件珠宝能获得的价值的函数,而出售这件首饰的价值又与其他人如何看待这件首饰有关。如果一个人从 Tiffany 公司买了一件价值 10 万美元的钻石项链,但是其他人——特别是那些能够买得起并的确曾经花 10 万美元购买过一件首饰的人们——却只愿意花两万美元购买他的这件首饰,那么这个人就会感觉被 Tiffany 公司欺骗了。所以虽然珠宝商都希望把珠宝首饰卖得尽量贵一些,但关于这个珠宝商可信赖度的声誉主要是其要价是否能随着时间的推移得以维持的函数。在这个意义上,一个珠宝商就像是一个艺术品商人:一个艺术品商人质量好坏的关键就在于其发现哪些作品的价值将会增加(或至少不减少)的能力。当然,如同上面绿松石的例子所示,人们的口味总是随着时间推移而变化,所以总是存在着珠宝商的要价是否"公平"的不确定性[2]。

　　我们讨论了市场参与者对一家公司的质量或声誉存在不确定性的几个原因。在接下来的几章,我们将考虑一些其他的原因。对本书的主旨而言,对这些原因的详细讨论不是非常重要的。重要的是人们确认以下事实:质量受到好评(a valued quality)这一声誉并不能够完全地消除市场参与者对这项受到好评的质量到底有多好的不确定性。

　　在市场参与者对某些受到好评的质量存在不确定性的情况下,生产者的潜在交换对象就有理由寻找其他可观察的关于质量的指标。只要在行动者的地位和受到好评的质量之间存在一定的正相关关系,那么这个行动者的地位就会成为这样的指标。有两个理由让我们相信在地位和受到好评的质量之间存在正相关关系。首先,在任何社会情境中,一项受到好评的质量会带来有助于提高一个行动者地位的社会交往和社会关系。例如,如果一个人的智慧或者幽默是他吸引他人顺从于自己的特点,那么从平均意义上说在地位和智慧或地位和幽默之间就会存在正相关关系。同样的,如果一个生产商产品的质量引发了其他生产商的顺从行为的话——比如在他们自己的产品生产中模仿这个生产商的产品——那么在地位和产品质量之间就会存在正相关关系。当然，这里的因果关系可能是反向的，行动者地位背后的社会交往和社会关系模式将会促使产品质量提高以和地位能够相称。在前面对一个进入新群体的新来者详细描述中，我参考了社会情境中的自我实现预言。这样的自我实现预言也会发生在市场领域中。如果大家相信一家珠宝商将会给一件珠宝首饰定一个公道的价格，他们就会更愿意去掏钱购买这件珠宝首饰，而这又会进一步增强人们对这家珠宝商价格公道的信念。

所以，我们现在可以回答为什么——或者更准确地说是什么时候——理性的消费者会参考生产者的地位来判断其产品的质量。如果质量不能够很容易地被观察，如果声誉和其他不完美的指标一样，都难以很好地反映难以观察的质量，如果有理由相信在地位和质量之间存在正相关关系（不管因果关系的方向如何），那么一个理性的消费者将会求助于对地位的考察来降低他/她所面临的不确定性。这些关系到地位和市场决策的条件能够被纳入一个假说，这是本书的核心假说：**市场参与者对生产者及其产品质量的不确定性越高，市场参与者就越依赖于生产者的地位作为质量的参考。**

市场参与者在产品质量难以观察到的情况下将依赖生产者的地位作为质量的参考的这一基本假说有几个推论。比如，如果这一假说成立，那么生产者及其产品质量的不确定性程度越高，来自地位的回报就会越大。我们可以把这一推论应用到珠宝市场。我们有理由假定一件在黄金或白银上镶嵌了许多宝石的首饰的价值和质量不确定性要比单颗宝石价值和质量不确定性大。所以在钻石的案例中，DeBeers 公司投入了大量资源去制定一系列极其详细的钻石价值鉴定标准[3]。

在镶嵌宝石的手镯质量比较方面，就没有类似的非常详细的鉴定标准。你能做的可能就是把镶嵌在其中的各类宝石的价值加起来作为一个基准价格，但这样的程序还是没有反映出把这些宝石进行搭配组合的艺术加工价值。所以，我们可以预言一家珠宝商的地位对于一件宝石组合而成的首饰价格的影响要大于对单颗宝石价格的影响。

现在我们来考虑另一个推论：当不确定性增加的时候，从地位中获得的回报也会增加。如果地位如前面所述的那样会发生渗透的话,生产者产品质量不确定性的增加将会加剧基于地位的社会分层(status-based strat-ification)。也就是说,生产者产品质量的不确定性越大,高地位的行动者越不愿意和低地位的行动者进行交往。

我们在后面的章节中将会只对部分基础假说的特定含义进行检验。但是从更宽泛的意义上说,本书的主旨就在于使读者明白,用解读和预测一个新来者进入一个房间这样的社会情境后会产生的什么样的社会行动的概念工具来分析市场是有好处的。珠宝商和新来者处在类似的情境中。每个人都知道他人对于其内在质量存在着不确定性,每个人都知道过去所展现出来的质量并不能完全说明现在的质量。给定存在这样的不确定性,每个人都会知道别人将会将他/她在社会交往和社会关系中展现出来的地位作为其内在质量的信号。

当然,即使你确信将地位这一概念工具运用于珠宝市场是有价值的,你也有可能还是会对是否能够将这一概念工具运用到其他市场存在疑问。虽然我已经说过,珠宝市场中品牌的低水平影响使得珠宝商的名号一般不会影响对某一件首饰的炫耀性消费,但不可否认的是,首饰本身就是一种炫耀性消费商品。所以,我们完全有理由问地位这一概念是否只适用于所谓的"地位商品"市场。

在后面的章节中,我们将考察一系列产业——投资银行业、葡萄酒业、远洋航运业、风险投资业和半导体业——中的地位动态过程。虽然葡萄酒可能会被认为是一种地位商品(a status goods),人们购买葡萄酒至少有部分原因是为了让其他人改变对他们的看法,但投资银行业、远洋航运业、风险投资业和半导体业不存在这样的问题。所以,在本书的最后部分,我们就会明白地位这一棱镜即使在那些不被人们认为是地位商品的行业中也具有分析的意义。但是,到目前为止,对上述行业的简要介绍可能对于说明地位这一透镜的广泛运用范围是有所帮助的。

在 20 世纪 80 年代,德崇(Drexel Burnham Lambert)公司开拓了高收益债券市场,这一市场的一个更通俗的名称就是"垃圾债券"(junk bond)市场。垃圾债券市场和传统的投资级债券市场的主要区别在于垃圾债券的发行者都是规模更小、财务状况更不可靠的小公司。像 GE 或 IBM 这样的"蓝筹股"公司是投资级债券的发行公司，像 Levitz 公司（一个家具制造商）或者 Bally Entertainment 公司就是垃圾债券的发行公司。当然，因为垃圾债券的风险更大，其收益相对而言也更高。德崇公司从垃圾债券上赚取的佣金——其专业名称是"发行费用"（spread）——使德崇公司一度成为华尔街上最赚钱的公司，虽然德崇公司一直都不在华尔街的精英公司之列。

对华尔街 20 世纪 80 年代领导性公司的历史回顾显示，垃圾债券市场的出现对高地位的投资银行带来了巨大的困扰。像高盛、摩根斯坦利[4]这样的公司一度拒绝承销像 Levitz 这样的公司的债券，因为担心与 Levitz 公司发生关系会影响其公司形象。

然而摩根斯坦利公司没多久就难以抵挡进入垃圾债券市场的诱惑，其发布的新闻公告声称公司进入垃圾债券市场将会使这个市场"变得有品位"（gentrify）（Chernow，1990）。很明显，从这一公告可以看出摩根斯坦利公司对其自身地位的关注。正如 Phillips 和 Zuckerman（2001）以及 Hewitt 和 Stokes（1975）所观察到的那样，高地位行动者比低地位行动者更可能出面否认那些被认为是偏离正轨的行为。在本案例中，摩根斯坦利公司在垃圾债券市场上采取了与其地位"相称"（vis-à-vis）的立场，这和 Eiseman Jewels of Dallas 公司在绿松石市场上的做法是类似的。虽然两家公司都试图进入市场，这两家公司都试图寻找一种办法在与市场内以及其他人的关联中划出一条界线。Eiseman 公司愿意进入绿松石市场，但公司投入了巨大的资源寻找最好的绿松石。同样，摩根斯坦利公司愿意加入垃圾债券市场，但是摩根斯坦利公司会花费很多心思去谨慎地挑选部分公司的债券进行承销，而拒绝承销其他公司的债券。事实上，摩根斯坦利公司的新闻公告就暗示公司将对这一市场保持足够的谨慎态度，这样别人就会把摩根斯坦利公司看成是市场细分的引导者。摩根斯坦利公司愿意承销的垃圾债券的发行者属于有品位的客户公司，而其他客户公司则属于乌合之众。

当然，这样一种市场细分策略也仅仅是摩根斯坦利公司的一种愿望而已,摩根斯坦利公司的地位最终是金融界对摩根斯坦利公司进入这一市场看法的函数。如果其他高地位行动者继续和摩根斯坦利公司交往,而低地位行动者继续顺从于摩根斯坦利公司,那么摩根斯坦利公司将继续保持其地位。但是如果摩根斯坦利公司得到的反馈类似于 Elias 和 Scotson 笔下那个邀请了清洁工人喝茶的新进入者得到的反馈,那么摩根斯坦利公司的地位就会受到损失。

在本书的第三章,我们会更系统地讨论投资银行交易伙伴的地位将如何影响投资银行本身的地位以及由此带来的经济后果。但是,这一例子初步表明地位透镜这一概念与一家投资银行业的关联和这一概念与一个珠宝商或一个进入房间的新进入者的关联之间是类似的。

注释

[1] 品牌这一术语太一般化而缺乏对质量考核特定机制的关注这样一种说法存在一个例外的情况:Douglas Holt(2004) 的著作《品牌是如何成为符号的:品牌文化原理》(*How Brands Become Icons:Principles of Cultural Branding*)。Hold 认为最强势的品牌来自于"社会身份的神话"的创造,这种神话能够减轻大众对社会变迁的焦虑。Hold 虽然的确指出了一种特定的机制——一种深深植根于社会学关于社会身份现代化影响研究传统的机制,但这一机制和研究地位动态过程所关注的机制差别很大。

[2] 你可以把这一不确定性的原因和"赢者的诅咒"(winner's curse)联系在一起。在一个有多个潜在买家竞标购买某一物品的情境中(比如拍卖),一些买家可能会低估拍卖品的价值,而另外一些买家则会高估拍卖品的价值。最后赢得拍卖的一定是那个愿意付最高价格的人,从而可能就是那个高估拍卖品价值的人。这就是所谓赢者的诅咒。对这一问题更详细的讨论请参见 Thaler(1994)。虽然赢者的诅咒在竞争性竞标的情况下最常见,因为这种情况下一个人对一件物品的估价部分地取决于其他人对这件物品的估价,所以这个人就会担心自己可能会高估这件物品的价值。所以,如果一个人根据一件珠宝将来通过拍卖能获得的预期转手价值或者对其他人因为没有获得这样一件昂贵的珠宝首饰而嫉妒程度的估计来进行估价的话,那么这个人就应该担心发生赢者的诅咒。就是说,他需要考虑这件珠宝的转手价格不一定会有那么高或其他人不一定会那么嫉妒没能获得这件珠宝。所以,一家珠宝商的可信赖程度部分地和个体能免于赢者的诅咒有关。

[3] 这些标准被称为"4C"标准——切工、纯净度、色泽和克拉值(cut, clarity, color and carat weight)。在每一个"C"下面又有进一步的正式规定。比如,"古典圆金刚石切法"(classic round brilliant cut)指一颗钻石有 58 个切面——其中 33 个在上半部分,24 个在下半部分,底部还有一个点称为"尖底"(culet)。又比如,钻石的纯净度中有一种称为"无瑕"(flawless),这是指在 10 倍的放大镜下也看不到一点杂质。

[4] 本文对部分著名公司的翻译采用中文读者最熟悉的中文名称并在第一次出现该公司名称时在其后面加注英文,但这些公司出现在表格中时不翻译为中文。其他公司名称一般不翻译为中文。——译者注

第二章

（不）受约束的马太效应

我在前面的一章强调了地位的两个重要特征对于理解地位在市场上的影响非常重要。首先，在一个行动者的内在质量存在不确定性而声誉也仅仅是一个不完美的指标时，潜在的交易伙伴可以把一个行动者的地位作为该行动者内在质量的信号。其次，地位会通过关系"渗透"。我将在本章中讨论这两个特征在一些关键的、受到关注的结果——比如利润——方面带来的不均等后果，我还将讨论这些后果又是如何随着时间的推移影响地位的层级结构。为了阐明不均等产生的部分重要动态过程，我将涉及市场上表现出来的所谓"马太效应"。

马太效应是由 Robert Merton 引入到社会学的众多术语之一。Merton（1968）引用《新约圣经·马太福音》中的一段话创造了这个术语："凡有的，还要加给他，叫他有余；凡没有的，连他所有的也要夺过来。"Merton 将这一术语用于概括功成名就的高地位学者和低地位学者合作研究中作出了类似的贡献，但两者获得的认可却存在显著差异的现象。比如，一篇文章被阅读和引用的情况与文章作者的地位正相关。类似的，如果两个地位不相当的科学家合作发表了一篇论文，那么即使没有证据显示高地位作者作出了更大的贡献，读者们也会倾向于认为高地位作者作出了更大的贡献。简单地说，一个科学家的地位越高，那么这个科学家因其特定水平的努力而获得的回报——无论是来自同事们的称赞、研究经费或者仅仅是来自研究领域内部的关注和认可——将越多。

我们可以在科学上对马太效应做其他的进一步阐述，但这一术语已经获得了比 Merton 第一次使用这个术语时更丰富的含义。更一般地说，这一术语指涉高地位行动者比低地位行动者会因为完成相同质量水平的指定任务而获得更多的认可和回报。这一术语被应用于一系列社会现象,比如教育(Wahlberg & Tsai,1983;Kerckhoff & Glennie, 1999)、生命历程(Dannefer, 1987)、组织内权力(Kanter, 1977)、卖淫(Mansson & Hedin, 1999)、第三世界经济体中的发展计划(Okowa, 1989)和心理健康资源的分配(Link & Milcarek, 1980)。

市场上生产者的马太效应是地位成为质量的信号的直接后果,马太效应体现为高地位生产者能够以更高的价格出售,更重要的是能以更低的成本提供某一特定质量水平的商品或者服务。地位越高从而价格越高的现象并不让人特别奇怪,但地位越高从而成本越低可能就不那么容易理解了。如我随后即将说明的那样,后一句话要成立,很大程度上依赖于限定词"一定质量水平的商品或者服务"。对到底什么是信号进行充分的探讨会帮助我们完整地理解地位作为质量信号引发的马太效应以及马太效应为什么会带来更高的售价和/或更低的成本。

根据 Spence(1974)的看法,信号是任何标识(不可观察的)质量的可观察指标(observable indicator),它需要符合下列标准:(1)这一指标必须至少部分地能够被行动者所操控;(2)行动者获取这一指标的边际成本或困难程度必须与行动者的质量负相关。大学文凭是文凭持有者生产效率高低的信号,因为获得文凭至少部分地在个体的操控范围之内,而且缺乏组织才能(或其他有助于提高生产效率的特征)的人更难获得大学文凭;同样的,产品售后质量保证是产品质量的信号,因为制造低质量产品的生产者比制造高质量产品的生产者为其产品提供售后质量保证的成本更高。

Spence 提出的标准被认为具有严格的定义,这一定义包含对内在产品质量难以观察的情境的深刻洞见。一个高质量行动者为了将自己和低质量行动者区分开,必须找到他能够方便地或者说能够低成本地获得的什么东西作为信号。否则低质量行动者就容易伪装成高质量行动者,潜在交易对象面对高质量行动者和低质量行动者提出的交易条件,将难以获得判断内在质量差异的参考信息。经济学家们分别用"分离"(separating)和"混合"(pooling)两个术语来表示高质量行动者能够和不能够将自己和低质量行动者区分开的不同情况。

　　虽然对信号的定义包含上述洞见，但这一洞见却比定义更为一般化。虽然 Spence 认为信号可以是任何获取成本与质量水平负相关的可观察指标，但也可以说一个指标如果满足下列条件，产生分离均衡，那么就可以成为信号：(1)这一指标不是每一位希望发出高质量水平信号的行动者都可以获得的；(2)生产特定质量水平的产品或服务的成本与拥有这一指标负相关。也就是说，不仅高质量行动者和低质量行动者在获取指标的成本方面(cost of the indicator)存在差异，而且在拥有这些指标和没有这些指标的行动者之间也可能会在达到特定质量的成本(cost of quality)方面存在差异。

　　让我们用一个假设的雇主招聘的例子做初步的说明。岗位所有者的个人社会网络会对其以特定质量完成岗位职责的难易程度产生影响，而这个雇主正在一个拥有 MBA 学位的应聘者和一个没有 MBA 学位的应聘者之间犹豫不决。让我们假设这个岗位是一个投资顾问的岗位，应聘者个人的社会网络会通过三条路径影响工作业绩：(1)提供潜在的客户；(2)提供可以传递给客户的信息和建议；(3)提供有助于个体与潜在客户和/或有潜在价值的信息渠道建立联系的经验。

　　个体不管是否上过商学院，都有可能获得这样的社会网络。但是，如果上过商学院能够使得获得这样一种有助于提升业绩的人际网络的成本更低或更容易，只要这一岗位的薪水足够补偿有 MBA 学位的求职者为获取这一网络所付出的艰辛，但同时又不够补偿非 MBA 学位求职者为获取这一网络所付出的艰辛，那么 MBA 学位就会成为一种信号。如果这一岗位的薪水足够高，以至于可以补偿 MBA 学位求职者和非 MBA 学位求职者为获取能带来良好业绩的人际网络而付出的艰辛的话，那么 MBA 学位就不再能够成为产生分离均衡的信号。

　　通过经济推理，有人会对这样一种状况是否会存在于均衡中提出疑问。进一步说，他们可能会提出如下问题：如果一个投资顾问的薪水足够补偿读一个 MBA 学位(但不足以补偿不读 MBA 学位而获得这样一个社会网络)的费用，那么每一位想得到这份工作的人不是都应该把读 MBA 学位看成是一种合适的投资吗？结果，最终的均衡会是没有 MBA 学位的人就不会申请这样一个工作岗位。

所以,有效的边界条件就是"不是每一位希望发出高质量信号的行动者都能够获得指标"。只要不是每一位申请投资顾问岗位的行动者都有一个 MBA 学位,那么 MBA 学位就能继续成为区分的信号,告诉我们哪些人拥有能带来良好业绩的网络以促进工作,而哪些人没有。

大部分经济学家面对这样蛮横的(brute-force)边界条件,将会质疑这样的边界条件是否有意义。如果 MBA 市场的运转能够稍微有效一点的话,MBA 市场就会扩展到能够容纳那些希望发出他们是高质量投资顾问信号的人。经济学家可能会说:"当然,有人可能会断言市场并不会充分地扩展,但如果他要说出有违我们对(资本主义)世界运转方式应有期待的话,他就得非常谨慎。而在他意识到这些期待之前,我们已经将关注重点转移到别的地方,以至于有人会说:'只要月亮是由奶酪做的,我们就能够设计出飞船,帮助我们解决世界上的饥荒问题。'"不夸张地说,如果一个理论或概念背后的边界条件存在隐含假定的话,我们就需要特别当心。如果一个概念只有在一个可疑的条件成立的时候才有意义的话,那么这个概念在解释世界方面就没有什么实际的用处。

所以,我们需要说明为什么不是每一位希望发出高质量信号的个体都可以得到这一指标。在 MBA 学位和投资顾问工作的例子中,我们也可能没有很好的答案。但是不管资本主义体系运转得是否有效率,的确存在着一些人们想要的物品、服务、目标或实体从定义上说就无法提供给所有的人。Fred Hirsch(1976)在他的著作《增长的社会极限》(*The Social Limits to Growth*)中区分了两种物品——物质性物品和位置性物品(material goods and positional goods)。物质性物品就是指那些"产出会随着单位劳动投入生存率的不断上升而变动……(它们是)物理性物品以及对顾客而言其质量不会随着机械化或技术创新而下降的服务。这里我们假设……正如到目前为止所发生的那样,作为技术进步带来的结果之一,每一单位原材料所能获得的最终产出将足以抵消这些原材料正在出现的短缺所带来的影响。"与此相反的是,位置性物品"(1)在某种绝对的或社会强制意义上的稀缺,或(2)当不受限制地使用(absolute use)时就会受到阻塞(congestion)或拥挤(crowding)的限制"。Veblen(1953)的炫耀性消费品，比如服装设计师的原版作品——必然是一种位置性的产品。只要这一原创作品被成百上千的人穿着，这一位置性产品对任何一个个体的价值必将下降。

另一个位置性物品的例子是一个组织内部的领导岗位。不管有多少金融资源流入一个组织，也不管这些金融资源如何配置，不是每一个人都有增加组织内领导权的平等权利。当然，我们可以将权力去中心化，把权力更平等地在组织内部进行分配，但是没有人能够无限制地增加分布在一个组织内或一个经济内的领导权的总量[1]。

在任何社会系统中，地位——如同 Hirsch 的位置性物品一样——是零和的。一个行动者只有在其他行动者地位相对降低的情况下才能提高其自身的地位。结果，只要地位是利益的指标，则高地位就不可能被一个社会系统中的每一个人获得。所以，作为替代的、非 Spence 类型信号的第一个条件得以满足。的确，运用 Hirsch 对物质性物品和位置性物品的概念，我们可以把这一备选类型的信号条件重新表述如下：一个指标如果满足下列条件，产生分离均衡就可以成为信号：(1)这一指标具有位置性的特征；(2)生产特定质量水平的产品或服务的成本与拥有这一指标负相关。

所以地位满足上述第一个条件。那么是否满足第二个条件呢？拥有这一指标的行动者生产特定质量水平的物品应该更容易或者说成本更低。为了考虑第二个条件，让我们回到 Merton 首次提出马太效应的领域：科学研究领域。我在前面曾经提到，Merton 观察到高地位科学家因其特定水平的努力而获得的回报将大于与他合作作出同样贡献的低地位科学家。同时，高地位科学家会发现他完成特定水平的工作更容易——即成本更低。高地位科学家更可能收到(免费)邀请，到高水平的研究机构去报告他们的研究工作，从而能得到许多同行的关注和反馈，这使得他们能够更容易地改进他们的研究工作。在这些反馈中，高地位科学家可能会得到非常关键的评价，从而大大推进他们的研究工作。而低地位科学家就无法得到这样的关注，他们要改进研究工作要困难许多。高地位科学家一般更容易在财力雄厚的大学找到职位，使他们的教学任务更轻松，从而有更多的时间去完成特定质量的研究工作。财力雄厚的大学也更可能为这些高地位科学家提供源源不断的、谋求个人将来发展的博士研究生,将时间和精力投入到高地位科学家的合作研究项目中,而高地位科学家将从这样的合作项目中得到大部分回报。一个高地位科学家从合作研究中获益的极端例子是斯坦福大学著名的"避孕药之父"Carl Djerrasi 教授,他发表过 1 200多篇论文,其中的大部分论文是和 300 多位研究生和博士后研究人员合作完成的。

当然,科学家不是从一开始就是一个高地位的行动者。高地位科学家在其科学生涯的早期阶段也不得不完成一些高质量的研究工作以走上高地位科学家之路。Merton 在说明马太效应的时候,并没有说明一个科学家研究工作的质量会对其地位产生影响。他仅仅是要强调高地位行动者随着时间推移而拥有的积累性优势。两个科学家在研究生涯早期细微的差别——可能是因为研究能力上的差别,也可能仅仅是因为运气不同,一个科学家的试验结果非常好而另一个科学家的试验结果不理想——会随着时间的推移而逐渐扩大。所以虽然最早的地位差别可能可以归因于质量的差别,但早期的地位差别会带来随后的质量差别,因为低地位行动者要达到同等质量的工作需要付出更高的成本。

需要注意的是,地位和达到特定质量水平的结果之间存在着负相关关系。高地位科学家显然有资源,能更容易进行开拓性的、最终能够发表在《自然》、《科学》这样顶级杂志上的重要科学研究。同时,高地位科学家比低地位科学家更容易收到在相对不重要的书中撰写章节的邀请,所以他们撰写的章节的出版可能性更大。所以,在科学研究领域,第二个条件看起来是能够成立的:高地位科学家比低地位科学家取得特定质量水平研究成果的成本更低。

那么在市场上取得特定质量成果的成本又是怎么样的呢? 因为高地位生产者通常生产高质量产品,而高质量产品往往成本更高,所以地位对成本的直接影响会因此变得不是那么一目了然。所以,地位和成本之间的零阶关系(zero-order relationship)往往是正相关关系。但是,**如果我们控制了商品或服务的质量差异**,从作为信号的地位这一概念,我们几乎必然能得到地位对成本的影响是负相关关系。如果一项交易中的消费者和相关第三方把地位作为不可观察的质量的信号的话，那么即使两个生产者提供的商品和服务的质量和价格水平都一样，消费者和相关第三方也会更倾向于和高地位的生产者而不是和低地位的生产者发生交易关系。所以，有点讽刺意味的是，第二个条件——取得一定质量的成本与地位负相关——总是无一例外地符合信号带来的期望结果。

从实证的角度而言，高地位生产者下列几个方面的成本优势将使得低地位生产者难以被人们认可。第一点，也许是最重要的一点，如果消费者或相关第三方——比如零售商——要求生产商提供其产品质量达到特定标准的"证明"的话，地位能够降低买者和卖者交易的交易费用。高地位生产者或明确或不明确的承诺更容易被人们所接受，所以高地位生产者不需要投入那么多的时间或成本去说服买者或相关第三方相信其说法的真实性。Stevens(1991)为我们提供了一个关于地位和交易费用之间呈负相关关系的特别生动的例子，他描述了1991年时为营利公司和非营利机构提供审计服务的所谓"六大"会计师事务所，现在这"六大"已经变为"四大"。虽然这6家地位最高的会计师事务所为了争取主要的客户而竞相降低报价以至于大部分（如果不是全部的话）地位租金几乎丧失殆尽，但是低地位的会计师事务所还是难以和高地位的会计师事务所竞争审计业务。

Stevens举了一个例子，他详细描述了比所谓六大会计师事务所低一个档次的SBO Seidman会计师事务所曾经试图争取获得一家大型慈善机构的审计业务。虽然SBO Seidman会计师事务所完全有能力完成这项审计业务，它的报价申请还是被拒绝了。只有六大会计师事务所收到了报价邀请。正如Stevens所评论的："这家慈善机构的选拔委员会把竞争范围限制于六大事务所之内，这不是因为六大会计师事务所代表了更专业的服务标准，……而是因为这个世界已经给对他们的审计贴上了'好管家认可章(Good Housekeeping Seal of Approval)'的标签。"(1991:237)事实上，SBO Seidman会计师事务所无法弥补其与高地位会计师事务所之间由地位差别带来的交易费用差异。在下一章中，我会重点讨论一个投资银行互相之间合作进行承销业务从而影响声誉的案例，高地位投资银行更容易被人们接受，这极大地提高了他们协调多家银行合作交易的能力。

Uzzi 和 Lancaster（2004）在对法律服务市场的一项研究中提供了一个类似的地位降低交易费用的案例。以下是一个律师对公司内部法律顾问是如何选择一家律师事务所的说明：

> 税务主管心里想，你知道，我可以从其他地方获得这项（法律服务）。我可以选择一家肯塔基州中等规模的律师事务所，他们很不错。但是，我想最好还是告诉我的头儿我选了 Baker & McKenzie 律师事务所——一家地位更高的律师事务所。这样，我在交易前能省点事儿，如果真的出了什么问题的话，也会少很多麻烦。

地位和涉及某一项特定质量的商品或服务的交易费用之间存在负相关关系是值得关注的，Williamson（1985）以及其他关注交易关系中交易费用的理论传统尤其关注这一点。另一项相关的成本就是所谓的"广告"或"市场营销"费用。如果说交易费用是促使交易顺利达成的费用的话，那么广告费用就是生产者支付的让潜在的顾客关注自己以及自己的产品的费用。对于高地位的生产者而言，吸引一定量生意的广告费用比低地位生产者更低。更多的消费者不需要高地位生产者的招徕就会主动找上门，高地位生产者还经常获得低地位生产者无法获得的"免费"广告。"免费"广告的例子随处可见。高地位学术出版社的出版物比低地位学术出版社的出版物更容易受到学术评论（Powell，1985）。财经记者们更倾向于向行业内著名大公司的雇员而非不太知名的公司的雇员询问其对市场走势的看法。

地位能够降低的第三类成本是财务成本。Fombrun 和 Shanley（1990）关注地位是如何帮助公司顺利地从商业银行贷款或者在金融市场上发行证券以降低其财务成本问题，虽然他们对其中的机制还不是非常清楚。一种可能的机制就是金融市场上的交易费用会像产品或服务市场上的交易费用一样被降低。Zuckerman（1999，2000）也研究了财务成本问题[2]。虽然 Zuckerman 更多地关注公司的经济资产结构对其合法性而非对其地位的影响,但显然地位和合法性是紧密相连的概念。一般而言,一个缺乏合法性的公司比起一个拥有合法性的公司更容易被认为是低地位的公司。而 Zuckerman 发现,如果一家公司经济资产的合法性如果不高的话,这家公司就更不容易被金融分析师所关注,从而其市场价值就会相对更低,他的研究工作至少已经隐含地指出了地位和财务成本之间也存在着类似的关系。

值得注意的是,上述来自于地位的交易费用、广告费用和财务成本方面的优势都完全源于地位作为一种信号能够促进市场参与者与某一特定生产者发生交易关系的看法。但是,如果你愿意参考一下 Frank(1985)的看法的话,你可以进一步提出并论证这一非常真实的假设,即雇员愿意以更低的薪水被高地位的雇主雇佣,这样你就会得到第四项低成本优势。如果一个雇员的确在乎其雇主的地位的话,那么他应该愿意接收较低的工资或薪水来为一家高地位的公司工作。当然,高地位公司比低地位公司更可能支付更高的薪水,因为高地位公司希望招募到(被认为是)更高水平的雇员。但是,在控制了(被认为的)潜在雇员的质量以后,高地位公司应该能够以较低的成本招募到雇员[3]。Phillips(2001)提供了另外一个原因,说明在控制了劳动力质量的情况下,高地位公司的劳动力成本更低。在一种被他称为"提职悖论"(the promotion paradox)的现象中,Phillips 发现高地位公司比低地位公司给员工提职的速度更慢。Phillips 认为这是因为高地位公司取得财务成功的机会大于低地位公司,理性的员工愿意在一个高地位公司的较低职位上继续工作,因为高地位公司取得财务成功的可能性较大,所以他们从高地位公司将来的提职中能够获得的预期回报也较高。所以,即使员工们并不在乎地位本身的价值,他们也会愿意接收职位较低(从而)报酬也较低的岗位,因为留在高地位公司价值的折现值更高。

简而言之,市场上生产者所面对的这些成本差异意味着:给定某一时点上的两个生产者,只要消费者和其他潜在交易对象——比如金融中介或零售商——将地位作为质量的信号,那么高地位生产者提供特定质量水平产出的成本就会低于低地位的生产者。

虽然地位不仅会影响价格,也会影响成本,但是到目前为止的讨论显然主要关注与成本相关的利益(cost-related benefits)。这不仅是因为与成本相关的利益比与价格相关的东西更不依赖于直觉，而且是因为对于高地位生产者而言，与成本相关的利益具有更大的意义。与成本相关的利益使高地位生产者在激烈的价格竞争中可以免于来自低地位生产者的竞争压力。前面提到的会计师事务所竞争审计业务的例子很好地说明了这一点。即使高地位会计师事务所并没有从其高地位中获得正的租金，但他们更低的交易费用也可以保证他们能够阻止低地位会计师事务所和有声望的重要客户建立联系从而进入高地位会计师事务所的行列。

强调一下我观点中的一点非常重要。高地位公司能够以较低的成本提供特定质量水平的商品或服务，这一事实并不意味着高地位行动者的成本必然会更低。一般而言，高地位行动者将会生产质量较高的产品，而高质量产品比低质量产品的成本更高。我的观点仅仅是高地位行动者能够以较低的成本提供**特定质量水平**的商品。

地位除了会对成本和价格产生影响以外，地位还会带来一些值得关注的额外利益。比如，高地位行动者常常有更大的能力来设置游戏规则，制定产品质量标准。比如，当政府试图通过立法来保护环境时，他们会向受影响行业的领军企业征询立法可能带来的环境后果和经济后果。所以一家公司的地位越高，这家公司就越能影响什么样的产品质量是合格的或不合格的标准制定。虽然这样的优势毫无疑问是重要的，并且会进一步地扩大马太效应，但是我还是要在这里强调，这些优势没有与成本相关的优势重要，因为与成本相关的优势是将地位作为信号的一个逻辑后果。我将在后面的章节特别是第六章强调一个公司的地位能够提升其制定质量标准的能力，但是在本章中，我只是把与成本相关的优势分析清楚，因为这一点在我们对作为信号的地位这一概念的理解中并不是显而易见的。

一个敏感的读者可能会注意到，我到目前为止的论述具有同义反复的性质(tautological nature)。因为生产特定质量产品的成本与地位负相关，所以地位满足了作为质量信号的定义，但是生产特定质量产品的成本与地位负相关的原因又恰恰在于生产者的潜在交易对象将地位看成质量的信号。

说到目前为止的论述仅仅是同义反复是很有道理的。本章到目前为止，我所做的就是详细说明市场上以及其他情境下这一同义反复是如何表现的。Merton对科学研究领域存在马太效应的观察很大程度上也可以用同样的同义反复来概括。因为取得特定水平科学研究成果的成本与研究者的地位负相关，地位符合科学领域中地位信号的定义，只是取得特定水平科学研究成果的成本与研究者地位负相关的原因在于科学研究领域中那些给他人回报——从研究基金到更轻的教学任务再到出版机会——的人把研究者的地位当作研究者质量的信号。

至少在市场领域，我们可以从这一同义反复中发现一个有趣的悖论。如果高地位的生产者能够以更低的成本生产任何质量水平的商品，从而获得潜在的更高收益的话，那么马太效应显然能够在市场上有效。随着时间的推移，高地位的行动者应该能够在回报方面积累起一个异乎寻常的高市场份额。但是，如果地位的确是质量的信号而马太效应真的起作用的话，那么为什么高地位生产者并不总是能够把低地位生产者从市场上驱逐出去呢？为什么从《马太福音》中引用的后半句——"凡没有的，连他所有的也要夺过来"——没有真的实现呢？

在科学研究的世界中，在地位的累积性优势方面存在着基本的人力方面的极限。除非科学准则允许高地位的科学家雇佣别人来代为写作、做研究、教书，一个高地位的科学家能够承担的工作量总是存在着一个限度。一个诺贝尔奖获得者能够教授的学生数量总是有限的，能够参与的课题总是有限的，能够写作的论文也总是有限的。而且，即使高地位科学家能够通过合作发表和为实验室添置大量支持性基础设备的杠杆作用来建立累积性的优势，退休或最终的逝世总是会使这样的累积性优势告一段落[4]。

那么在市场上的马太效应是不是也有类似的人力方面的极限呢？价格理论提示我们，"规模不经济"可能意味着存在这样的极限。如果高地位公司的市场扩张导致单位价格超过商品的市场价值，那么它就会遇到长期的规模不经济，高地位生产者的扩张就会受到约束。长期规模不经济的原因可能来自于某一项生产要素的内在有限性或来自于管理方面失控造成的损失。但是，产业组织文献最早的研究结论之一就是我们找不到生产成本方面的长期规模不经济的证据(Bain，1956；Johnston，1960)。所以，至少在这些关于生产方面的研究中，我们找不到支持高地位生产者的极限来自于规模不经济的实证证据[5]。

进一步的，你可以做一个简单的思想试验，假设一家高地位的公司兼并了一家低地位的竞争者，除了把低地位竞争者的公司名称改掉，以显示低地位公司现在已经从属于高地位公司以外没有做任何其他的变动。低地位公司将会为同样的消费者继续生产和之前质量相同的产品，除了产品的牌子变成了高地位生产者的牌子。兼并者和被兼并者之间没有实质性的互通(communication of substance)，很难发现有什么会引起规模不经济的地方。

那么，马太效应发生作用的边界究竟在哪里呢？究竟是什么在阻止一个或者几个高地位公司在市场上的大规模扩张从而把低地位的公司驱逐出市场呢？

你可能会认为，如果一家高地位公司通过提供与低地位竞争者质量水平相仿的产品以进入低地位竞争者的领地的话，那么这些质量水平较低的产品会降低高地位公司的地位。也就是说，虽然高地位公司能够以比低地位竞争者更低的成本生产低质量的产品，但是这样的产品会对其地位造成损害。

但是，这样的解释至少存在着一个问题：低估了高地位公司通过明确的或不明确的告示来对他们的产品进行差异化处理的能力。1994年，梅塞德斯公司以低于3万美金的入门级奢侈车售价把C级奔驰轿车引入了美国市场。虽然这一款小轿车比丰田、福特以及很多其他竞争者生产的家用小轿车还是要贵很多，但显然其质量比其他级别的奔驰轿车要差一些。E级奔驰轿车的售价在5万美元以上，而S级奔驰轿车的售价则在7万美元以上。很多奔驰高端车型的配置在这一款C级奔驰轿车上都找不到，但是C级奔驰轿车的引进并没有导致人们对E级或S级奔驰轿车质量认可度的下降。梅塞德斯公司用不同的字母把3万美元档次的轿车和更高价位档次的轿车作了非常清楚的区分。

回到前一章提到的宝石销售的例子，没有什么理由说像Tiffany或

Lane Jewelers 这样的大珠宝公司就一定不能在一个角落摆上一个卖绿松石的专柜，这样高质量宝石的展示就可以完全不受绿松石的影响。

　　当然，我并不是说销售产品平均品质的下降不会影响公司的地位。在得出本章的结论之前，我会回到地位和质量之间关系的问题上。而在这里，我只希望指出高地位生产者应该完全能够有能力在其提供的高端产品和低端产品之间进行差异化处理，从而使其地位仍然能够成为——不仅是跨越不同质量的细分市场（quality segments of a market）——同一个质量细分市场内产品质量的信号。虽然高端奢侈车总是比入门级奢侈车的质量更好，虽然钻石总是被认为比绿松石更高级，但高地位公司总是有可能进入任何更低地位/更低质量的细分市场——只要它能够在这一细分市场中保持更低的成本和取得更高的收益——和这一细分市场的对手有效地竞争。

　　但高地位公司的问题在于它不能够进入更低地位/更低质量的细分市场去发挥其更低成本和更高收益的优势。如果它真的进入更低档次细分市场的话，它就要承担丧失部分地位的巨大风险。其原因来自于对地位本身特性的一种考虑——具体地说，来自本章和前一章提到的地位的第二个关键特征。地位不仅是质量的信号，而且地位会渗透。只要高地位生产者将市场扩展到原先低地位生产者的地盘，高地位行动者就不再被人们认为是高地位的公司。和那个请清洁工人喝茶的妇女最终在地位方面受到损失一样，高地位公司一旦开始在低地位的沙盒中"玩"起来，它的地位就会受到损失。虽然梅塞德斯公司开始卖 C 级轿车的时候成功地保持了其 E 级和 S 级奔驰轿车的市场声誉，但是梅塞德斯这一品牌以及奔驰轿车上那个"三角星"（three-pointed star）几乎肯定地受到了某种程度的损失。梅塞德斯公司可能认为这样的损失在经济上是合理的，我后面也将会对一个生产者何时以及为什么会认为其地位的损失在经济上是合理的这一点提出一些一般性的看法。但是不管经济上是否合理，当一个高地位生产者进入低地位行动者——不管这些行动者是低地位的消费者还是低地位的生产者——的地盘时，高地位生产者就要承担地位损失的风险。

　　对一个高地位公司为什么不能同时在高地位/高质量和低地位/低质

量这两个细分市场上成为一个有效的竞争者可能还有其他解释。在我看来，其中一些更有说服力的备选解释将注意力集中到不同的细分市场中运作中产生的行政和组织方面的复杂情况，以及公司雇员内部产生的公平方面的考虑。比如，如果一家高地位的投资银行兼并了一家低地位的竞争者并希望用同样质量的雇员提供同样质量的服务，这家高地位投资银行可能会发现被兼并公司的雇员将会要求获得和原高地位公司雇员一样的薪水。于是高地位公司就面临两难选择：要么给被兼并公司的雇员支付比原来更高的薪水（从而减少高地位公司的地位给新公司带来的利益），要么采取措施应对这些雇员的牢骚。

Zuckerman 和 Kim(2003)提出了另外一种可能性。因为原公司的顾客会怀疑高地位生产者不会有足够的激励或知识来满足他们的需要，所以高地位公司的地位面临着"悲惨"的折损（"slumming" discount）。这样一种约束类似于一种对工作的过度考核（job overqualification），一个人不是因为能力而是因为被人们认为可能是个反复无常的家伙（a flight risk）而没能得到一份工作。

虽然这样一些可能性有可能是部分的原因，但是我们从这些备选答案并不能得到将地位作为不可观察质量相关基础的信号而能得到的相同的推论。所以，我将在下面的章节中将搁置这些备选答案而不是努力地排除这些备选答案，在本章详细说明了我对地位的理解，接下来我将集中关注这一理解的相关推论。

但是，在进行分析之前，一些结论性的观察已经准备就绪（in order）。本章的目的就是对地位这一概念进行"解压缩"（unpack）。通过对这一概念进行解压缩，我们已经看到了地位如何创造出优势，同时地位也带来了约束。现在有这样一种趋势，即认为占据高地位位置必然会带来优势，而处于低地位位置则必然带来约束。但是，这样一种对地位相关性的理解是错误的。地位的关系基础（relational underpinnings）对低地位行动者的保护和对高地位行动者的保护是相同的[6]。

我们已经通过对地位概念的解压缩，把最初由 Spence(1974)提出来的关于成本、信号和质量之间的关系进行了重新安排。正如本章开头所指出的那样，Spence 的观点是信号的边际成本从其定义上来说与质量负相关。但是，对于地位而言，达到特定质量的边际成本与信号的存在负相关。地位越高，生产特定质量产品就越能赚钱。更简单地说，经济学的信号理论从生产者之间存在质量方面的差别开始分析，然后推导出信号的作用：低质量产品的生产者发信号的边际成本高于高质量产品的生产者；而社会学的信号理论则将信号的真实性作为出发点，然后基于生产者是否拥有信号推导出质量方面的差别。

喜欢社会学观点并不意味着一定要拒绝经济学观点。通过说明地位的差别会导致质量方面的差别，我们也可以允许质量的差别引起地位方面的差别。地位是一种基于关系的质量信号这一看法可以做如下引申：只有在质量的任何变化马上会引起地位相应变化的情况下，质量的差别才能被区别开来。如果低地位公司在质量方面的任何变化能够马上反映在其地位的变化上，进而立即能够从地位的变化中获益的话，那么低地位公司进行质量方面的投资就没有什么障碍。这样，就不存在向上地位流动方面的障碍，地位区别的存在也并不意味着地位障碍的存在。

然而，这里所详细阐述的观点意味着过去的质量并不能够完全地决定地位，这样一种关于地位的看法与质量和地位之间存在松散（尽管是正相关）关系的看法——即前者的变化会对后者产生部分但不是完全决定性的影响——是相容的。事实上，如果质量的变化对地位的变化没有影响的话，高地位生产者就会有很强的动机去搭其高地位的便车——就是说，停止对生产高品质商品所需资源的投资——因为不管他们对质量的实际投资如何，他们已经拥有了质量的信号。

所以，总结一下，作为质量信号的地位这一概念依赖于下列条件：

（1）质量无法被人们完美地观察到；

（2）在过去的质量和现在的地位之间存在着一种松散的正相关关系；

（3）地位会通过交易关系和顺从关系渗透；

（4）潜在交易对象把地位作为判断质量情况的参考。

虽然我对地位概念的详细分析在某种程度上有希望能把这一概念和经济学的信号概念和声誉概念做一清楚的区分，但是强调一下我的地位概念和社会学文献中其他关于地位的概念或声望是非常类似的也是非常重要的。自从 Weber(1948)之后,地位系统的一个关键特征就是其封闭性,在不同地位的各群体之间存在着对流动和建立从属关系的限制,一个特定地位群体在社会中的身份是给予该群体内部成员的顺从关系或"荣誉"多少的函数。

在对社会群体和社会交换的经典研究中(比如 Blau,1955；Goode,1978；Whyte,1981),地位差别与个体对其所在的群体所做贡献的水平差异密切相关。在一些例子中,个体间的地位差异会与个体的表现之间出现自我实现预言的情况。比如,Whyte 观察到:一个年轻男性成年人群体内,成员的地位差异如何导致他们在体育竞赛中的表现,而这又进一步巩固了原先的地位差异。预期状态理论(Berger et al.,1977)同样强调只要个人特征能够成为地位特征的基础,那么社会地位特征就会导致随后在能力方面显示出来的差别。

在我对地位的详细论述和 Gould(2001)最近发展的一个特别吸引人的群体动态过程模型(model of group dynamics)中提出的地位概念之间,存在着一些很重要的共同观点。使 Gould 的理论如此吸引人的——也是我对这一模型做稍微详细一点的讨论的原因——是他从人的欲望方面一些不言自明的假设出发,发展出一个群体间地位层级(status hierarchies within groups)的一般模型。他随后从这一模型推导出一些关于群体内部从属关系模式的命题,并对这些命题进行了检验。

Gould 的形式模型从两个关于人的欲望的基础假设开始推导:人们希望和更高质量的人建立从属关系;人们希望和那些倾向于对他人建立从属关系的请求给予回报的人建立从属关系。一个行动者的地位可以被理解为由他收到的他人建立从属关系的请求与他给予他人从属关系的比率所确定。虽然人们希望和更高质量的人建立从属关系,Gould 假设人们对质量的判断存在着不确定性,所以人们需要其他评价指标来应对这种不确定性。人们希望和高地位的人建立从属关系,因为他们认为地位是质量的指标。

因为高地位的个体更容易成为很多人希望能建立从属关系的对象,他们无法对所有请求给予回报。因为高地位行动者们自己也希望和其他高质量的行动者交往，他们会表现出与其他高地位行动者交往的偏好。低地位行动者越在乎回报，那么他们就越少能够得到群体内高地位成员的关注，那么这一群体就越可能发生基于地位的类聚现象（status-based homophily）。

　　Gould 的地位概念和我提出的地位概念同样意味着存在一种地位和质量之间松散的正相关关系。在两个模型中，最高地位的行动者平均而言都是最高质量的行动者，而质量方面的差别并不能完美地反映在地位的差别上。而且，在 Gould 的模型中，马太效应很大程度上被认为是质量上的差别不能反映在地位差别上的基本原因。因为所有行动者都在互相观察各自的交往情况以期解决质量不确定性问题，行动者接收到的建立从属关系请求方面的任何差别（比如不同行动者间地位方面的任何差异）都会影响别人对质量差异的看法。

　　Gould 的地位概念和我的地位概念的主要差别在于对马太效应自我加强特性的不同看法上。在我的地位概念中，对马太效应的抑制主要是因为高地位的行动者担心任何与低地位行动者的交往会引起地位方面的损失。如果不是担心他们的地位会随着交易关系而渗透的话，高地位行动者将会占据所有的市场空间。而在 Gould 的地位层级模型中，地位并不会发生渗透，对马太效应的抑制主要是因为高地位行动者会受到他们能够建立的社会关系总量的限制，而低地位行动者不愿意和不能对他们的交往请求给予回报的高地位行动者建立从属关系。但是，如果 Gould 模型中的行动者没有任何要求回报的愿望的话，那么高地位行动者将会主宰整个市场，因为他们将成为所有人期望建立从属关系的目标。

　　所以，概括地说，两种关于地位的概念都意味着地位和质量之间存在着松散的正相关关系，两个模型之间的主要差别在于 Gould 给高地位行动者设定了一个能力方面的限制条件，而给低地位行动者设立了对回报的期待假设，而我则指出了在交易关系中存在着地位的渗透。当行动者们是个人时，假设高地位行动者存在着能够建立社会关系数量方面的能力限制是有道理的。但是当行动者是公司实体的时候，那么这样一种能力方面的限制是否存在就难以判断了。Tiffany 公司避免和绿松石的供应商及消费者建立联系,这并不意味着 Tiffany 公司缺乏建立这种联系的资源,或者绿松石的供应商如果想和 Tiffany 公司建立联系的话,Tiffany 公司会担心绿松石供应商会觉得得不到合适的回报。

基于上述分析,我想那种认为我的地位模型适用于公司行动者而 Gould 的模型适用于自然人的看法是不正确的。在前一章中,我引用了 Elias 和 Scotson 关于一个新来者的社会地位因为她邀请了一位清洁工人一起喝茶而受到损失的例子。这一例子清楚地表明自然人之间的地位和组织间的地位一样,也会发生渗透。

在对作为信号的地位概念与其他概念之间联系的讨论做一个总结之前,我想简单评述一下我的地位概念与至少部分关于地位的其他经典论述之间的差别。诸如 Weber(1948),Blau(1955)和 Goode(1978)这样的学者主张将地位本身作为一个目的(而不是一种内在质量的信号)。虽然一些社会学家可能会认为把地位看成是一种信号的概念,比仅仅将对地位本身作为一种目的的看法更经济学化而隐约地缺乏社会学的味道,但是许多经济学家已经发展出很多关于地位的论述,将对地位的追求整合到行动者的效用函数中(如 Hirsch,1976;Frank,1985)。所以,断言地位本身作为一种目的的社会学视角是区分社会学或经济学的关键要素可能是不正确的。关于地位的社会学视角的关键区分要素在于对地位特征产生机制的关注。而 Hirsch(1976)和 Frank(1985)仅仅假定地位特征源于层级制中的一些正式特征,而没有对这些特征的相关基础给予任何关注。

更重要的是,作为信号的地位这一概念并不一定要求行动者把地位本身作为目的,但也并不反对行动者基于其自身的原因去追求地位。你可以把行动者将地位本身作为目的看成是赋予了地位某种基础价值(baseline value),但是只要地位可以作为一种信号,那么因为质量不确定性的存在,在这一基础价值之上还可以存在额外的价值。

在下一章中,我将用作为信号的地位这一概念来分析投资银行业中的市场动态过程。更确切地说,我将集中关注地位对于成本、收益和投资银行业内交易关系的影响。

随着从对为什么地位能够被作为一种信号原因的理论讨论开始转向对地位是否的确被作为一种信号的实证分析，我们控制其他市场行动者可以赖以作为产品内在质量参考的信号就变得非常重要。如果地位和质量之间的联系必然是松散的话，那么可能存在其他与质量关系更紧密的信号。比如，在某一产品市场中，高质量产品的生产公司可能会通过提供产品质量保证书的方式来发送信号。如果质量和诸如产品质量保证书这样的信号之间的关系足够紧密的话，那么产品质量的不确定性就可以得以消除，地位对于市场行动者的决策来说就不重要了。

如果地位真的对投资银行业而言是重要的质量信号的话，我们将会发现下列（即使控制了其他信号以后）证据：

（1）地位和提供特定质量的承销服务之间应该存在负相关关系；

（2）来自地位的回报将随着客户对投资银行提供特定质量承销服务的不确定性增加而增加；

（3）一家投资银行的老客户更不依赖于地位作为质量的信号来判断以后交易关系的可靠性，因为他们对这家投资银行的质量拥有私人知识。

如果地位会通过投资银行的交易关系渗透的话，我们应该能发现下列证据：

（1）投资银行中存在着基于地位的交易伙伴类聚现象（比如，高地位的投资银行显著地更愿意与高地位投资银行合作，而低地位投资银行也显著地更愿意与低地位的投资银行合作）；

（2）如果投资银行的合作伙伴有理由对其质量存在更多（少）不确定性从而更（不）依赖于地位作为质量的信号，那么投资银行间类聚的水平将提高（降低）；

（3）一家投资银行和地位更高（低）的投资银行合作时，其地位将提高（降低）。

虽然上述推断是用来引导出下一章对投资银行业的分析，但考察投资银行业的目的并不局限于上述特定的考虑。而且，我们将集中关注投资银行赋予地位以及其他任何直接或间接的关于地位如何与特定质量水平相关信息的主观重要性（subjective importance）上。

注释

[1] 有人会认为一个组织内部的领导权不是零和的。就是说,在有的组织中可能会有很多人感觉得到了作为领导的授权,而在另一些组织中,很少甚至没有人感觉得到了作为领导的授权。但是,组织内领导权的非零和博弈性质并不意味着领导权可以无限制地扩张。

[2] 更多的细节请参见本书第一章中对 Zuckerman 研究工作的介绍。

[3] 虽然我强调 Frank(1985)关于人们愿意用金钱去换取地位的观察,我还是希望能够把我的观点和 Frank 对公司内部薪水差异的看法作出区分。Frank 认为因为个人在乎地位,所以处于公司较高位置的人愿意接收低于他们边际劳动生存率的薪水。与此相反,那些处于较低位置的人则要求其工资或薪水高于其边际劳动生存率。与 Frank 不同,我是在市场上所有的或一系列公司的框架下考虑问题,而不是关注一个公司内部不同个体的倾向问题。

[4] 虽然高地位个体主宰整个市场的能力存在着人力方面的极限,我们应该注意到,精英教育机构已经开始担心随着因特网的迅速发展,网络学习为个体提供了一条克服精英教育机构招生数量限制的途径。人们也很担心公司将从顶尖大学中挖走最高地位的老师,把他们的授课在全球范围内进行传播。比如,Unext 公司就雇佣了诺贝尔经济学奖得主 Gary Backer。

[5] 区分某一特定市场内的增长带来的规模不经济和跨市场扩张带来的规模不经济是很重要的。20 世纪 80 年代多元化经营公司的衰落被很多人认为是跨市场兼并带来的管理效率低下的证据。即使你忽略了最近的研究对不相关的多元化经营必然导致低效率的说法(比如 Chevalier,2000)提出的挑战,就我所知到目前为止也还没有谁曾对 Bain(1956)和 Johnston(1960)关于在特定市场内找不到规模不经济的证据这一结论提出挑战。

[6] 如果对这样一种保护效应还不清楚的话,那就设想一下地位没有任何的关系基础的情况,即假设一个生产者可以成为高地位的生产者并可以进入任何的细分市场。于是,事实上,高地位公司应该能够扩张到任何地盘。梅塞德斯公司不仅应该引进 3 万美元的轿车,而且应该可以生产任何价位的汽车,直到他与现代汽车公司进行竞争。的确,如果地位可以化约为(reduced)经济学意义上的声誉概念的话,那么这正是梅塞德斯公司能够并且应该做的事情。凭借其制造高质量奢侈轿车带来的卓越声誉,梅塞德斯公司应该能够在每一个价位的汽车细分市场上建立声誉。当然,1 万美元价位的汽车和 7 万美元价位的汽车质量不一样,但是只要梅塞德斯公司能够建立一定价格下高质量的声誉的话,他应该能够在任何价位上和对手进行有效竞争,因为其成本将低于竞争对手。但是,因为地位的关系基础的存在,地位不能够化约为声誉,梅塞德斯公司也无法在不给公司带来负面看法和其在高端市场的竞争不受影响的情况下进入低端市场。

第三章

投资银行业的因少得多现象

　　前面两章详细论述了基于顺从关系并通过交易关系渗透的作为信号的地位这一概念,也讨论这一会渗透的信号对于市场结果的影响,为本书提供了初步的理论基础。虽然本书的第一章涉及对不同情境简单的引证,本章——对投资银行业中地位的重要性——将第一次对地位在特定市场中的作用作详细的实证研究。

　　笔者首先关注投资银行业,因为投资银行业通过所谓"墓碑公告"的形式为我们提供了一个特别好的地位测量指标,我随后将对"墓碑公告"做详细的讨论。而且,对投资银行业进行跟踪的数据库为我们研究市场中生产者之间的交易关系以及投资银行对其顾客的要价提供了很好的支持。

　　投资银行业是经济中金融领域众多产业中的一个——这一领域受到了新经济社会学学者的很多关注(Abolafia, 1996; Adler & Adler, 1984; Baker, 1984; Davis & Mizruchi, 1999; Jensen, 2003a, 2003b; Mizruchi & Stearns, 1994; Rao, Davis & Ward, 2000; Zuckerman, 1999)。可以有把握地说,金融领域之所以受到这么多社会学家的关注,是因为两个相互关联的原因。首先,金融市场看起来为人们将社会学想法应用于市场现象提供了引人入胜的研究案例。没有哪个领域能比金融领域的市场更好地符合经济学完美竞争(perfect competition)假设——具体地说,即以利润最大化为目标的公司、以效用最大化为目标的个人以及关于交易机会的完美信息。虽然在很多领域可能都可以通用以利润最大化为目标的公司和以效用最大化为目标的个人这样的基础假设(baseline assumptions),但是在被认为是满足即时反映信息(closely mirror the information)的假设方面,金融领域的市场是独一无二的。对即时信息假设的信念在 Eugene Fama(1970)提出的非常有影响力的有效市场假说上得到了很有力的反映。这一假说认为在长期内个人无法战胜市场,因为在任何时点,一只股票的价格已经充分反映了当时所有与这只股票有关的可得信息。Fama 认为因为所有投资者都有同样的信息,所有没有哪个投资者可以在预言个股的回报方面具有特别的优势[1]。这一假说影响力的一个很好体现就是在Fama最早提出这一假说的文献已经在《社会科学引文索引》(*Social Science Citation Index*)中获得了超过一千次的引用。虽然很多经济学和其他学科的学者都对这一假说提出了挑战,但仅仅是这一假说的公式和这一假说对金融理论的重要性就足以说明信息披露要求的重要作用,信息披露要求将金融市场的条件向那些完美竞争模型背后的假设条件靠近[2]。法律的要求和个人的利益汇集在一起,要求保证对部分人公开的信息必须对全体大众公开。例如,每一次当股票或债券要在美国上市的时候,都需要有一个公开的发行记录。而在每一辆汽车或洗碗机出售之后,我们没有类似的公开记录。所以,对社会学研究市场动态过程而言,金融部门被认为是非常引人入胜的理论竞技场。能够在金融部门适用的社会学想法被认为很可能在其他部门有更广泛的适用性。所以,出于理论方面和实证方面的原因,金融部门吸引了非常多的社会学方面的研究兴趣。

本章的安排如下:首先,将对投资银行业本身做正式的详细介绍。其次,将讨论地位是如何体现在 20 世纪 80 年代后期的所谓"墓碑公告"中的。再次,将为地位如何降低了投资银行的成本从而潜在地增加了他们的收益提供一些有说服力的信息。在本章的最后部分,将对地位和"发行费用"——特别是投资银行对承销证券提出的要价之间的关系做一个系统性的检验,以此作为本章的结论。

投资银行在一级证券市场上做什么

投资银行广泛地参与一系列活动,而本章将只关注其中之一,即投资银行在所谓一级证券市场上的竞争活动。广义地讲,投资银行在一级证券市场上的功能或职责就是降低市场交易中的交易费用。在这些市场上，交易费用能够被粗略地确定为将证券的发行人和投资人"聚集起来"（getting together）的费用。从分析的角度而言，这一功能不同于投资银行在二级证券市场上的经纪业务，在二级市场上，先前发行的证券在投资者之间进行交易。这一功能与投资银行促进公司之间的兼并和收购业务也不一样。

投资银行在一级证券市场上承销（underwrite）的公司证券主要有两类：权益和债权（equity and debt）。购买权益将获得公司的股票或者股份，以及分享公司收益的权利。购买债权将因为对公司最初的贷款而获得特定偿还条款的债券。这两大类证券的发行有两种类型。权益的发行可以分为初次公开发行（initial public offerings，IPOs）和普通股票发行（common stock offerings）。初次公开发行是指一家公司第一次向社会公众发行股票，而普通股票发行是指已经公开发行股票的公司再次发行股票。而债务可以进一步被分为投资级债券和非投资级债券，非投资级债券也被称为高收益债券或"垃圾"债券。投资级债券和非投资级债券是根据发行债券的公司对债券持有人将来违约的风险来区分的。这一风险由几家主要的投资信用评级机构：穆迪（Moody's）公司和标准普尔（Standard & Poor's）公司根据公司的资产和负债情况，运用系统的公式计算以确定其最终的信用评级。

在一级证券市场上，投资银行通过先买下发行者的证券然后再转售给投资者的方式来实现将发行者和投资者匹配起来的功能。这一行为也被称为承销，投资银行从承销中获得的手续费被称为发行费用（spread）。一系列因素——最重要的是发行的规模或与配售（placement）相关的风险——会影响发行费用的高低，但是（至少在我的数据所涉及的时期内）承销的发行费用一般在发行价格的 0.1%—4% 之间。

虽然承销的过程看起来好像仅仅是债券在各方之间的交易，但一家投资银行进行成功的承销，很大程度上取决于这家投资银行是否能够使市场行动者的决策更加靠近有效市场假说的核心，即完美信息假设。因为很少有发行者或投资者总是待在一级市场上寻找交易伙伴，这两类行动者都面临着在市场上寻找交易对象的问题。即使发行者和投资者真的能够寻找到潜在的交易对象，发行者还是会对投资者一方需求的性质存在风险和不确定性，而投资者则面临着发行者财务稳健性方面的风险和不确定性问题。所以发行者和投资者往往不会在资本市场上寻找自行交易对象和商量确定价格，而是通过投资银行代为寻找交易对象，而各家投资银行则在资本市场上为降低发行者和投资者相互之间对对方的不确定性而展开竞争。

讲到"风险"和"不确定性"，强调一下这两个存在重要区别的分析性概念是非常重要的，而对于理解地位在投资银行业以及所有市场上所扮演的重要角色而言，不确定性是一个更重要的分析性概念。按照 Knight (1921)确定的定义惯例，我用"风险"这一术语表示结果的概率分布（probability distribution of outcomes）已知，但最终结果未知的情况。我用"不确定性"这一术语表示不知道内在关于结果的概率分布的情况。我可以通过赌博这个例子来说明上述区别。当一个人在赌场里进行轮盘赌的时候，用风险来描述这个人将赌注放在哪里的决策是合适的，因为结果的概率分布是非常清楚的。但是，如果这个轮盘在某种程度上被人操纵了，或者这张轮盘桌存在着某些这个人没有注意到的规则的话，那么我们应该用不确定性这个词来描述这种可能性[3]。金融市场和赌场一样，所有的决定都涉及风险，类似穆迪公司或标准普尔公司这样的机构为投资者们提供信息，帮助他们计算一家公司违背还本付息承诺的可能性。然而，除了在买卖个别证券过程中存在的风险以外，发行人和投资者在选择投资银行作为交易的中介这一问题上也存在着不确定性。例如，发行者依赖于投资银行给出特定证券最优价格的建议。如果价格过低，那么发行者就无法筹集到原先可能可以筹集到的那么多资金。如果价格过高，那么虽然发行者还是可以从投资银行或承销团（syndicate）那里获得所筹集的资金，但是投资者却会因为所购证券的价值迅速下跌而感到愤怒，他们将对未来继续投资或者说提供资金给这家企业而感到担忧。如果证券没有被合适地分配给足够多的投资者，而且投资银行不能帮助促进这些证券在二级市场上进行交易的话，这些证券的价格将会下降，那么投资者将会对将来是否继续投资到发行证券的公司而感到犹豫不决。因为没有现成的判断一家投资银行的定价行为或促进二级市场交易的行为是否恰当的概率分布,用不确定性这一术语来概括一个发行人选择投资银行时的决策特征是合适的。

显然,投资者处于风险中,因为任何证券中都蕴含着风险,他们至少会通过留意承销证券的投资银行来获得关于特定证券内在风险的精确感觉,但是投资银行在何种程度会为他们提供关于风险的准确信息还是存在不确定性。而且投资者们和发行者们一样,也面临着投资银行对促进二级市场交易提供支持方面的不确定性。

投资银行通过两种相互关联的行为来减少市场行动者们所面临的不确定性。首先,他们与发行者们、投资者们以及其他投资银行建立了一个广泛的人际关系网络。其次,对本书的第一个目的而言更重要的是,他们和与他们面对面竞争的竞争者们建立了一种独特的地位关系,这为交易伙伴的理性计算提供了基础。我们将会一个一个地讨论这些相互关联的行为。

通过和众多的发行者和投资者保持密切而多种多样的联系,一家投资银行保持了一种被称为"处于交易流中(being in the deal stream)"的状态,这为投资银行提供了市场上供给和需求情况的详细知识(Eccles & Crane, 1988)。投资银行在这方面的知识越丰富,就越能更好地履行一般均衡理论中神秘的瓦尔拉斯拍卖师角色,找到潜在的交易对象并为发行者制定一个市场出清的价格。

除了建立一个将相关的投资者和发行者联系在一起的强有力的网络以外,投资银行——从19世纪晚期美国投资银行业开始出现一直到至少20世纪90年代——相互之间也会通过参加承销团来建立密切的联系,所谓承销团,是指为某一支证券提供承销服务的多个投资银行所组成的银团。虽然投资银行之间存在着领导某一承销业务的激烈竞争,但是一般来说被选定的银行并不会独自承销整支证券的发行,而往往是会组织并领导一个承销团。承销团的领导者一般被称为牵头主承销商(lead manager)。主承销商或者完全由自己,或者在一个或几个获得副承销商(comanagers)头衔的投资银行的帮助下决定承销团成员以及每个成员所承销的金额。有时候发行者会要求主承销商选择特定的一家或几家投资银行作为副承销商，因为发行人和这些投资银行之间存在某种联系，比如来自同一地区或者之前有过生意往来，但是一般而言是由主承销商来选择副承销商。

当你对投资银行业进行更广阔的横向和纵向考察时，你会发现不同的投资银行以及不同时期的投资银行对承销团的运用是不一样的。的确，投资银行在组织形式方面的一个特别突出的特点就是投资银行高度依赖于内部的和公司之间的联系来完成证券的分配和交易。比如，如果你关注一下 20 世纪 80 年代——我收集了这一段时期很多系统的数据——的投资银行，摩根斯坦利公司在通过承销团与投资者建立联系方面处于一个极端的位置。摩根斯坦利公司几乎完全依赖承销团来进行证券的分配和交易，这和它进入 21 世纪以来的做法完全一样。而 20 世纪 80 年代的另一个极端则是美林（Merrill Lynch）公司，美林公司通过发展一种广泛的室内销售网络（an extensive in-house sales network）来把它与市场上投资者的关系内部化，而所罗门兄弟（Salomon Brothers）公司则通过发展强大的交易能力来将关系内部化。这些拥有内部化交易关系网络的公司仍然会使用承销团，但是他们丰厚的内部资源使得他们能依靠更小的承销团，或者如果需要的话，独自承销中等规模的证券发行业务。

在美国投资银行业的发展历史上，20 世纪 80 年代之前，承销团是主要的承销形式。但是，1982 年 3 月美国证券交易委员会（SEC）颁布了 415 号规则，这一规则允许所谓的"暂缓注册"操作，此后特洛伊木马开始出现。415 号规则使得人们减少了对承销团的依赖。在 415 号规则通过之前，发行者必须为每一次证券发行分别进行登记注册，而在一家大的蓝筹公司登记进行一项大额证券发行期间，一家牵头的投资银行将会组织一个大的承销团来一起承销此次发行。但是 415 号规则允许蓝筹公司在登记一大笔证券发行业务后的两年时间内，出售其中部分金额的证券。暂缓注册制度（shelf registration）使得蓝筹公司可以从突然的利息波动中获得好处。其结果是，对于投资银行来说，他们不再有时间组织一个大的承销团，现在他们更加依赖于他们自己的内部分销渠道来完成任务。

　　虽然暂缓注册制度与对承销团的严重依赖并存了将近十年时间，但是大的承销团在20世纪90年代开始越来越少见。如我随后马上要分析的那样，承销团这样的组织形式中的制度细节为我们研究证券市场上的地位差别提供了很有价值的线索。所以，如果你想对投资银行业的地位动态过程做系统考察的话，那么集中关注人们更依赖于承销团的那一段时期是很合适的做法。本章的分析就使用了20世纪80年代的数据，因为20世纪80年代是承销团在一级市场上仍然作为关键组织形式存在的最后10年。

　　当一家投资银行试图组织一个承销团的时候，潜在的承销团成员和一个投资者一样面临着不确定性。潜在的承销团成员银行依靠牵头主承销商的能力去挑选那些有足够投资需求从而在确定价格后可以赚取足够手续费的承销业务。所以，一家牵头的主承销商有三个方面的潜在客户，每一方面的潜在客户都在是否与其发生交易关系方面存在着不确定性。

　　一家投资银行与投资者们、发行者们以及其他投资银行的外部联系能为它提供特定证券供求情况方面的信息以及发行这些证券的公司的信息，这能帮助它降低关于市场条件的不确定性。但是，有一点值得重申和强调：一家投资银行在竞争中能够成功并不仅仅取决于它能降低自己关于市场条件的不确定性，更重要的一点是靠它在引导其他市场行动者面临不确定性时的决策能力。所以，除了通过发展与其他方的联系来增加它对特定一级证券市场的知识以外，一家投资银行将试图通过建立与其他投资银行面对面的独特身份或地位来降低三类客户所面临的不确定性。

投资银行业中地位的决定性作用

　　一家投资银行的地位部分地是由其过去承销证券的表现决定的。在承担承销功能方面被证明具有超常竞争力的投资银行将比那些没有取得出色表现的投资银行拥有更高的地位。但是，过去的表现经常是难以评价的。市场参与者可能会对一家投资银行是否应该以对发行者而言更好的交易条件承销其债券以及承销中出现的问题是否在投资银行的控制范围之内等问题有许多争议。投资银行业处于一个极端动态发展——甚至可以说是变化无常——的环境中。结果,过去的业绩和现在的能力之间的联系常常是脆弱的。在一家投资银行的地位和质量或导致地位可能会被作为一种信号的属性之间存在着一种"松散的相关关系",这种关系与前面章节中提到的地位与质量之间的理论关系高度一致。

因为这样一种松散相关关系的存在,一家银行的地位不仅是这家银行业绩的函数,同时也是这家银行在市场上所占据的相关位置的函数。投资银行家们极其关注与其交往行动者的身份,因为这样的交往会影响人们对这家投资银行的看法。关于这样一种关注最清楚的证据就是人们对于墓碑公告的关注,所谓墓碑公告是指发布在诸如《华尔街日报》、《机构投资者》(*Institutional Investor*)、《投资交易者文摘》(*Investment Dealer's Digest*)这样的主要财经出版物上的证券发行公告。图 3.1 提供了一个墓碑公告的实例。图中的墓碑公告表明克莱斯勒公司(Chrysler)要发行债券,那个时候克莱斯勒公司首席执行官 Lee Iacocca 正在领导大家将克莱斯勒公司从破产的边缘拉回来的过程中。这一公告列出了发行者,发行的类型和金额以及参与承销的投资银行[4]。

虽然 20 世纪 90 年代以来这样的承销团越来越少见,像这样列出了许多投资银行的公告也越来越少见,但从 20 世纪之初到 20 世纪 90 年代,每一次有重要的证券发行的时候,这样的公告就会出现[5]。在 20 世纪初期,这样的公告是用来告诉投资者们有新的证券要发行了。但在电子技术整合的市场出现以后,主要的投资者在一项证券发行几分钟后就知道消息了,但即使在这样的情况下,这样的公告——在发行消息发布一天后出现在财经出版物上——依然存在。在这样的情况下,"公告"这一术语日益成为了一个不恰当的称呼,这使得很多学者断言这些书面公告的主要作用是确认和加强投资银行间的地位差别(Hayes, 1971, 1979; Eccles & Crane, 1988; Chernow, 1990)。

This announcement is neither an offer to sell nor a solicitation of an offer to buy these securities.
The offer is made only by the Prospectus Supplement and the related Prospectus.

New Issue / February 13, 1985

$100,000,000

CHRYSLER
FINANCIAL CORPORATION

12⅛% Subordinated Notes due February 15, 1990

Price 100% and accrued interest from February 15, 1985

Copies of the Prospectus Supplement and the related Prospectus may be obtained
in any State in which this announcement is circulated only from such of the
undersigned as may legally offer these securities in such State.

Salomon Brothers Inc　　　　　Merrill Lynch Capital Markets

The First Boston Corporation　　　　　Goldman, Sachs & Co.

Lehman Brothers　　　　　Morgan Stanley & Co.
Shearson Lehman/American Express Inc.　　　　　Incorporated
ABD Securities Corporation　　Bear, Stearns & Co.　　Alex. Brown & Sons
Incorporated
Deutsche Bank Capital　　Dillon, Read & Co. Inc.　　Donaldson, Lufkin & Jenrette
Corporation　　　　Securities Corporation
Drexel Burnham Lambert　　　　EuroPartners Securities Corporation
Incorporated
E. F. Hutton & Company Inc.　　Kidder, Peabody & Co.　　Lazard Frères & Co.
Incorporated
PaineWebber　　Prudential-Bache　　L. F. Rothschild, Unterberg, Towbin
Incorporated　　Securities
Smith Barney, Harris Upham & Co.　　Swiss Bank Corporation International
Incorporated　　Securities Inc.
UBS Securities Inc.　　Wertheim & Co., Inc.　　Dean Witter Reynolds Inc.

American Securities Corporation　　　　Daiwa Securities America Inc.

A. G. Edwards & Sons, Inc.　Interstate Securities Corporation　McDonald & Company
Securities, Inc.
Moseley, Hallgarten, Estabrook & Weeden Inc.　　The Nikko Securities Co.
International, Inc.
Nomura Securities International, Inc.　　Thomson McKinnon Securities Inc.

Tucker, Anthony & R. L. Day, Inc.　　Yamaichi International (America), Inc.

图 3.1　墓碑公告示例

　　对投资银行在公告上的位置安排有非常明确的规则。公告中最高地
位的位置是在最左上角。承销团中牵头的主承销商总是位于这个位置。
在图 3.1 中，所罗门兄弟公司就是牵头的主承销商。如果这次发行有一个
副承销商的话，副承销商总是位于主承销商的右边。美林公司是克莱斯勒

公司此次发行的副承销商。如果有不止一个的副承销商的话，那么副承销商的名称将会列在主承销商的下面。主承销商和副承销商之间的关系是在承销团中最可见、最有意义的关系。主承销商和副承销商将会比其他参加者承销更大份额的证券。副承销商们将协助主承销商履行审慎调查（performing due diligence）、招募承销团成员以及在证券发行后帮助造市（make a market）。

副承销商后面是承销团中的其他投资银行，他们被按照地位的高低排列在不同的板块（bracket）中。板块越靠上面，其位置的声誉越高。板块的数目主要由参与的投资银行的数量决定，多少不等，可能少至一个也可能多至十个。

有的时候我们会发现主承销商和副承销商位置上的投资银行比承销团中非主副承销商的其他投资银行地位更低。但是，这些不同地位的其他银行之间在位置的排列上有严格的规定。很多公告中最高位置的板块都是由吹号手级别的公司或一些特殊类型的公司所占据，后者的名称历来要比更低板块公司名称的字号要大一号印刷。在产业的发展历史中，吹号手级别的公司的位置属于在产业中处于前五六名的公司。在 20 世纪 80 年代，吹号手别的公司是摩根斯坦利公司、第一波士顿公司（First Boston Corporation）、高盛公司、所罗门兄弟公司和美林公司。

在每一个板块内部，投资银行的位置是根据其第一个字母排列的。比如，图 3.1 中，第一板块由第一波士顿公司开始，以摩根斯坦利公司结束。ABD 证券公司是第二板块的第一家公司，Dean Witter Reynolds 公司是这一板块的最后一家公司（因为 Dean 是名而不是姓，这家公司是根据 Witter 被排列在最后的）。最后，第三个板块从 American Securities 公司开始，以 Yamaichi International（America）有限责任公司结束。所以，在一个板块内部不存在标识出来的地位差别。但是，板块内部按字母顺序排列从而淡化了板块内部地位差别这一事实并不意味着细微的地位差别完全不存在。比如，至少在 20 世纪 80 年代的早期和中期，美林银行被认为是特殊板块（special-bracket）内的投资银行，但其地位比其他特殊板块投资银行的地位要稍微低一点，这正如一篇文章的题目所暗示的那样："美林公司的投资银行家们总是会阳光灿烂吗?"(Kadlec,1986)。

如果类似这样的非正式差别被足够多的人所认同的话,那么这家投资银行的位置将会发生变化以反映其地位的变化。有的时候甚至会在两个相对较大的板块之间,有一个专门为承销团中的一两家中间地位的投资银行专门设立的序列外板块(out-of-order brackets)。

一家投资银行在板块内部的位置可能会有细微的调整,这不是因为其地位发生了变化,而是这家投资银行因为某些特殊的原因,比如与发行人来自同一个地方,其承销的份额特别大或者特别小。比如,在图3.1中,雷曼兄弟(Lehman Brothers)公司出现在了吹号手级别的公司板块中,这比其实际的排位稍微高了一点。一直到20世纪70年代中期,这样因为承销份额大小引起的位置变化是非常罕见的。虽然从20世纪70年代后期到20世纪80年代早期开始,这样的做法变得更常见了,但投资银行在公告中位置的变化也仅仅限于比其原来的板块高或者低一级而已。

投资银行在墓碑公告中的位置不是无足轻重的。这些板块位置会带来经济上的优势,投资银行所在的板块地位越高,其得到的承销份额就越大。然而,对位置的关注还不仅仅是为了获得更大的发行市场份额。如果一家投资银行的管理者认为其在承销团中的位置以及在墓碑公告中的位置与其公司地位不相称的话,投资银行对其墓碑公告上地位的关注将促使其退出这项发行业务。比如,在1985年的一次发行中,牵头的主承销商高盛公司试图将吹号手级板块下面的板块直接分为两大板块。但是,9个因此将被划入更低板块的投资银行退出了此次发行(Monroe,1986)。与此类似的一个案例是1987年有5家高地位公司拒绝参加为农民住房管理局(Farmers Home Administration)提供24亿美金融资的承销项目,因为有13家地区性的、由少数人所有的(minority-owned)小公司获得了很大的承销份额,从而将在墓碑公告上有更高的位置(《纽约时报》,1987年9月21日)。在上述两个案例中,投资银行都宁愿退出发行而不是接受他们认为太低的墓碑公告位置。

因为一家投资银行的承销能力是其在"交易流"中位置的函数,而参与承销团历来就是一家投资银行能够精确地掌握对特定证券供给和需求情况的途径之一,所以投资银行退出承销团的行为突出地反映了在帮助投资银行取得更好经营业绩的行为与提高或者至少是保持投资银行地位的行为之间存在着某种张力。虽然承销能力和地位应该是正相关关系,但是地位的相关因素(relational component of status)和市场知识(market knowledge)有时候会迫使一家投资银行为了提高其中一个指标而不得不牺牲另一个指标。

和位于主承销商和副承销商下面板块的内部位置一样,主副承销商的位置也具有地位的含义。比如,至少从 20 世纪初到 20 世纪 70 年代后期,摩根斯坦利公司一直被认为是投资银行业的旗舰。即使是其他那些特殊板块的公司也无法与其相提并论。与这样一种形象一致的是,摩根斯坦利公司不仅拒绝接受任何墓碑公告上与牵头主承销商不相当的位置,而且会拒绝特定证券发行者提出的允许任何副承销商加入承销项目的请求。

为了保持这种政策,摩根斯坦利公司会放弃一些非常赚钱的业务机会,比如放弃像 Houston Industries 公司、Singer 公司这样的潜在公司客户,甚至是日本政府这样的政治实体客户(Chernow, 1990)。1979 年,摩根斯坦利公司的这一政策遇到了挑战。作为当时世界上最大的公司之一,同时也是摩根斯坦利公司 20 多年的老客户 IBM 公司,坚持要求摩根斯坦利公司接受所罗门兄弟公司作为副承销商。摩根斯坦利公司如果牵头此次承销的话,将可以获得将近 100 万美金的承销费用,但是摩根斯坦利公司拒绝接受所罗门兄弟公司作为副承销商。IBM 公司最后的决定就是由所罗门公司全权负责此次承销业务,而且在整个 20 世纪 80 年代都由所罗门公司作为其主要的承销商。面对 IBM 公司的反抗,摩根斯坦利公司逐步改变了政策。从 1981 年起,摩根斯坦利公司开始同意担任位于主副承销商之下的承销团成员的角色,但是必须列为一个独立的板块——位于其他吹号手级公司板块之前。到了 20 世纪 80 年代后期,摩根斯坦利公司就和其他吹号手级公司一起在一个板块中按照字母顺序进行排列了。

很重要的是,对于墓碑公告上位置如此锱铢必争是有更多的含义的。简单地说,这是一家投资银行关注哪些投资银行被视为是他们的同类的一种特殊体现。当一家投资银行在一次发行中进入了之前由特别板块投资

银行占据的主承销商或副承销商的位置，那么新闻记者们将会浓墨重彩地
报导这家声誉日隆的投资银行。比如，1976 年 5 月 18 日，一篇刊登在《福
布斯》杂志上的文章报导了 Bache Halsey Stuart 公司："美国电报电话公司
（AT&T）宣布 Bache Halsey Stuart 公司将担任其 6 月 16 日 1 200 万股股
票发行的副承销商。Bache 公司通过对美国电报电话公司历来排外性的
投资银行家共同体（exclusive fraternity of investment bankers）——摩根斯
坦利公司、高盛公司、美林公司和所罗门兄弟公司——的冲击，赢得了新的
地位。"[6]

　　这样的文章之所以受到关注，不仅是因为投资银行家们高度重视地位
的重要性，而且因为这样的文章强调了地位的关系基础。正如《福布斯》文
章中提到美国电话电报公司排外性的投资银行家共同体所暗示的那样，地
位不仅来自你的业绩或者承销量，而且也来自你和什么样地位的人在一
起。对于 Bache Halsey Stuart 公司来说，能够拥有像美国电话电报公司这
样重要的客户，代表了对公司的一种肯定。与此相反，如果一家投资银行
呆在比其地位更低的板块中，这意味着对其地位的一种损害。

　　本章到目前为止，我们已经考察了一级证券市场中行动者决策中的风
险和不确定性问题。我们注意到投资银行通过发展网络来降低风险和不
确定性。这些网络就像供信息流动的管道一样，增加了投资银行对于市场
各个方面的知识。同时，市场行动者——尤其是投资银行——之间的交易
模式和顺从模式产生了一种可感知的（tangible）地位次序。最后，我们考
察了银行对其地位高度关注的定性证据。

　　前两章中详细阐述的作为信号的地位这一概念意味着投资银行并不
是将地位本身作为目的而关注地位。对投资银行而言，作为信号的地位概
念显然会影响其成本和价格（发行费用）。一家公司的地位越高，其生产特
定质量产品或服务的成本就越低。一家投资银行的交易对象对这家投资
银行提供特定质量产品或服务的不确定性越高，投资银行从地位中能够获
得的回报就越多。我们现在开始考察地位的这些经济含义——我们首先
描绘这一行业的部分小插曲（vignettes），然后我们将进行更严密的分析。

地位的经济含义：一些说明

对地位潜在回报的说明相对来说比较显而易见。的确，当我们讨论承销团成员份额分配规则的时候，我们就已经发现了地位能够提高回报的途径。一个投资银行的地位越高，其能够获得的承销份额就越多。而且，只要最大、最有名气的发行者（比如前面提到的美国电话电报公司）会找高地位的投资银行，高地位投资银行的地位就会促进其为蓝筹公司发行证券的机会。

那么地位对于成本的影响如何呢？本书第二章阐述了几种可能由地位带来的成本优势：对于特定质量的产出而言，更高的地位能够带来更低的交易费用、广告费用、财务成本以及劳务成本。我曾经就组织一个承销团的过程访谈过一个中等规模投资银行的负责人，这个访谈为我们提供了一个关于一级证券市场上地位和交易费用之间负相关关系的清晰案例。为了组织一个承销团，牵头的主承销商和发行者将会一起参加许多"尽职调查"（due diligence）会议，承销团成员在这些会议上对发行证券的公司评价其发行证券的财务可靠性。他们把组织这些会议作为一种保持对投资者财务责任的方式。

当我问这位主管地位带来的优势时，他回答说：

"一般来说，如果你听说高盛公司，或所罗门兄弟公司，或其他什么公司正在进行一项承销业务，他们通常都有相当严格的要求，对于他们正在服务的公司而言，高盛公司想做他们的投资银行，或者为他们承销，或者其他什么事情，这是一个加分的事情，这是一个市场面上的加分项。一般情况下，如果高盛公司或者所罗门兄弟公司给我们打电话，说他们将给福特汽车公司或其他什么公司提供做承销业务并问：'你们愿意加入承销团吗？'我们差不多不需要任何仔细考虑，你说可以就行了。而另一方面，如果是没有类似信用的较小的公司给我们打电话，我们可能会谨慎很多，不太可能马上答应。"

　　这个投资银行家指出了投资银行的地位与投资银行在促进发行者和投资者交易的相关交易费用之间存在负相关关系。一家投资银行的地位越高，这家投资银行就能越快地，从而以更低的成本为一个特定发行者组织一个承销团[7]。

　　一家高地位的投资银行不仅能从它与承销团成员的关系中实现上述优势，他们也可以在其与投资者的关系中获得类似的好处。正如潜在的承销团成员会因为此次发行是由高地位投资银行牵头承销而更容易相信发行者是高质量的，投资者也会因为承销证券的是一家高地位公司而不是低地位公司而更容易相信发行者是高质量的。如果说投资银行的首要功能在于降低配售证券中的相关交易费用的话，那么这其中的交易费用是非常可观的。

　　投资银行也可以从免费的广告中实现交易费用方面的优势，因为商业出版社更倾向于向高地位投资银行询问其对市场的观点和看法。在前面提到的"美林公司的投资银行家们总是会阳光灿烂吗"一文中，美林公司的银行家们哀叹虽然美林公司比几个特殊板块公司的市场份额更大，他们的地位还是相对较低，这意味着商业出版社总是从行业领导者那里寻求对一级证券市场发展趋势的看法，而美林公司则常常被商业出版社所遗忘（Kadlec，1986）。为了让美林公司能够在顶级财经出版物上有相称的出镜率，美林公司不得不自掏腰包打广告。

　　我们也能找到高地位投资银行在雇佣特定质量员工的劳务成本更低的证据。这一次还是美林公司。20世纪80年代，为了从顶级商学院招聘MBA毕业生，美林公司不得不付出比其他特殊板块公司更有吸引力的薪水才能招到同等水平的雇员。

　　显然我们可以继续做如下说明，首先，地位是如何增加总收益的；其次，地位是如何（在控制质量的情况下）降低成本的。然而，这样的阐述显然不是针对任何特定交易中地位和收益（profitability）（比如发行费用）之间系统性的关系。比如，高地位公司可能比低地位公司拥有更大的市场份额，特定质量水平下成本更低，但是高地位公司还是发现他们面临着激烈的价格竞争。在前面的章节中我提到了审计服务市场中顶级会计师事务所之间的竞争,那个例子就是很好的说明。正如 Stevens(1991)所观察到的那样,高地位会计师事务所能够争取到低地位会计师事务所无法获得的客户,但是高地位会计师事务所之间的竞争使得价格接近了他们的成本。随着时间的推移,审计服务越来越商品化,对于一家会计师事务所是否能够胜任审计业务的不确定性越来越小[8]。所以,虽然高地位会计师事务所的高地位带来的一些成本方面的优势(比如雇佣同等水平员工的劳动力成本更低,比如为了与重要客户商量以期将交易关系进一步发展为利润更高的咨询业务时,"入门"(getting in the door)的交易费用更低),但是高地位并不一定意味着能获得特定交易中的高价格甚或平均利润。

对地位、成本和价格之间关系的考察也许最终可以通过一种最简单的方式来做一个清楚的表达。如果 p_h 和 p_l 分别是高地位生产者和低地位生产者的报价,s_h 和 s_l 分别是高地位生产者和低地位生产者的地位,θ 表示购买者愿意为每一单位地位上升而付出的溢价(premium),那么定价机制就再生产出了市场上的层级次序,只要:

$$p_h < p_l + \theta(s_h - s_l) \qquad [3.1]$$

如果地位带来的优势完全在成本方面,那么 θ 就等于 0,那么上述不等式就可以被简化为 $p_h < p_l$,这意味着高地位生产者实际上比低地位生产者报出了更低的价格。高地位生产者仍然可以获得比低地位生产者更高的收益,因为其总成交额更大。或者,在审计的案例中,高地位会计师事务所可以通过更低的成本和价格来取得另外一个服务市场的交易机会。所以,作为信号的地位这一概念并不意味着地位和价格之间必然存在关系。更准确地说,作为信号的地位这一概念意味着对某一特定质量水平而言,地位能够降低成本,地位对市场结果的重要性随着不同生产者内在质量不确定性的增加而上升。虽然成本方面的差别可能会影响价格,但价格最终只是公司真正关心的盈利指标的一个"中介"(intermediate)变量而已,任何对地位影响价格的深入讨论都需要首先考虑其关注的市场的制度特征。我们接下来将从地位经济含义的小插曲转向对债券市场上地位和价格(比如发行费用)之间关系的定量分析,对这些市场的特征做更详细的考察是

非常重要的。

投资级市场上地位对价格的影响

我们将首先关注明显是最商品化的一级证券市场——投资级债券市场。投资级债券市场的债券发行者必然都是那些被认为是财务上非常稳健从而其到期还债的可能性非常高的公司。投资级债券有的时候也被人们称为"乏味的债券"（vanilla debt），这一标签意味着承销此种债券的过程缺乏复杂性。一位来自一家有声誉的投资银行的银行家曾对我做过这样的评论，即使他离开现在的公司，他也可以凭借一己之力完成一支典型的投资级债券的发行。这样的发行所需要的仅仅是给几家主要的机构投资者打几个电话而已。

我们认为上述多少带有一点开玩笑意味的评论并不意味着投资级债券的配售过程中就不存在任何困难。尤其是随着发行的规模变得越来越大，配售所面临的挑战也会越来越大，越需要对更广泛的市场需求方的知识与联系。两位来自相对较小投资银行的银行家指出，发行规模会成为他们公司不愿意以及不能够承销特定证券的原因之一。无论如何，如果我们不考虑在任何一级证券市场上都起作用的发行规模因素的话，那么来自有声誉投资银行的银行家的上述评论说明，投资银行在投资级债券这一特定市场上承销证券的难度水平是很低的。

承销难度水平低意味着在不同的承销者之间几乎没有质量方面的差异，而不同承销者之间在质量方面无差异又意味着发行者在一级证券市场上挑选投资银行时，价格是极其重要的考虑因素。20世纪80年代的投资级债券市场就属于这种情况。Eccles和Crane（1988）注意到，"忠诚也就值一个基点"的说法在20世纪80年代投资级债券市场上是很常见的。一个基点就是所出售证券价值的0.01%。虽然这一说法有点言过其实，但是它反映了银行家的一种强烈信念，认为价格（例如发行费用）在发行者和承销者之间的关系中是一个极其重要的影响因素。如果发行者能够在市场上找到稍微低一点的报价，那么它就会换一家投资银行。但是和审计市场一样,激烈的价格竞争并不必然意味着对所有人平等地开放。地位对于 6 家左右的投资银行而言,仍然是其敲开客户的门去提出自己报价的决定因素。但是对任何一次特定发行而言,可能会有多个潜在的交易对象,而在这些交易对象之间会存在激烈的价格竞争。

这个分析中每一次观察都涉及发行者-牵头主承销商的配对组合。这就是说,回归分析中加入了标识发行者和牵头主承销商特征的变量。这样一种情况暗含着这样的假定:副承销商和其他承销团成员是在发行费用确定以后才被选出来的。与投资银行家们的讨论显示这样一种假定是有道理的。

本分析所使用的大部分数据来自于证券数据公司(Securities Data Corporation,SDC)1982—1987 年间关于一级证券市场的数据库。Robert Eccles 和 Dwight Crane 教授慷慨地将这些数据提供给我使用,他们以这些数据为基础合著了关于投资银行业的书《做交易》(Doing Deals)。SDC 数据包括那段时期所有由投资银行承销的公司证券发行的大规模数据。具体地说,对于每一次发行,都能得到发行的类型、登记的类型、发行费用、发行规模、证券的信用评级以及主承销商和副承销商的数据。SDC 数据的主要购买者就是投资银行本身,他们主要用这些数据来评估其市场份额以及他们对特定产业部门的渗透情况。对于投资级债券市场而言,SDC 数据库包括 1982—1987 年一共 3 541 次投资级债券发行的相关信息。

虽然 SDC 数据包括一级证券市场上大量的信息,但是 SDC 数据并不包括投资银行之间地位差别的信息。如前所述,墓碑公告反映了投资银行的地位差别。然而,一个显而易见的问题就是如何对墓碑公告上的地位差别信息做抽象的定量测量。为了本章的分析,我收集了 1981 年《华尔街日报》上出现的墓碑公告,1981 年是 SDC 数据所覆盖时段之前的一年。在 1981 年,有 180 个投资级债券发行的墓碑公告[9]。

为了利用墓碑公告数据,我使用了测量地位的关系性数据(relational data on status)标准方法之一:Bonacich(1987)的 $c(\alpha, \beta)$ 测量法。我不仅将在本分析中,而且还会在随后许多分析中使用这种对地位差异进行定量测量的方法,所以看起来用几段的篇幅来解释一下这种方法是合适的。

在形式上,这种测量方法的定义如下:

$$c(\alpha, \beta) \equiv \alpha \sum_{k=0}^{\infty} \beta^k R^{k+1} L \qquad [3.2]$$

其中,α 是一个换算系数(a scaling factor),β 是一个加权因子(a weighting factor),R 是一个关系矩阵(a relational matrix),在这个关系矩阵中,沿着主对角线(main diagonal)的值为 0,单元格 r_{ij} 代表了 i 对于 j 的相对优势(或劣势),L 是一个列向量(a column vector)。为了进行本分析,一个既定的单元格 r_{ij} 就等于如下比例:银行 i 和银行 j 同时出现在主副承销商之下的板块中,且银行 i 出现在比银行 j 更高板块中的发行次数,除以银行 i 和银行 j 同时参与的发行次数。换句话说,r_{ij} 就是 i 银行位置高于 j 银行的承销次数与 i 银行和 j 银行都在主副承销商之下的板块中的承销次数之比。只有在 i 银行和 j 银行不在同一板块的情况下,单元格 r_{ij} 和单元格 r_{jr} 之和等于 1,否则单元格 r_{jr} 和单元格 r_{ij} 之和小于 1[10]。给定对关系性矩阵的定义以及公式 3.2 中附加的无限序列(the additive infinite sequence),这一测量方法意味着一家中心银行(focal bank)的地位是这家银行的"附属银行"(subordinates)的数量和地位的正函数(positive function),这里的"附属银行"被定义为地位处于主副承销商之下的板块,且其所属板块低于中心银行的那些银行。相应的,这些附属银行的地位是他们的附属银行的数量和地位的正函数,依此类推。

加权因子 β 的绝对值一定处于 0 和最大特征值倒数(the reciprocal of the maximum eigenvalue)的绝对值之间。加权因子 β 越接近于最大特征值的倒数,那么一家银行从地位低于它的银行那里获得的间接地位(indirect status)就更多,而那些银行又从地位比他们更低的银行那里获得地位,依此类推。最终,对 β 的选择依赖于你是否相信地位高于高地位投资银行要比地位高于低地位投资银行能带来更高的地位。如果地位的唯一决定因素是地位直接低于中心行动者的行动者数量的话,那么 β 应该接近于 0。然而,如果那些附属银行的地位会影响中心银行的地位的话,那么 β 应该接近于最大特征值。看来在这样的特定情境下,为 β 设立一个高的值是有道理的。我们知道,比起地位低于他们的投资银行的数量,投资银行更在乎他们在与面对面的其他银行的相对位置。在对投资银行业的分析中，我把 β 设定为最大特征值倒数的 3/4。然而，在对 β 赋值没有理论或实证基础的情况下，我尝试过给 β 赋不同的值，我发现在不同的 β 值下，我下面讨论的结果保持基本一致。

表 3.1 列出了 1981 年投资级债券市场中部分投资银行的地位得分。由 Bonacich 的 $c(\alpha, \beta)$ 测量法计算得到的结果经过了标准化，一家银行地位得分为 1，意味着这家银行拥有平均水平的地位。对表 3.1 中地位得分的一项检验显示这些测量存在表面有效性（the face validity of the measure）。对这一行业熟悉的人们会发现吹号手级别的公司——摩根斯坦利公司、第一波士顿公司、高盛公司、美林公司和所罗门兄弟公司——在地位次序的最顶端，在吹号手级别的公司和后面的公司之间，有着明显的得分差距。得分最高的约前 20 位由华尔街的主要投资银行主导。看后面的排位，你往往会发现越来越多的地区性小公司。

表 3.1 投资级债券市场中部分投资银行的地位得分[11]

投资银行名称	地位得分	排名
Morgan Stanly	3.308 79	1
First Boston Corporation	3.032 06	2
Goldman Sachs	2.874 65	3
Merrill Lynch	2.842 15	4
Solomon Brothers	2.826 67	5
Lehman Brothers Kuhn Loeb	2.198 46	6
Paine Webber	2.103 82	7
Prudential Bache Securities	2.098 74	8
Dean Witter Reynolds	2.045 83	9
Warburg Paribus Becker	2.025 56	10
Smith Barney Harris	2.016 89	11
Dillon Read	2.010 74	12
Bear Stearns	2.002 32	13
Kidder Peabody	1.999 02	14
Shearson	1.996 21	15
E. F. Hutton	1.993 88	16
Donaldson Lufkin & Jenrette	1.988 63	17
Lazard Freres	1.988 56	18
Wertheim Securities	1.986 85	19
L. F. Rothschild, Unterberg	1.986 29	20

续表

投资银行名称	地位得分	排名
Drexel Burnham Lambert	1. 984 31	21
UBS Securities	1. 867 99	22
M. A. Schapiro and Co.	1. 685 72	23
Bell Gouinlock	1. 574 57	24
Atlantic Capital	1. 237 10	25
Burns-Fry and Timmins	. 856 49	50
Robert W. Baird and Co.	. 668 63	75
Sanford C. Bernstein and Co.	. 441 16	100
Folger Nolan Fleming Douglas	. 219 68	125
Anderson & Strudwick	. 079 25	150

在给定上述对地位测量方法的基础上，我们现在来测量地位对于百分比发行费用（percentage spread）的影响。百分比发行费用就是总承销费用除以发行的总金额。例如，假设一个承销团从一个发行者那里以 1. 995 亿美元的价格购买了 2 亿美元的有息债券，那么发行费用就是 50 万美元，而百分比发行费用就是 0. 25。用百分比发行费用而不是总发行费用能够使不同的发行之间更具有可比性，而且在产业参加者之间，百分比发行费用是更常见的对"价格"的测量方式。

分析地位对价格影响时的控制变量

虽然 SDC 数据列出了从 1982 年到 1987 年投资级债券市场上 3 541 次发行记录，但是只有 2 782 次发行记录能够得到百分比发行费用的信息。经过对数据的仔细检查，我发现数据缺失的模式并不是随机的，数据缺失的可能性与发行的规模以及发行者的回报高度相关。因为关于因变量的数据存在显著的缺失情况，选择性偏差就构成了本分析的一个潜在威胁。根据 Berk（1983）的做法，我通过一个双阶段程序（a two-stage procedure）对选择性偏差进行了修正。我用一个二分的罗吉斯特模型（dichotomous logistic model）建立了一个"选择方程"（selection equation），对一次观察拥有发行费用信息的可能性进行了估计。我把对观察到发行费用数据的预测可能性(the predicted probability of observed data on spread)作为一个回归项放在了主方程中。

为了评估地位对于百分比发行费用的影响,除了这个样本中包含的预测可能性之外,我们额外再加入了几个控制变量。其中的一个控制变量就是发行的规模,这一变量用经过对数处理的美元金额来测量。虽然承销一笔大业务比承销一笔小生意要困难许多,但是每多承销额外的一美元所带来的边际困难会随着发行规模的扩大而下降。结果,发行的规模对百分比发行费用有负向影响这一预测看来是有道理的。

在投资级债券市场上,**债券的信用评级**也是影响发行费用的一个重要因素。更高的债券信用评级意味着更低的风险,从而发行费用也更低。标准普尔公司对投资级债券的信用评级从 AAA 级开始一直到 BBB+级。我们可以得到从 1982 年到 1986 年每一次发行的债券信用评级信息。

我还掌握了承销银行和所有产品市场上发行公司之间近期联合交易的历史(joint transaction history)。因为"特定客户经济"(client-specific economics),看起来我们似乎可以合理地预期,与投资银行此前或正在发生的交易能够降低发行费用。从此前的交易中可以积累对发行者的更好的信息,这应该能使得投资银行以更低的成本进行发行。我用两个指示变量(indicator variables)来描述这种交易历史。一个变量标识是否"投资银行和发行者在发行时同时介入了另一项交易"。我选择了发行日的前后120 天作为时间窗口。如果在这段时间内,投资银行在任何一级证券市场上为发行者牵头进行承销或者给发行者提供兼并/收购(M & A)咨询的话,那么这个指示变量就被标为"1",否则就被标为"0"。我与银行家们的讨论表明,决定一项特定发行和将债券上市发行的过程通常需要约 120 天时间。同样,如果在这段时间内,一家投资银行为同一家公司主持两项发行任务的话,我将这样的发行视为"同时的"。然而,如果这家银行在本次发行前超过 120 天但不超过 1 年的时间内主持过发行或帮助进行过兼并/收购的话,我就把这种情况视为一项会带来特定客户经济的"近期(虽然不是同时)交易"。我为近期交易额外地设立了一个指示变量,如果近期交易发生的话,这个变量就被标为"1",否则就被标为"0"。

另外一个与发行费用有关的变量是**证券的发行是谈判式的还是竞标式的**。在竞标式发行中，相互竞争的投资银行向发行者提交密封的标函，出价最低的投资银行将赢得发行权。虽然这种证券发行方式在公司证券发行中不是很常见，但是根据法律，许多公共机构被要求必须采用这种方式来招标。在谈判式发行中，发行公司与一家或几家投资银行商讨决定选择哪一家银行。价格依然是投资银行和客户之间交易关系背后的重要影响因素，虽然价格并不是发行公司选择特定投资银行的唯一影响因素。因为竞价式证券发行严格按照报价来做决定，所以密封标的发行费用一般都较低。所以，我构建了一个指示指标去标识发行者是否通过竞价式发行来选择投资银行。需要注意的是，即使在以密封标来竞争发行时，只要地位会导致更低的成本，那么地位仍然可能会影响市场过程。

控制发行的**证券**是否"**可转换**"（convertible）是重要的。有的公司会发行这样的债券，这些债券可以在将来以事先确定的兑换比率转化为股票。这一特征降低了持有债券的风险，因此也可能会降低发行费用。我设立了一个指示指标，来标识一支债券是否属于可转换债券。

我们需要考虑的最后一个也是特别重要的一个变量就是**近期承销量**（recent underwriting volume）的竞争信号（competing signal）。在前面的章节中，我们发现在地位和产品的内在质量之间必然存在着松散的联系。这种松散的联系带来了地位次序中的某种"粘性"（stickiness），如果没有这种粘性，地位就会成为一种附带发生的现象。然而，我们从地位与产品内在质量的分离中观察到可能存在另外一种可能性，即可能存在与产品内在质量关系更紧密的其他信号。例如，在特定产品市场中，高地位公司通过提供产品质量保证的方式来发送其高质量产品的信号。如果产品质量和类似于产品质量保证这样的信号之间的联系足够紧密的话，那么不确定性就被有效地去除了，地位就和市场行动者的决策无关。在投资银行业中显然存在着其他可选择的信号：投资银行近期的业务量历史记录。短期的业务量历史记录和内在质量之间的联系是非常紧密的，因为对于发行者和投资者而言，一家投资银行的质量与它对市场的洞察有关，而这又取决于投资银行在何种程度上介入了经营的主流中。只要承销量可以成为衡量一家投资银行介入经营主流程度的量化指标,那么承销量显然就是质量的决定因素。承销量也是质量的信号,在某一特定时点上承销某一证券的边际困难程度和边际成本与近期承销量负相关,因为更低的承销量意味着投资银行的相关知识更少。而一家对市场知识更少的投资银行再对特定发行进行竞标,就会使其自身暴露在更大的风险中。

将近期承销量作为信号有几种制度性显示机制(institutional manifestations)。也许最重要的一个就是行业排行榜(league tables),这一排行榜根据各家投资银行在各主要市场上的承销量,按照年度或者季度进行排名。这些排行榜会按季度在主要财经杂志上公布。我访谈的一个银行家评论说,投资银行是那么迷恋其在排行榜上的位置,以至于他们会给证券数据公司(SDC)和《投资交易者文摘》打电话,以确认他们已经承销的某项业务是否被统计所遗漏。虽然这个银行家相信人们对排名的重要性有点言过其实,但是他也指出,许多银行家都认为:因为这样的统计遗漏而导致的在行业排行榜上排名的微小下滑,都会损害投资银行在市场参与者眼中的形象。

投资银行在行业排行榜上位置的变动要比其在墓碑公告上的位置变动更频繁。看起来这一相对更大的变动为交易量与产品质量之间的联系比地位与产品质量之间的联系更紧密的说法提供了另外一个理由。

假定地位次序和交易量排名是两种信息排序(informational orders),而决策隐含地嵌入于(potentially embedded)这两种信息排序中,那么地位的约束作用最终就取决于地位在承销量短期波动影响之外对结果施加独立影响的程度。如果人们的决策更多地与交易量的年度波动有关,而更少地与墓碑公告上更具有粘性的地位区别有关的话,那么在质量变动与感知变动之间的时滞(time lag)就必然会更短,马太效应对于投资级债券市场的影响就会被最小化。回想一下,是质量变动与感知变动之间的时滞阻碍了低地位生产商在某个特定产品上的竞争。如果一家低质量的投资银行仅仅因为在短期内的承销量增长而被认为是一家高质量投资银行的话,那么它基本上就会面对与高质量投资银行相同的成本和收益情况。这家投资银行可能就不得不承受一些短期成本以实现快速扩张,但是对它进入高质量银行行列的能力并没有持续有效的约束。这样的话，地位就仅仅是潜在经济过程的一种副产品。所以，只有当低质量银行在一个长时期背景下必须面对相对不利的成本和收益情况的时候，地位次序和马太效应才可能真正发挥作用。

我用一家投资银行在本次发行之前一年时间内，作为牵头的主承销商在投资级债券市场上承销的美元金额作为近期承销量的测量指标[12]，所以承销量历史记录就反映在每月更新变动的一年时间的窗口期中。显然，对窗口期长度的任何选择都是武断的。我之所以选择一年，是因为同行排行榜很少采用一年以上的信息进行排名。因为这个变量在分布上有正向的偏移(a positive skew)，所以承销量被转化为以对数计的美元值。

虽然过去一年的承销量被纳入作为短期信息排序的主要信号，但是指出以下这一点是重要的：对承销量历史记录系数的解释不可能是明确无疑的。只要规模经济成立，那么对承销量历史记录的测量就包括(summarizes)了这些效应。而且，只要对承销量的测量一定意味着更多的关于发行时刻市场供求条件的知识，那么这些知识的效应就必然与这个变量(即承销量)紧密相关。然而，因为我们在考虑引入承销量历史记录是否会消除地位的效应时，我们对于清楚地解释承销量效应并不是那么感兴趣，所以对这一变量意义的含糊之处并不会损害我们从本分析中可以获得的中心推论。

基 本 结 果

表3.2的第1列和第2列显示了基本的结果。第1列排除了近期承销量这个变量，而第2列则加入了近期承销量这个变量。在对这些结果进行讨论的时候，我将忽略大部分控制变量，因为这些控制变量没有社会学意义。标识特定客户经济的变量以及过去一年的承销量当然属于上述一般说法的例外情况。标识特定客户经济的两个变量都对发行费用有负向的影响，虽然与同一发行者"同时"交易的效应不具有统计显著性。这一负向关系与公司可以从将交易嵌入于正在进行的交易关系的做法中获得经济利益的观点是相一致的。

表 3.2　在投资级债券市场上规模和地位的交互作用对百分比发行费用的影响

变量	1	2	3	4
截距	1.244 (.153)	1.221 (.152)	8.608 (.750)	14.298 (2.239)
地位	−.080 (.013)	−.062 (.013)	−2.813 (.274)	−2.271 (.287)
地位×log(发行规模)	—	—	.151 (.015)	.121 (.016)
Log(近期承销量)	—	−.006 (.0008)	−.006 (.0008)	−.126 (.162)
Log(近期承销量)×log(发行规模)	—	—	—	.007 (.001)
Log(发行规模)	−.0116 (.008)*	−.007 (.008)*	−.413 (.412)	−.451 (.041)
可转换债券	.679 (.0275)	.679 (.027)	.665 (.026)	.658 (.027)
债券信用评级				
AAA	.004 (.025)*	−.012 (.025)*	−.018 (.025)*	−.021 (.025)*
AA+	−.101 (.027)	−.105 (.027)	−.124 (.027)	−.134 (.027)
AA	−.086 (.024)	−.093 (.023)	−.090 (.023)	−.096 (.023)
AA−	−.084 (.025)	−.079 (.024)	−.080 (.023)	−.087 (.024)
A+	−.053 (.025)	−.055 (.025)	−.054 (.024)	−.062 (.024)
A	−.086 (.023)	−.090 (.023)	−.089 (.022)	−.093 (.022)
A−	−.045 (.026)	−.044 (.025)*	−.040 (.024)*	−.052 (.025)
缺失债券信用评级的数据	−.111 (.021)	−.091 (.021)	−.088 (.020)	−.096 (.020)
银行/发行者最近 120 天内交易	−.008 (.003)	−.007 (.003)	−.008 (.002)	−.008 (.002)
银行/发行者 120 天至 1 年间交易	−.001 (.003)*	-9×10^{-4} (.003)*	−.002 (.003)*	−.002 (.003)*
竞标式发行	−.186 (.018)	−.178 (.0173)	−.172 (.0170)	−.173 (.017)
发行费用可观察数据的预测可能性	−.492 (.105)	−.444 (.105)	−.459 (.103)	−.459 (.102)
R^2	.27	.29	.31	.32

注：$N = 2\,787$。括号内的数字是标准误。
* 在 0.05 水平上显著。

　　通过集中关注我们关心的主要变量，我们发现地位对价格有负向的影响，这一影响在 0.01 的水平上具有统计显著性。地位每一单位的增加将使发行费用下降 0.08。尽管这一系数看起来可能并不大，但是基于"忠诚也就值一个基点"的说法以及不同银行在地位得分上的差异，这一看起来属于小量级的（small magnitude）系数是重要的。比如，如果我们回头看表3.1，我们会发现排名第 2 位的第一波士顿公司和排在第 14 位的 Kidder Peabody 公司的地位得分差距仅为 1.03。这两家投资银行地位得分的这一差异如果转化为前者比后者出价更低的能力和意愿的话，则其差距为 8个基点。即使在控制了过去一年的承销量的情况下，虽然地位效应从－0.080 降低到－0.062，但地位效应依然是负向并且统计显著的。

　　地位对价格的负向影响毫无疑问是与我们的直觉相反的。然而，回顾一下我们前面提到因为价格不等同于收益，所以地位的影响作用必然是不确定的，这一点是重要的。如果我们考虑一下市场的背景特征以及地位对于成本的影响，那么上述发现就能够说得通了。正如我们一再强调的那样，在投资级债券市场上，对发行者来说价格是非常重要的。激烈的价格竞争必然意味着对某一特定交易而言，地位不能带来回报方面的优势。如果发行者主要根据价格来做选择的话，那么投资银行应该就无法获得地位带来的溢价。即使比起选择低地位公司，发行者更愿意选择一家地位极其高的公司，他们也可能感觉不到处于层级顶端的五六家最高地位的投资银行之间微小的地位差异，从而导致这些顶级投资银行之间展开基于价格的竞争，这就和我们前面提到的最高地位会计师事务所在审计市场上的竞争一样。

　　然而，从价格角度看缺乏收益并不排除从成本方面获得收益。正如前面所指出的那样，高地位能够降低投资银行组织承销团和与投资者建立联系中的交易费用。因为承销团成员和投资者们更容易相信一家高地位投资银行说某一项发行是在特定质量水平之上，从而不需要进一步的谨慎考虑这类话，所以以高地位投资银行的交易费用更低。而且，如我们已经观察到的那样，高地位公司更容易以更低的劳动力价格雇佣到特定水平的员工。因为地位在成本方面而不是从回报方面产生收益，所以地位和价格之间是负相关关系。

如果这样一个结果仍然看起来和直觉相悖的话,那么一个假想的情境也许能帮助我们说明地位和发行费用之间这样一种负相关关系是如何产生的。假设在一个产业中只有 4 家投资银行,他们的地位高低不等。每家投资银行都有机会和其他投资银行竞争发行的机会。如同前面对投资银行业的讨论,他们仅仅在价格方面进行竞争。图 3.2 为处于上述情境下 4 家投资银行的成本结构提供了一个图示。纵轴表示地位,横轴是以任意单位表示的美元价值。各条水平线表示每一家投资银行为了完成某一特定质量的证券承销所需要付出的成本。如果一家投资银行成功地使其竞标价格落在水平横线端点的右边,那么这家投资银行就能营利。

假设所有这 4 家投资银行都希望牵头组织某一次发行。如果投资银行 4 能够提出一个在 D 点的报价,它就能营利;如果预期报价在 C 点,那么它就会亏损。在 4 家投资银行都希望获得这笔生意的情况下,投资银行 1 只要报价在 A 点就能保证获得这笔生意,因为这一报价恰好低于投资银行 2 的成本。其他投资银行只有在亏损的情况下才能获得这笔生意。

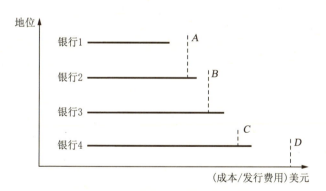

图 3.2　一个假设的 4 家投资银行的情境

现在假设 4 家投资银行正在考虑第二笔生意。投资银行 1 觉得不值得投入,但是其他 3 家投资银行想获得这笔生意。在这种情况下,只要其他投资银行不愿意亏损的话,那么投资银行 2 就可以报出 B 点的价格,从而获得这笔生意。如果我们合理地假设投资银行并不总是会接受亏本的

发行,那么这种基于地位的不同成本结构下的竞争情境,将会导致地位和
发行费用之间呈现被观察到的这种负相关关系。

　　比较一下地位与过去一年承销量对价格的影响程度是有价值的。比
较这两种效应的相对作用,为我们了解一家低地位投资银行在承销量上要
超过高地位投资银行多少才能和高地位投资银行出同样的竞标价格这一
问题提供了洞见。地位的系数是承销历史记录系数的 10 倍,这意味着特
定地位投资银行的承销量必须达到地位比其高 1 个单位的投资银行承销
量的 $\exp(10)=22\,026.5$ 倍,才能弥补其此前的地位差异。排名第 5 位的
所罗门兄弟公司和排名第 6 位的雷曼兄弟公司之间在地位上存在着 0.6
单位的差距,考虑到上述条件的话,通过在市场上"蚕食"(eating)承销量来
发送质量信号的策略看起来是不现实的。即使是在排名上 0.005 单位的
差距,如排名第 7 位和第 8 位的 Paine Webber 公司和 Prudential Bache Se-
curities 公司之间的地位得分差距,看起来也很难通过增加承销量的方式
加以弥补。重要的是,即使你把承销量解读为质量的信号以外的东西,上
述结论仍然成立。即使你把承销量解读为表示一种规模经济,通过增加承
销量来降低成本从而提高竞标能力,但事实上还是难以弥补地位次序上即
使非常微小的差别。即使在加入了成交量的变量以后,地位的效应仍然意
味着低地位投资银行是无法通过在短期内增加承销量来跻身于高地位投
资银行之列的。

　　虽然地位强负向相关的主效应乍看起来是与我们的直觉相反的,但是
这是一个重要的结果,它为地位的成本优势提供了强有力的证据。这也显
示出定价机制是如何能够成为地位次序再生产的核心要素。只要高地位
公司能够比地位低于他们的公司以更低的成本进行特定水平的发行,那么
低地位的竞争者们就被挡在了高地位公司的行列之外。

　　同时,如我所强调的那样,基于地位的竞争模型并不意味着地位和价
格之间一定是负相关关系。正如我之前的研究工作以及本书所详细阐述
的那样,基于地位的竞争模型并没有对地位影响价格的主效应作出任何推
测,关于地位如何影响价格的基本推测主要涉及地位影响价格的效应如何
会随着不确定性的变化而变化。关于潜在交易对象的不确定性越高,那么

潜在交易对象应该越愿意为地位买单。在这一情境中，某一特定发行的不确定性越高，投资银行应该获得的发行费用越高。

为了集中关注这一可能的效应，我们将考虑两个因素：发行规模和发行者的财务稳健性。我们将首先关注承销者地位对发行费用的影响是如何随着发行规模的变化而变化的，然后我们将考察非投资级债券市场上地位对发行费用的影响。投资级债券市场上发行者的财务稳健性低于投资级债券市场上的发行者。

地位和承销规模对发行费用的联合作用

到目前为止的分析结果表明，在投资级债券市场上，高地位投资银行比低地位投资银行对特定交易的出价更低。这样一个结果与下列看法是一致的，即发行者在选择承销商时关注的是价格，而潜在的承销团成员和投资者则更关注地位。后两个群体有理由比发行者更关心地位。因为他们是债权人，而发行者是债务人。作为债权人而言，如果因为投资银行的糟糕表现而导致发行的债券价值下降的话，那么相比较而言他们将承担更多的损失。而另一方面，不管证券如何被配售，发行者付出的利息都是一样的。

然而，发行者还是有可能会担心配售的质量。如果投资者或承销团成员在特定的某次发行中遭受金钱损失的话，他们将来几乎毫无疑问地不会再从同一承销者手中购买证券。其结果是，承销者一次糟糕的表现将会使发行者在金融市场上融资的成本提高。发行者将不得不为其债券购买者感受到的额外风险买单。

因此，也许存在一些理由预期地位将会带来一些正的回报，尤其是对较大规模的证券发行而言。如前所述，不是所有证券发行的难度都是一样的。具体地说，发行规模越大，配售中遇到的挑战就越大，对于一家特定的投资银行而言，成功完成这项发行任务所遇到的问题就会越多。所罗门兄弟公司属于特殊板块公司，在垃圾债券市场上占据承销量的第二位。但Kohlberg Kravis Roberts and Co. (KKR)公司依然对所罗门兄弟公司是否

能够成功地牵头发行 RJ Reynolds/Nabisco 垃圾债券表示非常怀疑(Bur-
rough and Helyar,1990)。RJ Reynolds/Nabisco 垃圾债券的确是规模特
别大的证券发行项目,虽然是非投资级债券,但是这一发行项目的确给我
们提出了地位在更大的规模承销中是否有正的回报这一问题。高地位投
资银行的平均报价低于低地位投资银行这一事实并没有排除高地位投资
银行能够在更大规模、更高难度的证券发行中获得额外收益可能性的
存在。

　　表 3.2 中的第 3 列在加入了地位和发行规模交叉项之后重复了第 2
列中做过的回归分析。第 4 列除了额外加入了发行规模和银行过去一年
承销量的交叉项之外,其他都和第 3 列的分析一样。在这两个回归分析
中,地位和发行规模的交叉项都显著为正。

　　在第 4 列中,投资级债券市场上地位的作用可以表示如下:

$$-2.27 + 0.121 \times \log(发行规模)$$

　　通过对项目的代数处理,可以容易地显示当发行规模超过 1.4 亿美元
时,地位的效应变成正。这一金额显然在所观察值的范围之内。所有投资
银行证券发行规模的中位数是 1 亿美元。在发行规模达到 2 亿美元时,或
者在达到发行规模的 75% 的时候,像第一波士顿公司和 Kidder Peabody
公司之间那样的 1 个单位的地位差异,就可以转化为前者比后者在收益上
多 4 个基点。

　　和表 3.2 中第 1、2 列的分析结果结合起来看,我们会观察到高地位
银行平均而言比低地位银行的出价更低,然而,对于更大规模的发行而言,
低地位银行因为其相对不利的成本结构,其出价必须低于高地位的银行。
这一结果是很重要的,因为它说明了如下事实:在投资级债券市场上,对于
更大规模、更困难的证券发行而言,地位不仅对投资者和前者承销团成员
有影响,而且对发行者的决策也有影响。

　　为了对地位的回报是否会随着不确定性的增加而增加这一问题做进
一步的检验,我们现在将分析对象转向非投资级债券市场,去考察这一市
场上地位和发行费用之间的关系。但是,在做这项分析之前,我们有必要

对非投资级债券市场与投资级债券市场之间有哪些区别提供一些制度性的细节说明。

非投资级债券市场上地位和发行费用之间的关系

非投资级债券市场在风险和不确定性方面都不同于投资级债券市场。从定义上就可以看出,承销和持有非投资级债券会有更大的风险。如前所述,非投资级债券之所以也被称为"垃圾债券"或者"高收益债券",是因为其发行者将来发生债务违约的可能性要高于投资级债券的发行者。

虽然在一级证券市场上有许多金融模型能够帮助行动者们确定不同价格的证券的风险,但这些风险计算模型背后的参数(parameter)确定都多多少少存在着一些不确定性。在整个 20 世纪 80 年代,人们对非投资级债券定价模型中重要参数的估值经常存在很大的分歧(Blume & Keim, 1987; Altman, 1989; Asquith, Mullins & Wolff, 1989)。证券分析师们对于特定非投资级债券的相关风险量无法达成一致意见,对于如何计算必然会带来不确定性的风险也缺乏一致的意见。

发生这样一种不确定的情况,其原因之一就是垃圾债券的发行者通常都不是声名显赫(well established)的公司,这些公司通常只有很短的历史可供证券分析师们借以估计其债券将来发生违约的可能性。20 世纪 80 年代不确定性水平高的第二个原因是这一市场本身是一个非常新的市场。投资级债券市场在 20 世纪初之前就已经存在了,但非投资级债券的第一次发行却是在 1977 年,一直到 20 世纪 80 年代,这一市场才成为一个独立的实体。德崇公司对这一市场的发展作出了重要的贡献。事实上,高收益债券市场是德崇公司一位叫 Michael Milken 的投资银行家想出来的主意。在 1977 年之前,唯一的非投资级发行就是所谓的"堕落的天使"(fallen angels),这是指那些原来属于投资级的金融产品,但后来却因为发行公司财务状况恶化,主要的证券评级机构降低了对其的信用评级。对发行者的不熟悉以及市场本身的不成熟影响了证券分析师们确定非投资级债券可能业绩表现的能力。

　　对非投资级债券相关风险水平的不确定性又很可能会转化为对投资银行进行配售这些债券能力更大的不确定性。对一支证券风险更大的不确定性一般意味着人们对于这支证券的合适价格缺乏共识，而这又会进一步导致对投资银行能够以投资者可以接受的价格进行配售能力更大的不确定性。所以，不管是考虑证券本身还是考虑投资银行的承销能力，我研究期限内的非投资级债券市场比投资级债券市场的不确定性程度都要更高。

　　为了知道更高的不确定性是否会导致地位带来更高的回报，我用和研究投资级债券市场百分比发行费用几乎相同的模型进行了估算。SDC数据列出了从1982年到1987年之间8 081次非投资级债券发行，其中2 004次发行包含了百分比发行费用的信息。我再一次使用了选择方程来构建一个变量，用这一变量来控制那些因为有发行费用信息而被包含在样本中的观察值。

　　和对投资级债券市场研究一样，承销商的地位是用1981年出现在《华尔街日报》上的墓碑公告信息来进行测量的。在1981年，有101次高收益债券的发行公告。表3.3列出了部分投资银行在非投资级债券市场和投资级债券市场上的地位得分。一共有153个投资银行出现在这两个市场上，这些银行在两个市场上地位得分的斯皮尔曼相关系数高达0.96。这一高相关性并不是来自于对投资银行在不同市场上的板块位置存在一致性的要求。

表3.3　投资级债券市场和非投资级债券市场上代表性公司地位分值比较[13]

投资银行名称	投资级债券市场		非投资级债券市场	
	地位得分	排名	地位得分	排名
Morgan Stanly	3.308 79	1	3.996 96	1
First Boston Corporation	3.032 06	2	3.692 73	2
Goldman Sachs	2.874 65	3	2.588 10	4
Merrill Lynch	2.842 15	4	2.511 90	5
Salomon Brothers	2.826 67	5	2.427 83	6
Lehman Brothers Kuhn Loeb	2.198 46	6	2.314 16	9
Prudential Bache Securities	2.098 74	8	3.038 46	3

续表

投资银行名称	投资级债券市场		非投资级债券市场	
	地位得分	排名	地位得分	排名
Dean Witter Reynolds	2.045 83	9	2.179 70	14
Warburg Paribus Becker	2.025 56	10	2.167 43	20
Smith Barney Harris	2.016 89	11	2.177 89	17
Dillon Read	2.010 74	12	2.176 66	18
Bear Stearns	2.002 32	13	2.268 95	8
Kidder Peabody	1.999 02	14	2.228 15	10
Shearson	1.996 21	15	2.178 94	16
E. F. Hutton	1.993 88	16	2.194 18	11
Donaldson Lufkin & Jenrette	1.988 63	17	2.179 39	15
Lazard Freres	1.988 56	18	2.169 55	19
Wertheim Securities	1.986 85	19	2.181 37	12
L. F. Rothschild, Unterberg	1.986 29	20	2.180 54	13
Drexel Burnham Lambert	1.984 31	21	2.157 89	21
Alex, Brown and Sons	1.079 66	28	1.215 47	25
Burns-Fry and Timmins	.856 49	50	.807 12	46
Nikko Securities	.628 42	80	.728 37	50
Sanford C. Bernstein and Co.	.441 16	100	.499 28	65
Cyrus J. Lawrence	.340 32	110	.222 57	100
Anderson & Strudwick	.079 25	150	.001 77	154
Thomas & Company	.011 66	162	.016 0 6	150

你可以举出一家投资银行在其中一个市场上的地位高于其在另一个市场中地位的例子。比如，Hambrecht & Quist 公司是一家来自旧金山的投资银行，这家公司与许多硅谷公司有来往，所以在 20 世纪 80 年代的一级公开发行市场上取得了相当好的业绩。结果，Hambrecht & Quist 公司在一级公开发行市场上能比其在债券发行市场上处于更高的板块。表3.3 中就有几个银行在其中一个债券市场上的地位与他们在另一个债券市场上的地位相差一二十个名次的情况。所以，并不存在一家投资银行在一个市场上的板块一定要与其在另一个市场上的板块相当的要求。

投资银行在两个市场上地位的高度相关，这意味着投资银行在垃圾债券市场上最初的地位很大程度上来自于其在投资级债券市场上的地位。我们可以至少非正式地给出其他的例子，说明一个生产者在一个市场中的地位在很大程度上会受到其在另外一个相关市场上地位的影响，比如

IBM 公司进入个人电脑市场(Anderson,1995)。非投资级债券市场上尤其值得我们关注的一个事实,就是作为这一市场的奠基者并在我们研究的时段从始至终都居于领导者地位的德崇公司在它第一次发行非投资级债券 4 年以后,德崇公司在这一市场上的排名为 21 位。从表 3.3 可以看到,这一排名和德崇公司在投资级债券市场上的排名一样。

虽然对高回报债券市场上地位的测量方法和对投资级债券市场的地位测量方法相同,但是在 2004 次高回报债券发行中,有 272 次或者说有 14% 的发行是由从来没有出现在墓碑公告上的公司牵头承销的。与此相比,在投资级债券市场上的 2 830 次发行中,仅有 42 次或者说 1.48% 的发行是由"非墓碑公告公司"来承销的。非投资级债券市场上相对高得多的发行由非墓碑公告公司来承销,所以将一个标识牵头承销商是否为一家非墓碑公司的变量加入到回归方程是合适的[14]。

我加入了我在分析投资级债券市场百分比发行费用时用过的那些控制变量,同时加入了标识发行规模和牵头承销商过去一年在非投资级债券市场上的承销量。此外还加入了标识特定客户经济性的两个相同的变量、一个标识债券是否可转换的变量以及对该债券的信用评级信息。当然,非投资级债券的信用评级必然低于投资级债券。债券评级被编码为"BBB"、"BB"、"B"、"C"和"无信用评级"五种虚拟类型。那些特定信用评级信息缺失的发行构成了剩余的(residual)类型(重要的是,信息缺失是和"无信用评级"是不一样的,"无信用评级"仅仅意味着我们知道这一次发行没有得到证券评级机构的信用评级)。

我加入了一个标识德崇公司是否是此次发行的牵头承销商的指示变量。虽然从墓碑公告看,德崇公司在市场上的地位相对较低,但德崇公司——作为高收益债券市场的奠基者和先驱者——在这一市场的投资者方面占据了一个关系性位置(relational position),他们的这一位置甚至比那些地位最高的、在众多高地位公司渴望获得的大额发行方面处于近乎垄断地位的投资银行还要高。德崇公司可以承销那些其他公司根本无法承担的发行业务。这一虚拟变量可用来控制这一垄断因素。

对非投资级债券市场的分析结果呈现在表 3.4 第 1 列。为了便于比

较,对从分析投资级债券市场的完整模型中挑选的部分变量——最早在表
3.2 的第 4 列中得到刻画——的分析结果被重新列在非投资级债券市场
分析结果的旁边(即表 3.4 第 2 列)。和投资级债券市场一样,在非投资级
债券市场上,地位和发行规模之间的关系显著为正。随着发行规模的增
长,高地位投资银行比低地位投资银行更能够挣取更高的发行费用。具体
而言,地位的效应如下:

$$-2.72+0.151\times\log(发行规模)$$

表 3.4　在非投资级债券市场上地位和发行费用之间的关系[15]

变　量	1	2
截距	31.13　(1.536)	14.298 (2.239)
地位	−2.722 (.750)	−2.271 (.287)
地位×log(发行规模)	.151 (.042)	.121 (.016)
非墓碑公告银行	1.755 (.213)	N/A
Log(近期承销量)	−.962 (.084)	−.126 (.162)
Log(近期承销量)×log(发行规模)	.056 (.005)	.007 (.001)
Log(发行规模)	−1.653 (.090)	−.451 (.041)
债券信用评级		
BBB	−.982 (.146)	N/A
BB	−.332 (.165)	N/A
B	.282 (.121)	N/A
C	.753 (.198)	N/A
无信用评级	−.168 (.123) *	N/A
德崇公司是承销商	.676 (.102)	N/A
竞标式发行	−.469 (.270) *	−.173 (.017)
银行/发行者最近 120 天内交易	−.054 (.045) *	−.002 (.003) *
银行/发行者 120 天至 1 年间交易	−.104 (.037)	−.008 (.002)
可转换债券	.527 (.091)	.658 (.027)
发行费用可观察数据的预测可能性	−.360 (.152)	−.459 (.102)
R^2	.48	.32

注:$N=2\,003$。括号内的数字是标准误。N/A 表示在投资级分析中不适用。
　　* 在 0.05 水平上不显著。

对非投资级债券市场分析的结果与对投资级债券市场分析的结果惊
人地类似。首先,有证据表明在相当大的一个发行规模范围内,地位和发
行费用之间呈负相关关系。在 2 500 万美元的发行规模(为发行规模的 27
分位数),地位每增加一个单位,发行费用下降 15 个基点。而且我们发现,

和那些非墓碑公告公司相比,那些出现在墓碑公告上的投资银行系统性地给出了更低的竞标价格。因为那些从来不出现在墓碑公告上的投资银行几乎都比出现在墓碑公告上的投资银行的地位更低。这样一个结果进一步显示出地位的成本降低效应是如何被用来排挤低地位群体的。所以,就像投资级债券市场一样,证据显示高地位的投资银行在一个相当大的范围内使用与成本相关的地位收益与低地位投资银行进行低价竞标。

同时,和投资级债券市场一样,随着发行规模的扩大,地位和发行费用之间的相关性增加。如果我们比较一下两个市场上某一特定发行规模下地位和发行规模交互项的话,我们会发现垃圾债券市场上地位和发行费用之间的关系比投资级债券市场上的更正相关(更不负相关)。例如,对于1亿美金的发行而言,在非投资级债券市场上,地位对发行费用的影响为0.06;在投资级债券市场上,地位对发行费用的影响则为－0.04,两者相差了10个基点。投资级债券市场和非投资级债券市场上定价动态机制的主要差别在于:随着不确定性的增加,地位的"基准"溢价向正的方向转化。

总而言之,对这两个市场的分析表明,在一个相当大的承销规模范围内,高地位投资银行将比低地位出价更低,这是地位与成本之间呈负相关关系导致的结果。然而,当发行规模增加或债券信用评级低,承销的难度增加的时候,投资银行可以从发行者那里获得地位的溢价。

Uzzi 和 Lancaster(2004)在对法律服务市场的研究中发现:地位对价格的影响随着法律服务复杂性的增加而增加。具体地说,他们比较了律师事务所地位对合伙人(partners)及准合伙人要价的影响,他们发现:和同事相比,合伙人一般会承担更复杂、更具挑战性的工作,地位对于律师事务所合伙人要价的影响要大于对准合伙人要价的影响。

所以,我们找到的证据似乎表明地位的确在市场上起到了信号的作用。地位的价值随着风险和不确定性的增加而增加,而备选信号——在本案例中是承销量——的存在更多地与质量相关联,并不能消除地位作为信号的作用。诚然,有人可能会注意到尽管前面的分析控制了这一备选信号,但是没有控制事实上的质量差别。这一点是有道理的,但是因为投资银行业是一种服务行业,众所周知,要想对一家或几家投资银行提出一套对服务质量的完备测量方法都是非常困难的——更不用说对整个投资银行业数年的服务质量进行系统性的测量了。在本书的第五章,我将会研究葡萄酒行业,这一行业的确有可能获得对实际产品质量的可靠测量方法。面对研究者缺乏系统的质量信息这一事实,我们可以假定决策制定者们同样缺乏系统的质量信息,从而被迫依靠研究者们所依赖的同样的那些信号。这就是说,我们所依赖的信息讯号也就是市场行动者们正在使用的信息讯号,即使信息讯号已经在行业排行榜上成为公开的信息,随着风险和不确定性的增加,地位也降低了成本并提供了越来越高的收益。

　　然而,如果地位真的降低了成本并将潜在地增加收益,在这样的情况下,我们马上会遇到我们在前面章节中在更一般的层次上提出的悖论。因为潜在的交易对象更喜欢地位更高的而不是地位更低的投资银行,所以高地位的投资银行应该占据整个行业。但是,从 1982 年到 1987 年,这两个市场的年度之间市场份额的相关性非常高。在投资级债券市场上,这一相关系数是 0.91,在非投资级债券市场上,这一相关系数是 0.88。图 3.3 通过赫芬达尔指数(Herfindahl Index)[16]刻画了这一段时期两个市场年度之间市场份额相关性的宏观水平结果。如果赫芬达尔指数接近于 0,则意

图 3.3　投资级债券市场和非投资级债券市场的赫芬达尔指数(1982—1987)

味着市场近乎一种完全竞争状态,无限多的生产者各自占据无限小的市场份额;如果赫芬达尔指数接近于 1,则意味着市场接近于绝对垄断。除了 1984 年市场集中度有所上升以外,两个市场上的赫芬达尔指数显示,其市场集中度都并不存在系统性增加的趋势。为什么高地位的投资银行不利用他们更低的成本和潜在更高的回报去把其他竞争者驱逐出市场呢?

在前面的章节中,我当时直接从详细阐述的关系地位的概念(the relational conception of status)给出了一个初步的答案。高地位公司的地位不可能在其和低地位公司发生交易关系的时候不会遭遇到某种损失。在下一章中,我们将对这一命题进行检验。

注释

[1] 和很多社会学家有时候所相信的看法相反,完美信息并不意味着能够预言世界将来会怎样的一种全知全能,完美信息假设意味着一种对世界将来可能状态的一般性的把握和关注。而且,完美信息假设意味着市场行动者对每一个机会变化都保持关注,对每一个机会的质量都绝对不存在不确定性。用一句老话说就是,你能看到所有的机会,并且你的所见即你的所得。

[2] 有人可能会把最近的内部交易和操纵股价的丑闻作为有效市场假说的信息假设与事实不一致的证据。这些丑闻突出地表明一些处于好位置的个体为了其个人利益而把一些信息为己所用。然而,即使这些丑闻的发生表明对信息公开要求的一种违背,但从另一方面看,这样的企图最终被曝光而成为丑闻,也说明了在这些市场中,人们对信息公开的强烈关注。如果一个汽车设计师拥有他设计的汽车存在缺陷的私人信息,他可以购买另外一种汽车,而不需要把购车这一私人信息公之于众。而如果一个公司的首席执行官因为担忧其所在公司的前途而出售该公司股票的话,他出售股票的这一行为则必须公之于众。

[3] 承认我这里所详细阐述的问题在经济学上仍然存在争议这一点是重要的。虽然有一些经济学家和非经济学专业的学者认为在实证研究方面(Camerer,1995)或理论研究方面(Kreps and Porteus,1978)已经有令人信服的证据支持上述风险和不确定性之间存在着区别,但是仍然有一些经济学家认为所有的不确定性可以被恰当地概念化为风险。人们希望将不确定性概念化为风险,这部分地是因为风险比不确定性在数学上更容易处理,你可以用世界将来各种状态的可能性是一样的假设来代替完全无视概率分布的假设。在本书中解决这一争议看来是既不可能也不恰当。我认为,说社会学家们将不确定性视为市场过程的基本情况(如 White,2002;Kocak,2003;Podolny & Hsu,2003)并承认存在上述区别应该是恰当的。

[4] 这些公告之所以被人们称为"墓碑公告",是因为 20 世纪初期这些公告第一次出现的时候,他们在出版物上的位置正好和讣告相对。

[5] 需要强调一下,承销团以及墓碑公告越来越少并不意味着地位的重要性在下降。直到今天为止,市场参与者仍然在使用"吹号手级板块"(bugle bracket)这样的术语来将精英公司与其他公司区别开来,投资银行家们仍然非常在乎他们与其他公司相对关系中的地位。所以,地位的重要性并没有下降,变化的仅仅是地位特定的可观察表征而已。比

如,投资银行家们仍然把银行间的伙伴关系视为地位的指标,即使这样的伙伴关系并不能用《华尔街日报》上一个版面的公告所能表现。

[6]虽然你可能会认为这样的例子和基于地位的市场竞争模型中包含的不断平衡的动态过程(equilibrating dynamics)并不一致,但是基于地位的市场竞争模型并不反对因为运气或者外生冲击带来的变迁。在后面的章节中,我将更直接地讨论关于变迁的话题。在这里,我只是想要说明虽然地位差别具有自我强化的特征,但是外生的或随机原因会带来地位次序的变化。

[7]正如一个评论者所注意到的那样,你可能会认为这一例子可能意味着对于低地位投资银行来说才是节约成本的,因为低地位的投资银行不用承担尽职调查的事务,而高地位的投资银行则需要这么做。但是,你应该注意到牵头的投资银行获得了非常大的发行份额,这一发行份额应该足以补偿它牵头进行发行的额外交易费用。重要的是高地位投资银行意识到因为它不需要投入那么多时间和精力去说服其他投资银行加入承销团,所以它可以节约交易费用。

[8]Stevens 的观察是在安达信/安然(Anderson/Enron)公司丑闻发生之前。考察一下丑闻是否会使得审计服务市场变得更加非商品化将是有趣的问题,因为关于审计者是否在某一质量门槛之上的不确定性增加了。

[9]有人可能会认为,为了评估样本在随后几年中地位的作用,我们最好不仅收集1981年的墓碑公告数据,而且收集随后几年的数据。然而,我们可以预期由于未能收集额外年份的数据而导致的任何偏差都将倾向于使地位的影响最小化。因此,在1981年的数据显示地位对随后几年经济结果有显著影响的情况下,看起来我们可以合理地推断,如果随后几年也被考虑在内的话,地位的影响不会更不显著。

[10]那些在1981年出现在墓碑公告上次数小于3次的投资银行被排除在分析范围之外。有170家投资银行出现在承销团的次数多于3次。这些被排除在外的投资银行无一例外地都是相对较小的外国投资银行,他们出现在承销团中是因为证券的发行者和他们来自一个国家。

[11]英文版原书中地位排名第17位的 Donaldson Lufkin & Jenrette 公司地位得分为1.998 63,经与 Podolny(1993)的论文"A Status-Based Model of Market Competition"对照,发现其地位得分应该为1.988 63。——译者注

[12]因为 SDC 数据并不报告出现在承销团中的每一家投资银行以及每一家投资银行在承销团中各自所占的份额,所以没有办法构建一个由非主副承销商位置在一年中承销量的衡量指标。

[13]英文版原书中投资级债券市场上地位排名15位的 Shearson 公司和第17位的 Donaldson Lufkin & Jenrette 公司在非投资级债券市场上的排名都为16名,疑有印刷错误。Donaldson Lufkin & Jenrette 公司在非投资级债券市场的地位得分为2.179 39,高于 Shearson 公司的2.178 94,所以将 Donaldson Lufkin & Jenrette 公司在非投资级债券市场的排名改为第15名。——译者注

[14]当牵头的承销商是"非墓碑公告公司"的时候,这一地位变量就等于0。

[15]表3.2第4列和表3.4第2列中"银行/发行者最近120天内交易"、"银行/发行者120天至1年间交易"的结果正好对调,怀疑其中之一有误。——译者注

[16]赫芬达尔-赫希曼指数(Herfindahl-Hirschman Index,简称 HHI),简称赫芬达尔指数,是一种测量产业集中度的综合指数。它是指一个行业中各市场竞争主体所占行业总收入或总资产百分比的平方和,用来计量市场份额的变化,即市场中厂商规模的离散度。——译者注

第四章

是否与普通民众交往：这是问题所在

前面两章从以下两个方面详细阐述了"地位"概念的含义：(1)地位是一种信号，可以传递关于产品质量的信息；(2)地位会通过交易关系渗透。根据投资银行业的相关数据，本书第三章分析了投资银行的成本、收益的绩效信息，分析结果支持了"地位是一种信号"的论点。本章将用投资银行业的数据分析地位会通过交易关系渗透这一观点的含义。

笔者提出"地位会通过社会关系渗透"这一说法显然在某种程度上有用词不严谨之嫌。对这一观察结果更准确的表述是：当两个行动者建立了可以被第三方核实的交换关系时，行动者的地位就会发生一种强制性的让渡(a forced alienation of status)。只要产品、服务和/或支付在行动者之间发生流动，那么必然会存在潜在的地位转换(a latent transfer of status)，即交易各方都要将自己的地位潜在地给予其他方。

这样一种潜在地位转换的观点在很多被认为是充分的社会背景中得到了验证(Whyte，1981；Blau，1989；Homans，1951)。一个地位较高的行动者和一个地位较低的行动者建立交换关系，他不可避免地要面临地位可能降低的风险。本章的中心命题是：类似的潜在地位转换在市场交易活动中是普遍存在的。在第一章中，我们讨论了如下案例：一种叫做绿松石的石头在大众消费者中越来越流行，亚利桑那州高速公路旁的商店就寄售这种石头。这使得地位较高的珠宝商面临两难选择，他们要决定是否与这些绿松石寄售商发生交易关系。如果地位较高的珠宝商真的决定进行交易的话，除非这些高地位珠宝商能对第三方隐瞒交易的信息(例如不公开展示绿松石，不告诉其他人这笔交易的存在并且某种程度上确保绿松石的寄售商也不会泄露这些交易信息)，否则他们就无法控制他们与绿松石寄售商之间的地位转换。但显而易见的是，如果珠宝商隐藏所有与绿松石相关的信息的话，那他们就无法获得市场利润。在地位较高的珠宝商和地位较低的绿松石寄售商的交易过程中，珠宝商的某些地位"流向"了绿松石寄售商，同时绿松石寄售商的某些地位也"流向"了珠宝商。如果绿松石寄售商的地位低于珠宝商的地位，那么珠宝商的地位会受到净损失，而绿松石寄售商的地位会获得净收益。

参与交易的行动者对推动或者阻止这样一种地位的转换无能为力，这是因为地位是由那些关注这些交易的第三方决定的。这并不是说我们需要假定第三方们通过主动的深思熟虑作出正式判断以促成这样的判断，当然也不需要排除存在这样的深思熟虑。我们只需假定第三方们的行为类似于观众，他们用能观察到的行为做为推断不能观察情况的参考。

交易双方的地位交换取决于第三方的属性这样一种说法可能听起来平淡乏味，但却有重要的分析意义。与某些研究市场问题的分析角度如交易成本经济学(Williamson，1975)不同，这一观察意味着"交易双方"(the dyad)并不是分析经济交易的基本单位，因为交易双方从交易中所获得的价值会受到第三方的影响，如果只是把交易双方作为一个独立的经济分析单位就无法理解交易的价值。

本章将在投资银行业中主承销商—副承销商关系的背景下讨论地位在交易关系中发生流动这一命题的实证含义。回顾一下前面的章节，主承销商和副承销商的关系是承销团中最清晰可见也是最重要的交易关系。承销团中牵头的主承销商和副承销商比其他成员要承销更多的证券。此外，副承销商要协助主承销商对发行证券的公司履行审慎调查以保证其财务稳健性、吸引更多的投资银行加入承销团、决定证券在各承销团成员间的分配以及在证券被分配到投资者手中并开始在二级市场上流通后为这支证券"造市"。

我们首先来考察一下非投资级债券市场上一家投资银行的地位受到与其发生交易的其他投资银行影响的证据。如果一家投资银行的地位受到其交易伙伴地位的影响，那么我们有理由认为一家银行与地位低于自己的银行建立交易关系的意愿与该投资银行从地位中所获价值之间存在直接函数(direct function)关系。因为地位的价值随着不确定性的增加而增加，所以我们可以提出如下命题：市场上的不确定越低，投资银行越愿意和地位比自己低的伙伴建立交易关系。

地位的上升（和下降）

一个地位上升(和下降)的模型

要考察一家银行的地位是如何受到其交易伙伴地位的影响，我们有必要先从一个关于银行的地位是如何随着时间推移而发生变化的模型开始分析。我们用 S_{it} 表示银行 i 在时段 t 的地位，我们的关注点是银行的地位在时段 t 和时段 $t+1$ 之间的相对变化：$(S_{i,\,t+1}/S_{it})$。下面是基准模型的方程式。

$$\frac{S_{i,\,t+1}}{S_{it}} = S_{it}^{\rho}w_{i,\,t+1} \qquad [4.1]$$

或

$$S_{i,\,t+1} = S_{it}^{\rho+1}w_{i,\,t+1} \qquad [4.2]$$

这里的 $w_{i,\,t+1}$ 是对数正态分布(log-normally distributed)的误差项。本质上说参数 ρ 是内生的反馈效应(an endogenous feedback effect)。如果 ρ 小于零，那么地位上升所带来的价值回报是递减的。如果 ρ 等于 0，那么地位增长与吉布拉定律(Gibrat' Law)是一致的，即增长是随机的，并独立于规模(或本案例中地位的高低值)，虽然地位波动的范围(magnitude of fluctuation)与规模成比例。如果 ρ 大于 0，地位的增长对进一步的地位增长有正向影响，所以是递增型的。如果 ρ 等于 0 或者 ρ 大于 0，那么一个行动者的地位高低值就没有内生的约束。其基准模型与组织增长理论中所用的那些模型是一致的(见 Barnett, 1994; Barron, West & Hannan, 1994)[1]。

显然，Merton 的马太效应和 ρ 大于 0 时的情况是一致的。如果 ρ 大于 0，那么地位较高的组织比地位较低的组织的地位增长速度更快。Merton 的马太效应和 $\rho=0$ 时的情况也是一致的，因为在较低地位组织和较高地位组织地位的增长率相同的情况下,两者之间绝对地位差异值会增加。

外生协变量可以被整合进下列对数线性方程:

$$S_{i,\,t+1} = S_{it}^{o+1} e^{(b_0 + b_1 A_i + b_2 P_i + b_3 A_i P_i)} w_{i,\,t+1} \qquad [4.3]$$

A_i表示银行i的合作承销伙伴(management partners)在时段$t+1$之前的平均地位,P_i表示银行i在时段$t+1$之前的贡献/业绩。外生效应的对数线性方程保证了预测的地位增长率是非负数。对等式两边取对数就会发现,这个模型可以用最小二乘法[2]来进行估计。

以上方程式说明一家银行的地位受到该银行过去的地位和业绩、其合作承销伙伴的地位以及合作承销伙伴业绩与地位交互作用的影响。显然如果一家银行有较好的业绩,那么相应地它就有较高的地位(即$b_1 > 0$)。而且,地位作为一种能通过交易关系渗透的财产,意味着A_i存在正向的影响(即$b_2 > 0$)。你很可能会觉得奇怪,为什么要分析合作承销银行的地位和业绩的交互项。假定你是"第三方"——投资者、发行者甚至是另外一家银行,你正在思考应该给这两家银行的地位分别打多少分。这两个银行的市场业绩方面是很相似的,它们承销了相同数量的证券,它们的竞争力是相当的。但是,第一家银行合作者的地位比第二家银行合作者的地位要高。你会如何评价这两家银行的相对能力呢?

可以合理地做如下推断:如果一家银行的合作者地位较高,这家银行就可以靠其合作者而轻松许多;如果这家银行的合作者地位较低,那么这家银行只能更多地靠自己的努力。因此,在同样的业绩水平下,人们将给有地位较高合作者的银行打更低的分,对其地位的打分也应该更低。值得指出的是,Merton(1968)用类似的逻辑对马太效应机制进行了详细的阐述,他当时关注的是论文合作作者之间的关系。论文合作作者之间的关系与承销团中主承销商和副承销商之间的关系类似,相关的读者会或公开或私下对各方的贡献作出评价。Merton(1968)发现,即使在地位较低的作者实际上做了更多工作的情况下,地位较高的作者还是会得到更高的评价。如果类似的逻辑在投资银行领域也成立的话,我们可以推论:一家银行合作者的地位与其过去业绩的交互作用对银行地位的影响是负向的。

总结一下，在公式 4.3 中，应该观察到如下结果：

$$b_1 > 0; \quad b_2 > 0; \quad b_3 < 0.$$

构建地位上升(下降)模型的变量

我在第三章中给出了一些定性证据，证明地位会通过银行与发行人之间的关系发生渗透，我想没有比从墓碑公告中得到的信息可以更好地测量发行人的地位了。接下来我将主要关注非投资级债券市场上主承销商和副承销商之间的关系，以此来检验该模型。

我在 1981 年和 1987 年两个时点上测量银行地位。前一章我们讨论过 1981 年的地位分值，与此类似，1987 年的地位分值也来自当年《华尔街日报》刊登的所有非投资级债券的墓碑公告。1987 年共有 132 份墓碑公告，少于 1981 年的 180 份墓碑公告。

我们集中关注非投资级债券市场，是因为该市场的历史较短，因此地位特征的制度化(institutionalized)程度可能会更低一些。以往关于投资银行的研究(Hayes，1971；1979)显示：7 年时间对于研究投资银行在墓碑公告上排名的变动并不够长。但高收益债券市场是一个新生的市场，所以，和其他市场相比有可能在相对较短的时间跨度内有更多的变化。表4.1 列出了部分非投资级债券市场上代表性样本的地位分值。从表中的数值可以清楚地看出，这两个年份之间，有些银行的地位很稳定，有些银行的地位则发生了一些变动。

表 4.1　非投资级债券市场部分银行 1981 年和 1987 年地位得分

银　行	1981 年地位得分	1981 年排名	1987 年地位得分	1987 年排名
Morgan Stanley	3. 996 96	1	2. 265 07	7
First Boston Corporation	3. 692 73	2	5. 876 47	1
Prudential Bache Securities	3. 038 46	3	. 138 85	14
Goldman Sachs	2. 588 10	4	2. 694 64	4
Merrill Lynch	2. 511 90	5	2. 613 48	5
Salomon Brothers	2. 427 93	6	2. 590 99	6
Lehman Brothers	2. 314 15	7	3. 048 78	3

续表

银　　行	1981 年地位得分	1981 年排名	1987 年地位得分	1987 年排名
Bear Stearns	2. 268 95	8	3. 187 36	2
Paine Webber	2. 264 99	9	. 324 52	10
Kidder Peabody	2. 228 15	10	. 287 30	12
E. F. Hutton	2. 194 18	11	. 133 75	16
Wertheim Securities	2. 181 37	12	. 127 83	17
L. F. Rothschild Securities	2. 180 54	13	. 122 81	19
Dean Witter Reynolds	2. 176 66	14	. 111 39	15
Shearson American Express	2. 178 97	15	3. 048 78	3
Smith Barney	2. 177 89	16	. 139 45	13
Dillon Reed	2. 176 66	17	. 111 39	20
Lazard Freres	2. 169 55	18	. 111 26	21
Warburg Paribus Becker	2. 169 55	19	N/A	
Drexel Burnham Lambert	2. 157 89	20	. 349 47	9
New Court Securities	1. 193 76	25	N/A	
Robinson Securities	. 728 37	50	. 009 04	32
Robertson Securities	. 211 83	101	. 100 15	22
Anderson Securities	. 001 77	150	N/A	

注: * Shearson 公司和 Lehman 公司于 1981—1987 年期间合并,因此,这两家投资银行 1987 年的地位得分相同。

N/A 表示 1987 年的墓碑公告上没有该投资银行。

　　分析中我们最感兴趣的一个变量是 1981 年到 1986 年间中心银行的合作银行的平均地位。证券数据公司(SDC)数据能够提供这段时期主承销商和副承销商关系的完整信息。1981 年到 1986 年间中心银行的合作银行的平均地位用这些合作者 1981 年的地位得分来作为替代指标。虽然使用 1981 年的分值会带来一些噪音,但是整理 1981 年到 1987 年之间的数据是很耗费时间的事情,并且没有清晰的证据显示这些噪音会导致分析结果产生仅仅支持我们假设的偏差。

　　下面从两个方面来测量银行的业绩:银行从 1981 年到 1986 年作为牵头承销商和副承销商承销的美元金额(dollar volume of offerings)和银行从 1981 年到 1986 年作为牵头承销商和副承销商的承销次数(number of offerings)。这两个指标都从 SDC 数据中获得。正如前一章所讨论的,交易者的承销金额是测量业绩表现的常用指标,在诸如《机构投资者》《投资交易者文摘》这样的贸易刊物上按季度或年度定期公布[3]。

　　本书的第三章中已经讨论过,暂缓注册制度的引入导致承销团参与者平均数量下降了很多。这一数量下降的原因是本研究范围之外的事情,但其结果是从 1981 年到 1987 年,非投资级债券市场中参与承销团的公司数量下降了很多。1981 年,至少有 171 家银行是非投资级债券市场的承销团成员,而到 1987 年,这一数字下降到 68 家[4]。由于参与者数量的大幅度下降,在估计地位增长或下降时控制可能的抽样误差就成为一个很重要的问题。我们可以建立一个选择方程,用一家银行 1981 年部门数量的对数值预测这家银行到 1987 年还在 1987 年样本中的可能性。一家投资银行的部门数量是衡量其销售能力的好指标,而在实施暂缓注册制度时期,投资银行的销售能力又是决定其承销证券能力的重要因素。《机构投资者》杂志公布了最大的 100 家投资银行的部门数量数据。如果银行不在前 100 名以内,我就将其赋值为 0,通过建立虚拟变量来表明哪些银行不在前 100 名。通过这样的编码,我们可以用一家投资银行是(否)是最大的前 100 家投资银行来估计 1987 年该投资银行仍然留在高收益债券市场上的概率,进而——用是否属于最大的 100 个投资银行——讨论一家投资银行的部门数量如何影响该投资银行 1987 年仍然存留在高收益债券市场上的概率。表 4.2 是回归统计的结果,我将回归结果中的预测值作为控制变量纳入增长模型。

表 4.2　投资银行在 1987 年还留在高收益债券市场的概率

变　　量	估计值
截距	.47(.60)
Log(部门数量)	.35(.21)*
排名前 100 名的投资银行	1.99(.65)*

　　注:$N = 171$；$\chi^2 = 67.99$(自由度为 2)。括号中的数值为标准误。
　　* $p < 0.05$,单尾检验

地位增长(下降)模型的分析结果

　　表 4.3 是本研究中所用变量的描述性统计结果。表 4.4 是回归分析的结果。我们首先来看表 4.4 中第 1 列的基准方程,这个模型没有考虑到外生协变量的影响。对作为内生反馈系数 ρ 的点估计是正的,虽然其影响并不显著地区别于 0。需要注意的是,我们不能排除同比例增长的吉尔伯

基准假说(Gibrat's baseline hypothesis)的可能性。在较高地位和较低地位公司的地位增长率是相同的情况下，地位差异的绝对值随着时间推移而增长，而且这一增长不受到任何内生变量的抑制。如上所述，这个结果与Merton 提出的马太效应是一致的。

表 4.3　债券市场增长模型变量的描述性统计

变　　　量	均　　　值
1981 年中心银行的地位	1.10(1.03)
1981 年到 1986 年合作承销伙伴的平均地位	1.91(1.74)
1981—1986 年承销证券发行的次数	37.57(66.81)
1981—1986 年承销证券金额(百万美元)	4 054.0 (3 265.0)

注：$N = 68$, 括号中的数值为标准差。

表 4.4　债券市场地位的增长率模型

变　　　量	模型 1	模型 2	模型 3	模型 4	模型 5
截距	−7.30*	−12.23*	−16.82*	−16.87*	−17.96*
	(.90)	(1.18)	(2.90)	(2.88)	(3.06)
ρ	.03	−.57+	−.91*	−.93*	−.82*
	(.41)	(.36)	(.38)	(.38)	(.39)
1981—1986 年合作承销商平均地位		2.38*	1.56*	1.69*	1.98*
		(.44)	(.58)	(.60)	(.63)
1981—1986 年参与承销发行的次数			.025*	.11+	.12*
			(.015)	(.07)	(.07)
Log(1981—1986 年参与承销金额)			.24*	.22+	.25*
			(.14)	(.14)	(.14)
合作承销者地位×参与发行次数				−.019	−.021+
				(.015)	(.015)
排除的概率					−.95
					(.91)
R^2	.00	.31	.36	.38	.39

注：$N = 68$, 括号中的数值为标准误。
$+p < 0.10$，单尾检验；$* p < 0.05$，单尾检验。

将外生协变量纳入模型中后，对 ρ 的点估计值戏剧性地从 0.03 下降为−0.82(第 5 列)，这个值显著地小于 0。将−0.82 这一数值代入公式4.3，可以看到估计值 ρ 导致地位相对快速地向某个固定水平收敛[5]。我们可以认为这个结果表明：中心银行地位的增长是由其合作银行的地位和这家银行的历史业绩所严格决定的。只有当一家银行表现出作为地位较高银行所应有的建立合作机构的能力，取得相称的经营业绩时，这家银行才能维持其地位的增长。如果一家银行的合作承销伙伴的平均地位及银行的业绩水平停止增长，那么这家银行的地位增长很快就会受到约束。

从表 4.4 第 1 列呈现的结果来看，我们知道，从本质上说，不受条件约束的增长率是独立于银行现在的地位的，我们可以得到以下结论：地位较高的银行发现他们在提高他们交易伙伴的平均地位或者提高他们的经营业绩方面，都并不比地位较低的银行更困难。其结果是，地位较高银行和地位较低银行之间的绝对地位差异随着时间推移而增加。然而，根据从第 2 列到第 5 列的分析结果可以清楚地发现，银行地位增长的上限一方面是由市场的规模决定，另一方面也取决于扩大市场份额和只与较高地位银行建立交易关系的内在张力。如果明确地考虑外生系数的话，上述结果将更清楚，下面我们来作具体分析。

两个测量业绩的指标和中心银行的合作承销银行平均地位的影响都显著为正，这与我们的预期一致。中心银行作为牵头的主承销或副承销商的承销业务每增加一笔，其地位增长率为 exp(0.12) 即 1.12 倍。合作承销银行的平均地位每增加一个单位，地位增长率为 exp(1.98) 即 7.24 倍。

证券承销次数与合作承销商地位的交互影响是负向的，并在 10% 的水平上显著[6]，这也和我们的预期一致。考虑到这是 10% 水平下的单尾检验，相当于 T 检验值仅为 1.3，如果据此就断言高地位银行比低地位银行从过去的合作业绩中得到了更多认同的话，那么我们要当心这一特别强的结论的可靠性。

然而，从更一般的意义上说，增长模型提供了市场上存在马太效应的证据，与此同时也揭示了一家中心银行的地位增长限度是由该银行合作机构的地位决定的。如果一家银行的地位的确是由该银行合作机构的地位决定的，并且地位是有收益的，那么显然我们就会有一个问题：为什么银行会愿意与地位比自己低的银行建立合作关系呢？

我们可以列出许多理由来解释为什么一家银行会愿意与比自己地位低的银行建立关系。例如为了竞争作为牵头银行承销某个总部不在纽约的发行者的证券，一家地位较高的顶级承销商（由于害怕潜在的交易损失）会引入地位低于其他潜在副承销商但位于某特定地域的投资银行做副承销商，从而建立和保持发行者在某个区域的利益。一家地位较高的牵头主承销商将业务分给地位较低的副承销商，而不是分给和自己地位相仿的竞争者，这能减少其在同行排名竞争中的压力。一家地位较高的银行只有在一定的条件下才会成为一家地位较低的银行提供的副承销商位置的潜在接受者，而不是副承销商位置的给予者，即接受副承销商的位置能够增加他的收益。所以，一家银行会因为一系列的原因与地位低于他的银行合作，形成主承销商—副承销商关系，但是这样做的银行也会面临短期内经济收益增长和长期内地位潜在损失之间的选择。这样的选择和一个高地位的珠宝商做是否参与绿松石交易决策时面临的难题完全一样。

　　哪些因素决定了银行在面临这样的抉择难题时将如何选择呢？在什么样的条件下银行会愿意与地位比自己低的银行交易呢？可以证明，一家银行冒地位降低的风险与地位低于自己的银行发生交易关系的意愿，应该与地位的价值成反比。如果地位未来的价值越低，那么银行将越愿意从跨地位的合作中获取短期利益。

　　这又引发了另一个问题：是什么因素决定了地位的长期价值呢？如果地位是质量的信号，那么质量的不确定程度越低，地位的长期价值就越小。所以当质量的不确定程度较低时，银行应该更愿意与比自己地位低的银行进行经济交易。我们现在通过比较分析市场份额和牵头主承销商和副承销商的关系来检验这一命题。

两个债券市场上银行的地位与市场份额

　　我们首先集中讨论两个债券市场上银行的地位和市场份额的关系。由于投资级债券的发行者是历史悠久的"蓝筹股"公司，其首席执行官和董事会有很好的声誉，其财务历史记录也很好，所以投资级债券的发行者比"垃圾"债券的发行者地位更高。的确，"垃圾债券"的称呼在某种程度上说明了人们是如此看待其发行者的。如果有人想进一步了解"垃圾债券"的发行人被认为是地位较低的定性证据的话，他可以看看摩根斯坦利公司在决定进入非投资级债券市场时的新闻公告。如同其他地位较高的银行一样,摩根斯坦利公司不太愿意进入该市场,尽管当时该市场的先驱德崇公司已经在该市场上获得了丰厚利润。我注意到当摩根斯坦利公司最后决定进入该市场时,他声称其进入将使得该市场"变得有品位"(Chernow, 1999)。很难再找到一个更好的词语来表达摩根斯坦利公司的看法,即这个市场上充斥着地位较低的行动者以及地位是以关系为基础的基本观点。

图 4.1 和图 4.2 呈现了从 1981 年到 1987 年,两个债券市场上各银行承销债券数量累计百分比的分布。这段时期有 8 081 只非投资级债券和 3 278 只投资级债券。在两个图形中,横轴是 1981 年以来的地位分值,纵轴是某一特定百分比以下的投资银行承销债券数量的累计百分比。如图 4.1所显示的,两个市场上的地位分值是不同的,因此很难进行精确地比较。尽管如此,即使横轴上的分布是不同的,但是有一点还是非常清楚的:地位较低的银行,其在非投资级债券市场上承销债券的比例高于其在投资级债券市场上承销债券的比例。这一结果与"环境的不确定程度越高,基于地位的类聚现象越明显"的观点完全一致。环境的不确定程度越高,地位较高的银行越不愿意主导整个市场,因为他们的地位可能面临降低的威胁。

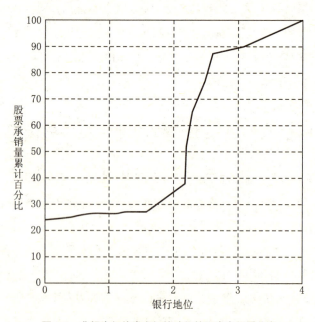

图 4.1   非投资级债券市场按地位的证券发行量分布

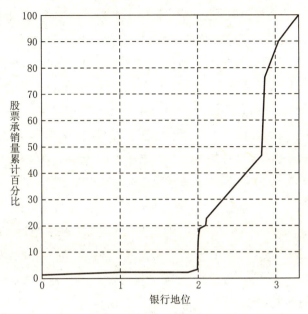

图 4.2　投资级债券市场上按地位的证券发行量分布

　　当然，这个结果涉及对两个市场中的分布进行较高水平层次的比较。为了得到对单个公司的交易关系更深入的讨论结果，我将再次关注牵头主承销商和潜在的副承销商之间的关系。这里核心的分析问题是：是什么因素在影响一家特定银行成为某一家牵头主承销商的合作副承销商的可能性。为了回答这个问题，我建立了牵头主承销商和副承销商承销某一债券的联合决策模型：牵头主承销商决定选择某个银行作为副承销商以及被选定的银行决定接受这一机会。这个模型主要关注的是在非投资级债券市场上地位对匹配的影响是否大于投资级债券市场地位对匹配的影响。也就是说，我们是否会观察到高收益债券市场上主承销商和副承销商之间基于地位的类聚现象比投资级债券市场上的更显著。

对牵头主承销商—副承销商匹配关系的分析

　　SDC 数据中包含 1981 年到 1987 年期间债券市场的个体交易信息，我用 Logistic 回归模型对上述数据进行分析，得到了两个市场上牵头主承销商和某一特定副承销商之间匹配的概率。如果牵头主承销商成功地选择某一特定副承销商，则观察值就编码为 1，如果没有成功，则编码为 0。相应地，投资级债券市场上每次发行就会有将近 169 个观测值（在投资级债券市场上的 170 家银行－1 家牵头主承销商＝169 次选择），因为每家银行都有 169 家位列于墓碑公告上的银行可以选择作为副承销商。由于研究时段内银行发生倒闭或合并，因此可能选择的数字会有细微的变化。同样的，在高收益债券市场中，墓碑公告上记录了 171 家银行，从而每次承销发行都会有 170 个观察值。如果牵头主承销商被要求选择一定数量的副承销商一起承销某一债券，那么这次债券发行将会出现多重选择观察值（multiple observations），这违背了回归分析中的标准非独立性假设（standard nonindependence assumption）。但是因为牵头主承销商可以选择不要副承销商，或选择一个乃至更多的副承销商，所以对于特定某一次债券承销而言，观察值之间不存在严格的相关性。

　　虽然我为了分析的需要选取了从 1981 年到 1987 年的 SDC 数据，但许多变量——特别是那些关于牵头主承销商和副承销商关系的变量——涉及因滞后效应而产生的历史信息。为了分析方便，我使用了随后 24 个月的数据信息。因此，使用 1981—1982 年的信息，是为了获得历史变化的信息[7]。

　　我在此使用的分析变量与前一个章节中的扩散模型和本章中的增长模型的分析变量在很大程度上是类似的。因此，我将简要地讨论这些模型中共同的变量，而把更多的注意力集中在这个回归分析中特有的变量上。

地位

　　我们主要关心的是地位差异对建立交易关系可能性的影响。当地位差异变得更大时，发生交易关系的可能性就下降，并且如果市场的不确定程度越大（如非投资级债券市场），那么发生交易关系可能性的下降趋势越明显。

　　银行地位用和前面分析相同的办法来进行测量。我用 Bonacich 的 $c(\alpha, \beta)$ 测量法提出一个定量指标，来测量银行在墓碑公告中的地位。我将再一次运用 1981 年的墓碑公告数据来计算两个市场中银行的地位分值。可能有人会问为什么不用 1987 年的数据来作为后续观测值。这主要是因为——正如我们在前面的分析中已经观察到的那样——1987年银行在墓碑公告的位置是此前银行合作行为的结果。因此，如果用1987年的墓碑公告数据来对后续观察值进行分析的话，可能会混淆因果关系。第二个原因——尽管不是那么重要——是我只有1987年的非投资级债券市场的墓碑公告数据。既然我是对不同市场上的牵头主承销商的配对情况进行比较研究，那么在某个市场上使用1987年的数据而在另外一个市场不使用1987年的数据就无法进行比较。

由于我们关注特定牵头主承销商与候选副承销商之间的地位差异如何影响双方建立交易关系的可能性，所以交易关系中任何一方地位变化的影响程度与哪一方的地位更高有关。一方面，如果牵头主承销商的地位更高，那么牵头主承销商地位上升将增大交易双方的地位差距，并降低建立交易关系的可能性。另一方面，如果牵头主承销商的地位比潜在的合作副承销商的地位低，牵头主承销商地位上升，将减少牵头主承销商与副承销商地位的差距，因此增加建立交易关系的可能性。我用样条模型（spline specification）（Johnson，1984）来检验这一函数关系。在牵头主承销商的地位高于候选副承销商地位的条件下，我用一个系数来测量牵头主承销商地位的影响作用；在牵头主承销商的地位低于候选副承销商的地位的条件下，我用另一个系数来测量牵头主承销商地位的影响作用。如果基于地位的类聚现象存在的话，那么前一个系数应该是负的，后一个系数应该是正的。如果非投资级债券市场上的不确定性高于投资级债券市场上的不确定性，那么非投资级债券市场上这两个系数的绝对值将大于投资级债券市场上这两个系数的绝对值。

同样，候选副承销商的地位提高，对双方建立交易关系可能性的影响将取决于候选副承销商的地位是高于还是低于牵头主承销商的地位。我再次使用了样条模型：在候选副承销商的地位高于牵头主承销商的地位的条件下，我用一个系数来测量候选副承销商地位变化的影响作用；在候选副承销商地位高于牵头主承销商地位的条件下，我用另一个系数来测量候选副承销商地位变化的影响作用。与前面对牵头主承销商地位的分析一致，前面一个系数是负数，后面一个系数是正数。在高收益债券市场中这两个系数的绝对值都要大于在投资级债券市场背景下系数的绝对值。表

4.5 呈现了上述预测效果[8]。

表 4.5 假设的影响牵头主承销商(LM)选择候选副承销商(PCM)的假定因素

变　　量	不确定条件下的预期影响方向	非投资债券市场(NIG)与投资级债券市场(IG)效应比较
过去两年候选副承销商选择牵头主承销商次数	+	NIG>IG
过去两年候选副承销商任主副承销商主持发行次数	+	NIG>IG
牵头主承销商地位低于候选副承销商时,牵头主承销商地位	+	NIG>IG
牵头主承销商地位高于候选副承销商时,牵头主承销商地位	−	NIG<IG
副承销商地位高于牵头主承销商时,副承销商的地位	+	NIG>IG
副承销商地位低于牵头主承销商时,副承销商的地位	−	NIG<IG

以前交易合作伙伴

要考察某个牵头主承销商与潜在的副承销商合作的可能性,我们有必要控制银行之间过去的关系以及证券发行公司与银行之间的关系。我用了几个变量来考察这些关系的影响作用。

第一个变量是某个牵头主承销商发行某证券前的 **24 个月中,牵头主承销商选择候选副承销商的次数**。我(Podolny, 1994)和其他学者(Haunschild, 1994;Kollock, 1994)都曾经指出:不确定性越大,市场行动者越倾向于选择过去的交易伙伴来解决不确定性问题。事实上,"依赖过去的交易伙伴"是"作为信号的地位"的一种替代机制。因此,我们可以推测,当不确定程度增加时,某一对特定牵头主承销商/副承销商而言,如果过去有过合作关系将会增加现在建立合作关系的可能性。不幸的是,这里存在识别问题使得难以对该变量进行实质性的解释。Heckman 和 Borjas(1980)以及 Cox(1966)都指出,只要观察值之间存在未能观察到的异质性(heterogeneity),那么这种未被观察到的异质性将会导致这样的结果,即以往发生的事件对接下来事件再次发生的可能性有正向影响。由于未能观察到的异质性可能导致正的系数，所以我们无法对一个测量过去因变量发生频率的变量提供唯一的实质性解释。然而 Heckman 和 Borjas(1980)认为，因变量在过去出现应该被包含进来，作为模型的一个自变量，因为这个变量至少可以对未被观察到的异质性进行部分的控制。

虽然因变量在过去已经发生了，这使得我们难以进行实质性的解释，但是，根据数据信息我们可以建构两个其他不受未观察到的异质性影响的变量。一个变量是**过去两年牵头主承销商接受潜在副承销商牵头承销某个证券的副承销商位置次数**。该变量标识的是过去两年牵头主承销商与副承销商之间在提供承销机会方面的互惠程度。只要持续合作关系的发展是不确定程度的函数，那么，在非投资级债券市场上银行间互惠倾向性就会高于投资级债券市场上银行间的互惠倾向性。

对投资银行家的访谈资料以及其他学者的研究工作(如 Eccles and Crane, 1988; Chernow, 1990)显示，如果证券发行者与某个投资银行有强关系，但证券发行者并未选择其作为牵头主承销商，那么这个证券发行者可能还是会选择其作为副承销商。我在前面一章列举了一个臭名昭著的例子，即虽然摩根斯坦利公司从来不要副承销商，但 IBM 公司坚持要牵头主承销商摩根斯坦利公司选择所罗门兄弟公司作为副承销商。因此，我用了一个变量来测量**潜在副承销商在该证券发行公司过去两年所有证券发行中占据一个承销商席位的次数**。只要对过去交易伙伴的依赖是不确定程度的函数，那么就发行者和候选副承销商既有交易关系对牵头主承销商与候选副承销商合作概率的影响作用而言，其在非投资级债券市场上的影响大于其在投资级债券市场上的影响。

控制变量

控制变量与前面的分析相同。用前面讨论增长模型时用的来自《机构投资者》杂志的数据，我将**部门数量**作为潜在副承销商销售能力的替代指标。《机构投资者》杂志中只有 100 家最大银行的信息，并且每个市场中候选副承销商都多于 100 家，显然有些银行的数据是缺失的。我建立了一个新变量，数据缺失编码为 1，否则就编码为 0，这样保证对部门数量的估计不会因为数据缺失而产生误差。

我引入了两个变量来测量潜在副承销商承销证券的历史：一个是过去两年候选副承销商作为牵头主承销商所承销证券金额的对数；一个是过去两年候选副承销商作为副承销商所承销证券金额的对数。与以前相同，把这些变量加进来，是因为承销量是质量的替代信号，承销量是决定质量的重要因素，因为承销量可使我们更好地了解一家银行的供给与需求条件。而且，既然副承销商的能力是其过去被选为副承销商情况的函数，那么银行作为副承销商的承销量部分地控制了未能被测量的因素，如研究能力、与地位显赫的投资者的关系等等，这些因素都会影响其被牵头主承销商选中的边际概率。我将承销量的历史数据纳入分析的目的在很大程度上与前一章类似，我是为了证明如下命题：即使在存在其他可以显示过去业绩和能力的替代市场指标的情况下，地位仍然是决定市场关系的重要因素。

结　果

表 4.6 是描述性分析统计的结果。表 4.7 是关于投资级债券市场和非投资级债券市场回归分析的结果。

表 4.6　牵头主承销商和候选副承销商关系的描述性统计

变　　量	非投资级市场均值	投资级市场均值
此前交易伙伴		
过去两年候选经理银行成为副承销商的次数	.071(.470)	.496(3.227)
过去两年发行者与候选经理银行的合作次数	.001(.058)	.017(.223)
地位		
牵头主承销商的地位	2.413(.668)	2.720(.437)
候选副承销商的地位	.632(.794)	.702(.669)
控制变量		
过去两年牵头主承销商的销售量的对数	4.958(8.338)	2.437(6.646)
过去两年候选副承销商的销售量的对数	6.931(9.176)	4.871(8.725)
候选副承销商的部门数量	23.678(83.508)	18.740(64.981)
过去两年牵头主承销商选择副承销商的次数	.105(576)	.629(3.328)
样本信息		
1983—1987 年证券数量	5 228	2 821
所选副承销商数量	1 125	3 523
合作数量	809 741	467 149

注：括号中的数值为标准差。

表 4.7　债券市场的 Logistic 回归分析结果

变　　量	非投资级债券市场系数	投资级债券市场系数	比较假设
截距	$-6.76(.190)$**	$-9.62\ (.24)$**	
过去的交易伙伴			
过去两年被主承销商选为候选副承销商的次数	$.133(.020)$**	$15\times10^{-4}(3.2\times10^{-3})$	NIG>IG**
过去两年被证券发行者选为候选承销商的次数	$1.461(.069)$**	$.773(.021)$**	NIG>IG**
主承销商的地位			
当牵头主承销商地位低于候选副承销商地位时,牵头主承销商的地位	$.842(.119)$**	$-.032(.084)$	NIG>IG**
当牵头主承销商地位高于候选副承销商地位时,牵头主承销商的地位	$-1.556(.073)$**	$-.114(.063)$*	NIG<IG**
候选副承销商的地位			
当候选副承销商地位低于牵头主承销商时,候选副承销商的地位	$1.632(.086)$**	$.804(.062)$**	NIG>IG*
当候选副承销商地位高于牵头主承销商时,候选副承销商的地位	$-.843(.096)$**	$.665(.085)$	NIG<IG**
控制变量			
Log(过去两年候选副承销商作为牵头主承销商的销售量)	$-.015(.008)$	$.041(.005)$**	
Log(过去两年候选副承销商作为副承销商的销售量)	$.112(.009)$**	$.180(.010)$**	
候选副承销商的部门数量	$3.2\times10^{-4}(1.5\times10^{-4})$	$1.8\times10^{-4}(9.6\times10^{-5})$	
候选副承销商的部门数据缺失值	$.223(.141)$	$.068(.079)$	
过去两年牵头主承销商选择候选副承销商的次数	$.123(.017)$	$.022(.003)$	
协变量的卡方值	4 347,11 d.f.**	18,617 11 d.f.**	

注:括号中的数字是标准误。
* $p<0.05$; ** $p<0.01$; 单尾检验。

表 4.7 第 1 列的结果呈现出一种趋势，即非投资级债券市场地位上存在着基于地位的类聚现象。正如我们预期的那样，当牵头主承销商的地位低于潜在副承销商地位时，牵头主承销商的地位上升对两者建立交易关系有正向的影响；而当牵头主承销商的地位高于潜在副承销商的地位时，牵头主承销商的地位上升对两者建立交易关系有负向的影响。同样的，副承销商地位的影响也是取决于其地位是高于还是低于牵头主承销商。当副承销商的地位低于牵头主承销商时，这个影响是正向的。当副承销商的地位高于牵头主承销商时，这个影响是负向的。

有必要强调一下，概率对数（log-odds）的增加适用于牵头主承销商所承销的每一次证券发行。因此，如果我们想知道牵头主承销商/候选副承销商合作关系的概率对数随着时间的推移发生了什么样的改变，那么我们就要用概率对数乘以牵头主承销商在这段时间内承销的证券数量。例如，高盛公司的地位从 2.58 增加到 2.69（正如其 1981 年到 1987 年的变化），那么其在每一次牵头发行中，作为牵头主承销商与比自己地位低的银行建立交易关系的概率对数将减少 $(2.69 - 2.58) \times 1.56 = 0.14$。

虽然基于地位的类聚现象是这里最具有实证分析意义的现象，但是第 1 列中其他一些系数也值得我们的注意。牵头的主承销商在过去两年中给予副承销商机会的互惠行为是正向的并且在统计上显著。如果在过去两年的时间窗口中，当前某个候选副承销商曾经选择当前的牵头主承销商作为自己的副承销商，那么当前牵头主承销商选择该候选副承销商的概率对数将提高 0.13[9]。

发行证券的公司与候选副承销商过去的合作经历对牵头主承销商选择该候选副承销商的可能性有正向的影响。在垃圾债券市场上，如果发行证券的公司请某候选副承销商作为牵头主承销商或者副承销商的次数每增加一次，那么该银行被选为副承销商的概率将增加 $\exp(1.46) = 0.37$。

表 4.7 中第 2 列的结果是关于投资级债券市场的。尽管几个系数的方向与基于地位的排他性原则（principle of status-based exclusivity）是一致的，但是这些效应的显著度一般都很低。牵头主承销商的地位与候选副

承销商的地位对建立交易关系概率的影响仅仅部分地与公司避免与比其地位低的公司建立交易关系这个假设一致。当牵头主承销商的地位高于副承销商的地位时,牵头主承销商地位的增长将降低建立交易关系的概率,这与我们的预期一致。但是当牵头主承销商的地位低于副承销商的地位时,我们却不能推翻牵头主承销商的地位对建立交易关系概率没有影响这一零假设。

当候选副承销商的地位低于牵头主承销商的地位时,对候选副承销商的分析结果显示,候选副承销商的地位对双方建立交易关系可能性的影响的确如我们所预期的那样是正向并且统计显著的。但是当候选副承销商的地位高于牵头主承销商的地位时,影响是非负的。因此,在投资级债券市场上,候选副承销商似乎并不回避与比其地位低的牵头主承销商建立交易关系。这可能是因为两个原因。首先,如图 4.1 和图 4.2 所示,在投资级债券市场上,96%的证券是由 21 家地位最高的银行牵头组织发行,只有很少量的证券是由地位较低的银行牵头组织发行的。与此形成鲜明对比的是,在非投资级债券市场上只有 72%的证券是由地位最高的银行来承销的[10]。事实上,对选择地位较高银行选为牵头主承销商的不同选择,意味着在投资级债券市场上,潜在的副承销商与比自己地位低的银行建立合作关系,由其作为牵头主承销商,而自己作为副承销商来承销证券的情况是很罕见的。其次,正如在投资级债券市场上地位较高的银行能更多地获得作为牵头主承销商组织发行的机会且不用担心地位损失一样,地位较高的银行也将获得更多的作为副承销商而不用担心地位损失的机会[11]。由于地位较高的副承销商更愿意扩大市场份额,因此,基于地位的类聚现象的减少也就意味着较高的市场集中性。

顺便说一下,值得注意的是,正如我们缺乏对投资级债券市场上地位的关注一样,我们也很少依赖此前的关系连带作为后续交易关系的基础。虽然这两个变量表明前一个交易关系有着正向的影响,但是牵头主承销商互惠行为的倾向性在统计上是不显著的,其点估计值接近于 0。尽管这些影响因素不是本书关心的主要兴趣点,但是这些结果还是值得我们关注的,因为这些结果还是为我们提供了进一步的信息,在一个存在较大风险和不确定的背景中，社会关系是市场的基石，甚至比那些决定交易机会的因素还要重要。Granovetter(1985)、Mizruchi 和 Stearns(1994)以及 Uzzi(1997)都强调了经济交易的嵌入性，而这里的结果则提示我们，嵌入性取决于不确定性程度——这正如我们对市场地位的依赖取决于不确定性程度一样。

虽然前面两列中的结果非常清楚地提示我们，地位和过去的交易伙伴关系对现在建立市场交易关系的影响在两个交易市场中存在重要区别，但是，前面两列并没有对这些区别进行统计检验。如前所述，假说中不确定的程度影响人们对地位的依赖程度，这一点通过表 4.5 中对四种地位不平等情况来予以操作化。虽然这不是我主要关心的，我还是认为（似乎有一些提示性的证据表明）两个市场之间存在着某些相似的地位不平等特征，即对过去的交易合作伙伴的依赖。为了对这些地位不平等特征做更正式的分析，我将两个市场数据汇合在一起，然后建立 6 个交互变量，即市场类型与地位影响、过去交易合作关系的交互影响变量。我将所有的市场类型与这 6 个变量的所有交互项都纳入模型，用汇合的数据重复了前述分析。市场类型和一个变量之间的交互项如果在统计上显著，就意味着这一交互特征在两个市场之间存在显著差异。虽然我没有报告这些系数，但我的确在表 4.7 的最后一列报告了这些检验的最终结果。所有的比较研究都得到了与我们的假设一致并在统计上显著的结果。

非投资级债券市场上不确定性的变化

我们已经探讨了两个债券市场上风险和不确定性的区别，但还没有考虑它们随时间推移发生的变化。我们现在集中讨论非投资级债券市场上随着时间发生的变化。其主要原因需要追溯到我们在前一章曾经详细阐述过的风险和不确定性之间的区别。回想一下奈特对"风险"（一种结果的概率分布已知但实际结果未知的情况）和"不确定性"（即潜在的概率分布未知的情况）两个概念所做的区别。我们已经观察到在非投资级债券市场上，地位对价格和交易模式的影响程度大于其在投资级市场上的影响，前者的风险和不确定性都要高于后者。但是由于在非投资级债券市场上的风险和不确定性都要高出许多，因此，我们很难判断地位的影响是更多地源于风险还是更多地源于不确定性。在某种程度上，发行规模和地位的交互项对发行费用的影响至少开始试图将两者分开。投资银行和发行者都没有系统的信息来讨论发行规模是如何影响发行成功可能性的。相应的，表 3.2 和表 3.4 所报告的银行地位与发行费用大小之间存在的正向关系至少为我们提供了一些启示，说明不确定性（而不仅仅是风险）导致了地位的相关性。但是，关于这一点的进一步的证据来自对非投资级证券市场上交易关系模式历史演变的分析。在 20 世纪 80 年代，高收益债券发行的相关风险没有发生变化。一只 20 世纪 80 年代早期被穆迪公司信用评级为"CCC"的债券，其在 20 世纪 80 年代晚期还是同样的信用评级。但是，这一市场上的不确定性却在 20 世纪 80 年代有了显著的下降。20 世纪 70 年代后期，德崇公司是该市场的先驱，所以 20 世纪 80 年代早期的一个重要特点就是债券的供给和需求存在着很大的不确定性。我们注意到，许多地位较高的公司甚至不愿意进入该市场。然而在 20 世纪 80 年代后期，该市场显然已经被制度化了，所有大的投资银行都设立了专门从事高收益债券业务的部门。相应的，虽然与证券有关的风险没有发生变化，因为风险取决于发行这些证券的公司的资产状况，但是不确定性的确发生了变化。因此，非投资级债券市场上不确定性的变化使得我们可以将人们对地位的依赖性来自风险还是来自不确定性分离开来。

图 4.3 到图 4.5 描绘了 1981—1982 年、1983—1984 年和 1985—1986 年三个两年期时段中，主承销商和副承销商间的关系模式。水平面上展示了牵头的主承销商和副承销商的地位，垂直方向的凸起（spikes）表示由特定牵头主承销商与副承销商合作发行的交易笔数。图形表明，随着时间的推移，基于地位的类聚现象非常显著地下降了。如图所示，副承销商的地位高于 2，而牵头主承销商的分数小于 2 的平面部分最清楚地表明了这一下降趋势。在最早的两年中，没有出现副承销商的地位值大于 2 而牵头主承销商的地位值小于 2 的情况。在中期的两年，在这一区域出现了 3 个凸

起,在后期的两年,这一区域出现了 11 个凸起,而其中的 7 次是多于一次
发行的情况。随着市场日趋成熟和不确定性的下降,地位较高的副承销商
显然变得更愿意与比其地位低的牵头主承销商建立交易关系。低地位的
主承销商/高地位的副承销商配对的出现对两个基于地位的预期提出了挑
战。第一,挑战了基于地位的类聚现象预期。第二,挑战了高地位银行会
出现在比低地位银行更优越的位置上的预期。

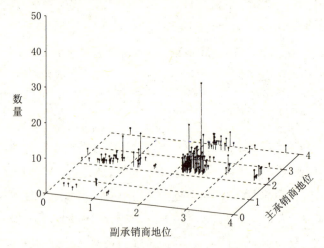

图 4.3　非投资级债券市场上主承销商—副承销商配对情况(1981—1982)

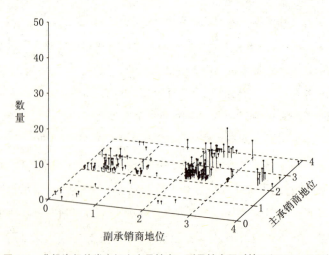

图 4.4　非投资级债券市场上主承销商—副承销商配对情况(1983—1984)

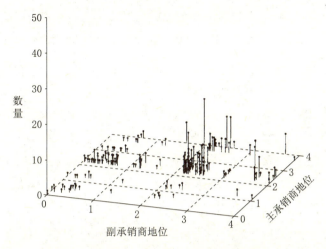

图 4.5　非投资级债券市场上主承销商—副承销商配对情况(1985—1986)

随着时间的推移,这些挑战不断增加,地位较高的公司与地位较低的公司配对出现的概率也增加了。为了说明这一日益被高地位银行所主导的市场,我再次用地位分值 2 将银行分为地位较高的银行和地位较低的银行。在 1981 年和 1982 年,有 21 家地位分值大于 2 的银行和 24 家地位分值小于 2 的银行作为副承销商至少参加了一次证券发行。比较这些银行作为副承销商在 1981—1982 年间与 1985—1986 年间所承销的证券数量,就能揭示出这一市场上是否存在地位较高的银行日益控制副承销商位置的发展趋势。在地位较高的银行组中,1985—1986 年间它们作为副承销商所承销的证券数量较 1981—1982 年间增加了 199%,而在地位较低的银行组中,这一数值为 162%。整体而言,这 55 家银行的地位与其承销证券发行次数增长百分比之间的相关关系是 0.23,这一相关系数在 10% 的水平上统计显著。与基于地位的类聚现象减少相伴随的,是市场日益集中到高地位银行的手中这一趋势。这一发现的一个清楚的含义在于:地位与建立交易关系的相关性直接受到不确定程度的影响。

结　　论

我在本章的开头就指出,本章的中心主题是地位的渗透。我们已经观察到：地位的确会通过交易关系发生渗透。我们也已经观察到一家公司是否愿意与比自己地位低的公司建立交易关系是这种"渗透"是否对其未来的经济收益有作用的直接函数。在不确定性越低的背景下，地位作为一种信号所具有的价值越低，跨越地位的关系就会越多、越明显。

通过这个分析，我们可以将不确定性看做特定市场在某个时期的一种特征，而不是一种公司层面的特征。证券发行人、投资者和潜在的承销伙伴对于特定时刻市场上银行的不确定程度是没有区别的。我忽略了公司之间对于不确定性的区别，因为没有系统的指标来测量这种区别。我们将在本书第六章考察技术市场上由不同的公司所占据的技术区位（techno-logical niches）之间的区别，这些区别的显著特征之一是这些技术区位的不确定性水平存在差异。同样的，我们将在第七章集中关注英国航海业卡特尔的地位动态过程（status dynamics），在该研究中公司的成立时间差异至少为我们作出推断提供了部分基础。

在把不确定性视为市场特征之一的同时，我将市场上地位分隔（status segregation）程度作为公司与地位与其不同的公司发生交易关系的一种一般倾向。这样一种处理地位的方式显然是从微观层面上考察地位，趋向于忽视地位次序中的显著分离或断裂（salient divides or breaks）。也就是说，除了关注地位类聚的一般趋势外，我们也可以观察到地位次序中存在（或缺失）明显的门槛效应，即地位什么时候不可被跨越。为了观察这些突变，我们需要采取更宏观的视角来分析地位次序，考察公司在地位次序中的分布情况。在本书的第八章，我们将进行这一分析任务。

然而，在我们继续分析不确定环境下公司之间的差异，或者对地位分隔现象采取更宏观的视角进行分析之前，我认为更加细致地关注消费者是如何依赖地位作为一种信号是非常重要的。我们现在可以很有把握、很公道地说，我们对投资银行业的分析已经为我在第一章和第二章详细论述的作为信号的地位这一概念提供了大量证据。与此同时，一个谨慎的读者可能会对这些证据仍有疑问。在前一章中，我提到了我认为是值得特别注意的一个方面的问题——对质量或声誉都缺乏严格的控制。可能地位较高的公司就是产品质量较好，也可能质量较好的公司试图通过在证券发行一级市场上只与那些质量较好的投资银行建立联系以保持其服务质量。简单地说，地位可能仅仅是一种附带现象，仅仅反映了产业参与者们关注的真实存在但却难以衡量的质量差异而已。如果真是这样的话，有人可能将会认为地位较高公司的成本优势其实是一种假象，真正的成本优势是因为其产品品质好从而有较高声誉，从而降低了交易成本，而不是因为其占据了高地位网络中的一个位置。

对这样一种批评的一个回应是这样一种基于质量的解释不能解释投资银行业的真实现象。正如 Jim March——卡内基学派研究组织行为传统的领袖人物之一，也是我所有幸认识的最伟大的社会科学家之——所言：合乎经济原则并不构成解释（rationalization is not explanation）。也就是说，即使有人力图将结果从质量而非地位的角度，用理性分析来加以解释，这也不意味着质量说就构成了一种解释。仅仅考虑品质差异的解释模型不能解释我在前面章节中所提及的许多定性研究资料所反映的现象。正如我们在前面章节已经看到的，有许多证据都说明，银行很在意自己以及其他银行在市场中的地位。

另外一个回应来自于如下事实：地位较高的银行成本较低，但并不控制整个市场。正如我们在第一章中所讨论的，声誉不是公司控制整个市场能力的制约因素。正如一个地位较高的珠宝商人能够通过建立旗下品牌的方式（例如将它们放在不同的柜子、说明绿松石是一种比钻石要松软的宝石等等）来维护其声誉，摩根斯坦利公司和高盛公司应该也能够承销"低端"发行商的证券，并且保持其品质。确切地说，这些"低端"发行者的证券可能是风险比较高的投资，但高风险能带来高收益，对承销团成员来说，可以获得更多的发行费用。投资银行进入低端市场而不能保持其声誉的唯一原因，可能是声誉具有连带性特征（relational component）。然而，如果声誉具有连带性特征，那么从本质上说声誉就是地位，这只是个语义学问题，即是否愿意使用地位或者是声誉—和—连带性特征（reputation-cum-relational component）这个词语。

对观察到的地位影响是品质影响的虚假表现这一批评的第三点也是最后一点回应，就是离开投资银行业这一讨论背景，去考察品质和声誉较容易控制的行业。这是我将在下一章试图进行的回应——对加利福尼亚州葡萄酒产业的考察。

注释

[1] 如同一位审稿人所指出的，观察值之间缺乏独立性，如同前一章中公式 3.2 所显示的那样，一个市场中某家公司的地位与其他公司的地位之间是相互影响的。市场中公司的数量增加，任何两个个案之间的相关性将下降。而且，竞争者不相互独立的问题不仅是研究地位问题所面临的问题，只要存在当市场份额为某个公司占有就不能为其他公司所占有的情况，那么不可避免就会发生观测值相互依赖的问题。我不否认观察值之间缺乏独立性，但这不是研究地位动态过程中特有的问题，而仅仅是分析竞争者群体时一个必须承认的因素。

[2] 这个模型的一种替代公式是用 $(A_i - S_{it})$ 代替 A_i。根据这个公式，如果中心公司合作伙伴的平均地位高于中心公司的地位，那么公司的增长率应该增加；如果合作伙伴的平均地位低于中心公司的地位，那么公司的增长率应该下降。这个公式的不足之处在于它使得 S_{it} 对增长率的影响变得十分复杂。也就是说，可以用这一替代公式来进行分析，外生协变量的定量分析与本章的定量分析相似。

[3] 细心的读者将发现本章承销量的测量方法与前一章中承销量的测量方法存在一些细微的差别。在前一章，证券承销量通过银行作为牵头主承销商的承销量来测量，而在本章中，证券承销量通过银行作为牵头主承销商或副承销商的承销量来测量。理由是我们在前一章主要关注价格因素，而价格是通过特定的牵头主承销商与发行者谈判确定的。所以，在这个背景下，作为牵头主承销商的银行承销量似乎是最合适的测量。相比较而言，在本章的分析中，我们更多地关注一家投资银行在其众多同行中的一般情况，相应的，将其作为副承销商的承销量也包括进来似乎是合理的，因为副承销商的位置被认为是证明其业绩的重要机会。

[4] 如果银行至少参与了三次非投资级债券市场的发行，那么该银行被视为市场参与者。

[5] 在代入的过程中，重要的是要记住在 S_t 与 S_{t+1} 之间有 5 年的间隔期。

[6] 我们也分析了合作承销商的平均地位与全部承销量的交互影响，但是这一交互项与全部承销金额是高度共线性的，因此不能作出可靠的估计。

[7] 我也用 12 个月的时间窗口进行过分析，其结果基本不受被选择分析时段长短的影响。

[8] 考虑到图表中的复杂性，可能有人会质疑是否能够用某个参数和一个其他的变量来考察这些地位的影响，比如牵头主承销商和候选副承销商的地位差异的绝对值。使用这种办法的问题在于这会导致识别问题（identification problem）。我们无法确定参数的正向影响是否由于两个变量之间存在的差别，还是仅仅因为一个或两个变量的层次发生了变化。双元样条公式（dual spline formulation）用了四个自由度（而不是一个自由度），从而可能帮助我们解决上述识别问题。

[9] 为了强调这一结果的意义，很重要的一点是要认识到：因为这个模型的具体要求，在每一家牵头主承销商被候选副承销商选为副承销商后两年的时间窗口中，该牵头主承销商的每一次发行与副承销商建立交易管理的可能性都增加了。例如 1983 年 1 月 1 日到 1984 年 12 月 31 日期间，在非投资级债券市场上，摩根斯坦利公司牵头组织了 54 个承销

团。如果 1983 年 12 月 1 日中心银行选择摩根斯坦利公司作为副承销商的话，那么 1983 年 1 月 1 日到 1984 年 12 月 31 日期间，摩根斯坦利公司选择该银行作为副承销商的概率对数将增加 54×0.13 = 7.02。过去两年牵头主承销商承销的平均股票数量是 24.16。相应的，如果一家中心银行在 1983 年 12 月 31 日选择"平均水平的承销者"作为副承销商，中心银行被该副承销商选中作为副承销商的概率对数将增加 24.16×0.13 = 3.14。

[10] 我说 21 家地位最高的投资银行，而不是像 20 这样一个整数，是因为在非投资级市场上占有最大市场份额的德崇银行在该市场上地位排名为 21。如果我说 20 家银行的话，那么两个市场之间的绝对差异将会更大。

[11] 我们观察到的两个市场上牵头主承销商为地位较高银行比率的差异引出了如下问题：投资级债券市场的影响不显著是否是可以完全归因于投资级债券市场中变量的差异较少。通过使用表 4.5 来构建投资级债券市场和非投资级债券市场的相对变异系数（coefficients of relative variation），我们可以非常容易地发现牵头主承销商的地位是唯一一个有实质意义的变量，其在投资级债券市场上系数的相对变异显著地低于其在非投资级债券市场上系数的相对变异。

第五章

媒介、信息和信号

"媒介即信息"是政治学和市场营销学中一种广为流传的说法。这一说法表明了这样一种信念,即人们无法摆脱一条信息所在的具体语境。因此,我们不可能将一条信息的内容从这条信息被表达的形式中分离出来。基于地位的市场竞争模型表达了一种类似的观念。生产者力图传递的是关于其产品品质的信息,而地位次序则是有关产品品质信息所在的媒介,任何关于产品品质的断言最终都要通过这一媒介的过滤(filter)。

经济学家所提出的市场声誉模型中不存在独立于信息而存在的媒介。也就是说,声誉完全来自于生产者们的行动,而不是来自独立于生产者行动以外的某个市场网络位置。例如,Shapiro(1983)提出了一个模型,其中的生产者因为其生产的产品质量不同而不同,这些产品质量方面的差异带来了消费者不同的期待,而消费者的不同期待意味着不同生产者运营利润水平方面持续的差异。在 Shapiro 的模型中,声誉完全是生产者行动的结果——只要生产者选择生产和销售高品质的产品,就会享有高质量的声誉。

Werner Raub 和 Weesie(1990)已经告诉我们如何通过将关于声誉的信息传播嵌入于一群行动者的关系模式中,从而使上述声誉模型符合社会学研究的口味。但是,即使在 Werner Raub 和 Weesie 的模型中,信息最终还是来自于特定行动的内容。网络不是过滤器,而是——借用我在本书第一章的比喻——在网络的不同节点之间完美传递信息的管道。如果继续用这个比喻来进行说明的话,这些管道的联结方式是不会产生任何独立信息的。

目前，经济学和社会学的理论模型都假定媒介是独立于个体对信息的处理的，一个明显但重要的问题是：为什么人们不仅关注信息本身，而且还关注传递信息的媒介呢？在政治学和市场营销学中，对这一问题的典型回答就是个人因为时间有限和/或个体意愿等方面的制约，他们至少默许他人作为其利益的代理人。因此，当某人没有足够时间（特别是当阅读的时间成本高于个人参加投票能对选举结果带来的可感知差别）来阅读主要政党的政治纲领时，那么这个人很容易会先看看承载信息的符号体系（symbolism）是否是他所赞同的，然后去相信这个党派的成员事实上会写出一个与其个人对这些符号的理解一致的政治纲领。用经济学术语来说，搜寻潜在行动准确信息的高成本使得行动者处于转而寻求一些相关——虽然并不完美的——替代指标的信息的境地。

我在本书第一章提供了一个类似的关于为什么行动者会通过地位而不是过去的行为推断品质好坏的理性解释。对个人而言，获取过去行为的准确信息可能会非常困难。Elias 和 Scotson 讲述的那个妇女邀请清洁工喝茶的故事可以帮助我们说明这一点。为什么小镇上的常住居民会通过女人与清洁工的关系来判断这位新来者的个人特征呢？因为基于这位妇女过去的行为来获取关于其个人品质优劣的信息是非常困难的。人们需要去她以前居住的城市了解相关信息，需要通过询问她以前的邻居来了解她参与或未参与一系列活动的信息。如果他们缺乏可靠的渠道联系她以前的邻居，那么还需要想办法保证这些信息来源的可靠性。结果，相比较而言，人们借助于符号性信息就显得容易多了，比如通过这位妇女邀请清洁工到家里喝茶的事实来推断这位妇女交往的朋友的档次。

即使个人愿意并且能够不厌其烦地去获取过去行为的信息借以判断其品质，但有时候对这些过去的行为作出准确的解释也是很困难的。如果某人从零售商那里买了一块手表，而手表电池的电量很快就用完了，那么这是手表制造商还是手表零售商的责任呢？是手表本身有什么瑕疵吗？还是零售商没有很好地保存手表——是否把这只特别的手表放在货架上的时间太久了？只要对过去的行为和事件的意义存在着模糊之处，那么地位仍然可以被作为质量的一种信号。

　　在分析投资银行业的时候，我们发现，投资银行的行为方式似乎说明媒介对信息是有影响的。具体而言，我们观察到投资银行会避免与比其地位低的投资银行建立交易关系，因为他们担心在交易过程中地位会通过交易关系而发生渗透，从而影响对其产品质量的宣传和说明。

　　但是，在评价地位作为媒介对市场结果的影响时，关于过去品质的证明我们只有不精确的替代指标，例如投资银行的证券承销量。因为这些关于品质信息的替代指标是不完美的，我们无法同时分析媒介和信息的影响。而且我们也无法讨论一家公司在某个时点的地位是如何影响其在后续某个时点对品质的投资的。我在本书第二章对 Spence 式的和非 Spence 式的信号概念做了区分。按照 Spence 的看法，从定义上说，一种信号的边际成本与其产品品质成反比。但是，对地位而言，保持一定质量的边际成本与信号的存在成反比。这意味着，在某一时点个体的地位越低，那么这一个体在随后时点的利润越少，从而它生产出能达到一定质量标准的产品的可能性越小。

　　我们在本章将同时关注媒介和信息的影响。本章的中心观点是：如同我们在考察投资银行业时发现的那样，地位这一媒介对市场结果有独立的影响；不仅如此，地位这一媒介还会调节从过去的产品品质证明中获得的经济收益。地位次序为我们提供了一面能帮助我们看到过去产品品质证明的透镜，从而影响了从过去产品品质证明中能获得的经济收益以及随后对产品品质的投资。

　　葡萄酒业为研究上述问题提供了一个独一无二的合适背景，因为"匿名品尝评级"（blind taste tests）的存在能为我们提供关于产品品质的信息。因为评级者是在不知道产品生产者身份信息的情况下来评价葡萄酒的品质，所以对葡萄酒品质的考核不受酒庄地位的影响。通过这种办法，我们可以在分析中将信息与媒介分开。所以本章的经验研究将能同时满足两个研究目标的要求。第一，这有助于集中考察"地位仅仅是没有得到测量的过去产品品质证明的一种反映而已"这样一个有点挑剔的命题。第二，这为理解媒介和信息的共同影响提供了一些经验洞见。

媒介和信息的共同影响

如果要追溯有关地位与过去品质的证明对行动者行为结果共同影响的理论前导的话,社会学家在市场研究主题之外曾有大量此类研究。许多学者认为在产品品质给定的情况下,如果合作者或者附属机构的地位较高,那么就会有助于获得更高的回报。这个命题在社会学研究中也许得到了最清楚的阐释。Latour(1987)和 Camic(1992)都认为同样一项研究工作,科学家如果能够将其与某个地位更高的人建立联系的话,就更可能得到较好的评价。Bowles 和 Gintis(1976)在对教育的社会学研究中发现,小孩子的社会阶级背景比小孩子过去的学习成绩更能影响人们对小孩子智力的期待。Elias 和 Scotson(1994)的社区研究发现,一个人交往的朋友的地位比这个人过去的道德行为更能影响别人对这个人的道德评价。

在这些背景以及其他一些背景中,在其他条件相同的情况下,行动者与地位较高者建立联系,行动者就可以从过去的品质证明中获得较高的收益。类似的,如果生产特定品质产品的行动者没有与地位较高者建立联系,那么他从生产这一产品中能获得的收益将相对较少。

两种可能的过程会导致上述情况发生。第一,不同行动者的地位差别起着荧光屏或者过滤器的作用,将人们对产品品质的关注从那些与较低地位者交往的市场行动者那里转移到那些与较高地位者交往的市场行动者那里。如果我们观察到市场行动者增加投资以提高品质的可能性随着其从属关系的地位上升而提高,那么那些从属关系地位较低的市场行动者通常就会发现:要收回其对提供产品质量的投资变得更困难了。那种认为从属关系能起到荧光屏或是过滤器作用的说法,其实是基于我们观察从属关系往往比观察品质差异更容易这一假设上的。虽然这一假定并不适用于所有的情况,但是看起来在很多情况下的确如此。例如选择某个日托机构来照看某人的孩子,观察与该机构发生联系的其他父母或社区居民的行为可能比观察日托机构的服务品质要容易得多(Baum & Oliver, 1992)。又例如在评估不同的工作申请人时,考察申请者的受教育机构及其推荐人的地位常常要比直接考察申请人的表现差异更容易。

　　行动者的联系人对行动者对产品品质投资回报产生影响的第二种途径是改变人们对产品品质的评价。来自很多学科的学者都认为行动者的主观看法在很大程度上受他们所嵌入的社会背景的影响(Lewin, 1935; Cohen, March & Olsen 1972; Pfeffer & Salancik, 1978; Ross & Misbett, 1991)。社会结构和关系模式引导着注意力,规制着(dictate)我们所关注的信息,并且塑造着这些信息的含义、特征和我们对信息的反应模式(Asch,1940)。经验研究支持上述这些命题。来自阐释(construal)和交流者可信度(communicator credibility)领域的研究工作显示,地位较高的行动者提出的看法比地位较低的行动者提出的看法更能改变听众的态度。与那些来自较低地位信息源的信息相比,那些较高地位信息源的信息被人们认为感觉更亲切、更容易被回忆起来、更准确而可靠并更值得被采用(Hovland, Janis & Kelly, 1953)。如果把同样的逻辑扩展到市场活动中,那么这个逻辑意味着那些具有地位较高联系人的公司所宣称的(无论是显性或隐性的)产品质量比那些具有地位较低联系人的公司同样的宣称更可能被认为是值得信赖的。从本质上说,地位区别将决定人们过去和当下对产品质量的信念,潜在的市场参与者不仅运用这些信念,而且他们轻易不会改变这些信念,即使他们要为此付出一笔额外费用。

　　上述讨论引出了下列有关市场行动者联系人的地位是如何影响产品品质收益的命题:

　　(1)行动者从属关系人的地位将增加行动者过去产品品质证明的收益

　　当然,如果地位提高可以增加产品品质的收益,那么显然就会出现一个问题:是什么因素阻碍了行动者与地位较高者发生联系,从而在这个过程中削弱了地位的信号作用? 换句话说,是什么因素使得地位联系模式能保持稳定的均衡状态? 为了使地位次序保持均衡状态,那些已经与地位较高者建立联系的行动者无论如何应该发现他在将来继续发展此类关系的成本更低,或者可以从中获得的收益更高。否则地位区别将逐渐消失,最终结果是地位区别与市场决策和行为无关。

　　有两种机制可以解释即使所有的行动者都愿意与地位较高者建立联系，地位区别如何仍然能在长时间内保持相对稳定。第一种机制直接与前一章中对投资银行间副承销商关系的分析有关。地位较高的公司倾向于避免与地位较低、产品质量较差的生产者发生联系，因为这样的联系会威胁他们的地位。那些已经与较高地位者建立了联系的公司就会有更多的选择，从而更可能与其他类似地位的公司建立联系，从而保证他们的相对优势。因此，较低地位的公司发现与地位较高的公司建立联系较困难、成本较高的一个原因，就是高地位的公司会主动避免与他们发生联系。第二个原因是与地位较高的公司相比，地位较低的公司对其产品品质的宣称和证明相对更不容易受到关注。如果建立联系需要花费成本，而低地位公司更不容易受到关注，那么它从中获得的收益就会更少，从而投资的可能性更低。

　　（2）行动者的地位越高（或越低），它随后从地位较高的从属关系中能获得的净收益就越多（或越少）

　　换句话说，过去未能与地位较高者建立联系的行动者比过去已经与较高地位者建立联系的行动者从与地位较高者建立的联系中能获得的收益更低。

　　我们有两个命题可以通过对加利福尼亚州葡萄酒业中葡萄酒价格案例的考察来进行检验。具体而言，我们关注的是生产者对某瓶葡萄酒的定价。有了类似价格这样可以清晰界定的结果，上述命题能够被更清晰地具体化为如下数学等式。用 P_{ijt} 表示酒庄 j 在时点 t 销售的第 i 瓶葡萄酒的价格，我们可以将影响价格的因素用下列等式来进行模型化：

$$p_{ijt} = b_0 + b_1 q_{ijt} + b_2 s_{ijt} + b_3 Q_{jt,\,t-k} + b_4 S_{jt,\,t-k} + b_5 Q_{jt,\,t-k} \times S_{jt,\,t-k}$$

$$+ b_6 s_{ijt} \times S_{jt,\,t-k} + \sum_{v=7}^{V} b_v X_{vt} + u_{ijt} \qquad [5.1]$$

　　这里 q_{ijt} 表示酒庄 j 在时点 t 销售的第 i 瓶葡萄酒的品质，S_{ijt} 表示第 i 瓶葡萄酒上标注的产区（appellation）的地位。$Q_{ijt,\,t-k}$ 表示酒庄 j 从时点 t 到 $t-k$ 的平均产品品质（第 i 瓶葡萄酒除外）。$S_{jk,\,t-k}$ 指从时点 t 到时点 $t-k$ 之间酒庄 j 的从属产区的平均地位（不包括第 i 瓶葡萄酒的从属产区）。**X** 是一组向量，反映了环境中的经济因素（如葡萄酒年需求量）和标识固定生产成本和变动生产成本（如葡萄价格、葡萄园的英亩数）等控制变量。u_{ijt} 为误差项[1]。

这个公式表明酒庄对某一瓶特定葡萄酒的要价会受到三个层次因素的影响：葡萄酒自身特点、酒庄和市场环境。从我们的研究目的出发，我们最感兴趣的是酒庄层次的变量。葡萄酒本身的品质和地位以及市场环境特征是研究酒庄品质的声誉和酒庄地位共同影响的控制变量。第一个命题是行动者联系人的地位将增加过去产品质量证明的收益，这意味着 $b_5 > 0$。第二个命题是过去已经与较高地位者建立联系的行动者能够比过去未与较高地位者建立联系的行动者从未来与地位较高者建立联系中获得更高的收益，这意味着 $b_6 > 0$。要检验这个模型，我们必须测量品质和地位。下面我们来讨论如何对这些变量进行操作。

加州的葡萄酒产业

本分析中所用的数据来源于 1981—1991 年间《加州葡萄酒鉴赏家指南》(*Connoisseur's Guide to California Wine*)中列出的所有酿制红葡萄酒和白葡萄酒的酒庄。这本杂志由 C. Olkin & Company(Alameda, CA)发行，诸多专家认为这本杂志提供了有关加州葡萄酒最全面综合的可得信息。在我提取数据的分析时段中，加州葡萄酒酒庄的葡萄园面积约占全美国葡萄园总面积的 88%(Moulton, 1984)，加州的葡萄酒产量则占全美国葡萄酒总产量的 90%(Manfreda & Mendelson, 1988)。仅在 1990 年，加州的酒庄就生产了超过 320 百万加仑的纳税葡萄酒(Gavin-Jobson, *Jobson's Wine Marketing Handbook* [New York, 1991])。

《加州葡萄酒鉴赏家指南》旨在为消费者提供来自各个市场的葡萄酒产品信息，包括葡萄酒的零售价格、质量和可获得程度。而且和其他出版物不同的是，这本刊物并不向各家酒庄征集(solicit)葡萄酒，而是到市场上购买葡萄酒成品，以避免出现上游的选择性偏差(upwardly biasing its selection)。更重要的是，该刊物是唯一一本系统地提供葡萄酒的零售价格、品质以及酒庄的从属产区信息的刊物。在 1981—1991 年之间，该杂志提供了过去 11 年间，由分别从属于 73 个不同产区的 595 个酒庄生产的 10 079 种葡萄酒的相关信息。

产品品质的测量

《加州葡萄酒鉴赏家指南》由同行专家实行单向匿名（single-blind）评级，共划分为四个星级[2]。也就是说，所有同一类型的葡萄酒（如 Chardonnay）被放在一起进行评级，且评酒师不知道该葡萄酒的所属酒庄及价格信息。每种葡萄酒的品质（q_{ijt}）都发布在《加州葡萄酒鉴赏家指南》上。酒庄过去的品质（$Q_{ij,\,t-k}$）用该酒庄过去 3 年所有被报告的葡萄酒品质的平均值来进行操作化。

正如我在开头所指出的那样，很少有行业像葡萄酒业这样，可以获得这么多评价产品品质的公开信息。事实上，已经出现了替消费者对许许多多的产品提供质量评级的专家系统。当然，类似评级的数量多并不能保证其有效性。只有满足如下两个条件，评级制度才能够真实地反映产品的品质。首先，被某个专家组评定为高品质的产品被其他专家组也评定为高品质产品。如果没有这样的聚合效度（convergent validity），那么说明还缺乏一套清晰的、线性的（linear）质量评级标准。其次，聚合效度必须严格来自于产品自身的优美属性，而非来自于产品的外在线索如产区、生产者、产品价格等。如果聚合效度受到外在信息的影响，那么我们就无法推论我们所观察到的产品品质差异的确来自于葡萄酒自身属性方面的差异。

事实上，葡萄酒评级制度的确能够满足上述两个条件。在对大多数产品——特别是具有美学特征的产品——进行评级时，不同的评级结果之间有时会存在分歧。一般来说，与任何其他产品评级相比，葡萄酒评级中出现分歧的情况看起来并不常见，即使有分歧，一般也不会很大。葡萄酒评级专家的意见更多的时候是一致的，而不是存在分歧。如同某位知名的红酒作家提到的那样："对普通大众而言，品酒已经总是带有浪漫与朦胧的意味。然而事实上，严肃的专业葡萄酒评级却有着高度系统化的程序（Roy Brady，转引自 Thompson，1984：469）。

　　葡萄酒评级制度的高度系统化在很大程度上要归功于葡萄酒专家们为了进行葡萄酒评级而发展出来的一系列科学的方法、严格的分类和传统的专业术语。"酿酒的人，或调酒的人，或卖酒的人必须对不同葡萄酒之间的区别作出判断。他们采用……一系列的感觉测试(sensory tests)来寻求结论：分数卡、评级、双审制度(paired tests)等等。而且，如果他们足够聪明的话，他们甚至会用合适的统计模型来分析其显著性。"(Amerine，1984:452)。这样严格的评价标准的存在有助于保证获得聚合效度。而且，因为专家评级一般都是在控制条件下由专家组来进行匿名评级，专家们并不知道葡萄酒的生产者和价格，所以我们可以相对确定地知道我们所观察到的聚合效度并非来自于葡萄酒的外部特征如产地或价格。尽管因为专家的个人偏好，不同个体的评级结果之间可能会存在细微的差异，但从整体上看，专家们的意见还是表现出较高的可信度，人们对葡萄酒品质是一般、较差还是很好的结论总是一致的(Thompson，1984)。

　　当然，虽然专家评级被普遍认为具有聚合效度，虽然我访谈的酒庄老板和酒商们都认为《加州葡萄酒家鉴赏指南》提供的葡萄酒评级信息是合理的，并得到业内人士的高度认可，但是看起来我们考察一下该杂志与其他资料的评级信息是否具有聚合效度应该是合适的做法。一种验证办法就是将《加州葡萄酒鉴赏家评价》与另外一份葡萄酒刊物《葡萄酒鉴赏家》(Wine Spectator)的评级信息进行比较。《葡萄酒鉴赏家购酒终极指南》(Wine Spectator's Ultimate Guide to Buying Wine，New York，1992)自从1980年起就在《葡萄酒鉴赏家》上公布葡萄酒的全部评级结果。评级通过两种方式进行：(1)《葡萄酒鉴赏家》刊物的专家组每周进行的匿名评级；(2)《葡萄酒鉴赏家》刊物的高级编辑们专门针对某个酒庄或某种特定葡萄酒进行的特别评级，这种评级通常是在酒庄进行。我们从两份刊物都评过级的葡萄酒中随机选择198瓶来进行比较，从而为评价这些评级的可靠性提供基础。仅有21%案例结果存在评级不一致情况[3]。

地位的测量

　　虽然世界各地都有针对葡萄酒的匿名评级，但加州地区独具特色的产区标志系统使得州内各地区详细的地位次序得以出现。有些地区如 Napa 山谷和 Sonoma 山谷被认为是地位较高的产区，当地的酒庄由此也获得了较高的地位。世界上其他一些地区也存在着地位次序，例如法国的 Bordeaux 产区。但是，加州产区系统的独特特征使得加州州内的不同地区产生了从属关系。这些从属关系可以被用来计算地位次序中可以数量化的差异值。

　　加州的酒庄都加入了某个正式认定的地区或者产区，以提高其在市场中的地位和身份认同。1978 年，美国的产区标志系统由烟酒火器管理局（the Bureau of Alcohol, Tobacco and Firearms, ATF）建立，该系统是一个获得正式认可的管理葡萄酒产区标志的治理系统。建立这一系统的初衷是通过提供葡萄酒商标上产区标志系统的可信性，增加美国葡萄酒在国际市场上被认可的价值。根据烟酒火器管理局的规定，如果一家酒庄 75% 以上的葡萄都来自某个地区的话，那么这家酒庄就可以在其葡萄酒酒瓶的商标上标注该"行政区划"（politically designated）地区（如国家、州、县等）。产区标志系统还管理着"葡萄栽培产区"（viticultural area）的建立和运转。葡萄栽培产区（另一种产区标志）被界定为一片因为地理方面的特征与其周边地区相区别的有确定边界的葡萄种植区。一个葡萄栽培产区在法律上得以确认后，如果一个生产者 85% 以上的酿酒葡萄以上来自该区域的话，那么就可以在酒瓶的商标上标出"葡萄栽培产区"。到 1990 年，全美国共建立了 128 个葡萄栽培产区，其中 62 个位于加州地区（Figiel, 1991；U. S. Department of Treasury, Code of Federal Regulations, "Laws and Regulations under the Federal Alcohol Administration Act," Title 27 [Washington, DC, Various Years]）。最有名的葡萄栽培产区包括 Napa 山谷、Sonoma 山谷和 Alexander 山谷，加上 58 个州级和县级产区，在我们研究时段内，加州的酒庄能够从 120 个不同的产区标志中进行选择。

　　当各家酒庄公开宣称其从属于不同的产区时，一个显然易见的地位次序或从属次序就呈现出来。当某个产区内的酒庄跨区建立从属关系时，这个产区就开始从属于其他产区了。例如一家位于某个产区——比如 Sonoma 山谷——的酒庄，决定在其产品上标注其他产区——比如 Napa

山谷——的标志，显然这样的决定构成了一种从属行为，这就类似于某个公司决定要雇佣另一家公司的员工，或者是某个系决定要录取其他系的学生。

事实上，由于产区标志具有重大意义，酒庄会非常慎重地进行选择。并没有谁要求酒庄要标明其葡萄的原产地，也没有人要求酒庄在其葡萄酒商标上标明产区标志，但是酒庄如果真的要在其商标上标注产地的话，他们就必须在其产品生产中使用来自该区域的葡萄。即使酒庄选择生产一种标注产地的葡萄酒，酒庄仍有很大的余地来决定他们所选择的产地标志，因为许多时候产地标志会相互重合，某个特定产品同时可以有多个合法产地的情况很普遍。酒庄不一定必须位于某个产区内才可以在酒瓶上贴该产区的标志。事实上，因为只要酒庄所用的葡萄达到一定比例就可以贴上该产区的称谓标志，跨越产区的现象普遍存在。基于我们下面将会讨论的数据，我们发现采用 Napa 山谷产地标志的酒庄中，有 50% 的酒庄位于 Napa 山谷之外。

众所周知，酒庄建立葡萄栽培从属产地关系的动机在于从属产地关系会影响消费者对产品品质的认知和评价，也会对酒庄的定价能力产生经济方面的影响。正如葡萄酒行业最大的行业协会葡萄酒学会（Wine Institute）所言："葡萄栽培产区标志赋予了该产区所有的葡萄种植者和酒庄一种认证，这种认证有助于大大地提高其葡萄和葡萄酒的价格。"（Figiel 1991：32）通过与某个特定的产区建立联系，或者从属于某个特定的产区，酒庄发出了信号，表示其葡萄酒的品质与采用同一产区标志的其他酒庄是相当的。

一个最典型的案例是 Gallo 葡萄酒公司力图加入 Sonoma 山谷的产区标志系统。Gallo 葡萄酒公司是美国最大的葡萄酒生产商。在 1997 年，美国大约 1/4 的葡萄酒由其生产。长时间以来，Gallo 公司被认为专门生产低品质的葡萄酒，其最声名狼藉的品牌就是 Thunderbird。然而在 20 世纪90 年代，Gallo 葡萄酒公司试图提升其在消费者心目中的形象，并于 1997年底发动了广告战略，将其新一代的产品名为"Sonoma 的 Gallo 葡萄酒"（Gallo of Sonoma）。

当酒庄在酒瓶上贴上产区标志表明其产品的地理产区时,酒庄就向消费者呈现了其采购葡萄的交易关系,这具有双重意义。首先,交易关系将影响消费者对酒庄的印象。随着时间的推移,通过与产地建立联系的办法,酒庄就获得了一种截然不同的地位和身份认同。其次,交易关系将影响消费者对整个产地标志地位次序的看法。酒庄越是愿意与某个产地建立明确的从属关系,就越能显示出其对该产地优越性的认同,这个产地在消费者眼中的地位就会越高。

产地标志系统创造出一个框架,在该框架中,来自某个产区的酒庄向来自另一个产区的酒庄表示顺从。这些顺从关系形成了一个战略合作的网络,这一网络通过引导人们的注意力和塑造其随后的行为,从而创造了意义(Granovetter & Swedberg, 1992)。顺从次序从而成为酒庄之间建立较高或者较低地位从属关系的一种背景。如果某家酒庄长期从属于某个高地位产区,如 Napa 山谷或者 Sonoma 山谷,那么其地位就会高于长期属于某个地位较低产区如 Ybarra 县的酒庄。完整的葡萄酒品质数据使我们可以分辨出任何由产区从属关系带来的品质差异。

与投资银行业相比,葡萄酒业一个值得注意的现象是"支付能力"(the ability to pay)是获取较高地位从属关系的唯一决定因素。任何酒庄,只要有足够的现金,就可以和较高地位的产区建立从属关系。葡萄种植者不会因为特定酒庄的地位不够高而拒绝将其葡萄卖给这个酒庄。有人可能会由此推论:这将导致酒庄之间地位次序的波动大于投资银行之间地位次序的波动。然而,这种说法忽视了这样一点,即原材料要素成本不是影响地位次序稳定性的基本因素,说服消费者其最终产品——葡萄酒——的质量已经达到了某一特定标准之上的交易费用才是影响地位次序稳定性的基本因素。如果葡萄来源是决定葡萄酒质量的唯一因素,而酒庄通过在酒瓶上贴上产地标志就可以对其质量发出一个完美信号的话,那么不同地位的酒庄之间就不存在交易费用的差别,而地位差异要么会变化无常,要么会完全崩溃。准确地说,正是因为葡萄并不是决定葡萄酒质量的唯一因素,所以地位较高的酒庄生产某种特定质量葡萄酒的(交易)费用更低,因为他们过去的从属产地关系使得他们更容易发出关于质量的信号。

因为这样一种产地标志系统的存在，酒庄可以通过从属于整个地位次序层级中的某一特定产区来获得自己的地位。这种地位层级产生于酒庄在其产品商标上标注产地标志而建立起来的跨产区从属关系。这些跨产区从属关系为建立一个关系矩阵 R_t 提供了基础。而这一矩阵 R_t 可以被用于计算地位分值。矩阵中的每个格值 r_{ijt} 代表在第 t 年来自 i 地区但用 j 产区作为产地标志的酒庄数量。R_t 是正方形的非对称 $n \times n$ 矩阵，n 代表产区标志的数量。主对角线被设为 0。根据该矩阵中的数据，我们可以用 Bonacich 提出的 $c(\alpha, \beta)$ 计算法得到每个产区的地位分值，本书的第三章对此有详细讨论[4]。

要计算某一产区在第 t 年的地位分值，我们需要获得当年所有酒庄的从属产地信息以及酒庄本身所在的地理区位。虽然我们无法找到所有酒庄在一年时间内所有的相关信息，但我们可以找到所有酒庄的从属产地信息。烟酒火器管理局要求所有进行跨州交易的葡萄酒生产者都要获得商标许可证明，而如果是州内交易的话，那么生产者们则需要拿到商标许可豁免证明（U. S. Department of Treasury, Code of Federal Regulations, "*Laws and Regulations under the Federal Alcohol Administration Act*", Title 27 [Washington, DC, Various Years]）。每年葡萄酒生产商都要在烟酒火器管理局注册数以千计的商标。烟酒火器管理局要检查所有的商标，审核它们是否达到了规则规定的要求，并将所有的最终文件复印存档。

正如投资银行的墓碑数据一样，即使是只收集一年的葡萄酒商标注册信息数据，也会牵涉到巨大的工作量，这对我们收集每一年的数据进行分析构成了障碍。因此，我在 1981—1990 年期间，按照 3 年时间的间隔，选取了 1981、1984、1987 和 1990 年 4 个年份，收集了所有加州红葡萄酒和白葡萄酒在这 4 个年份中的从属产地信息。在这 4 年中，加州葡萄酒酒庄共注册了 22 027 个商标。由于许多商标设计不同的葡萄酒是同一类葡萄酒，其标签上有同样的生产者、葡萄品种、葡萄生产年份，而某一特定年份的产地都是统一的，所以全部的从属关系就减少为跨越了 73 个产区的 7 641个联盟（alignments）。[5]

表 5.1 列出了 1990 年部分有代表性产区的地位分值。为了检验各产区地位分值的有效性，我于 1993 年请 7 个行业专家对当时产区地位进行评价。专家的平均评价值和产区的地位分值之间的相关系数为 0.81[6]。

表 5.1 1990 年加州葡萄酒业部分产区的地位分值

产 区	地位分值	产 区	地位分值
Alexander Valley	1.000 0	Cienega Valley	.021 7
Sonoma County	.765 6	Knights Valley	.021 2
Russian River Valley	.705 2	Monterey County	.021 0
Napa Valley	.449 1	San Luis Obispo County	.018 2
Los Carneros	.263 7	Northern Sonoma	.017 8
Sonoma Valley	.248 9	Santa Maria Valley	.017 0
Mendocino County	.216 3	Santa Barbara County	.016 7
Dry Greek	.192 7	Amador County	.015 7
North Coast	.146 1	Santa Clara County	.014 6
Chalk Hill	.055 9	Edna Valley	.013 8
Mendocino	.054 6	South Coast	.012 4
Sonoma Mountain	.051 9	Santa Clara Valley	.011 6
Monterey	.050 1	Solano County Green Valley	.008 0
Napa County	.041 3	Clarksburg	.007 6
Central Coast	.039 7	Lake County	.006 8
Howell Mountain	.039 1	McDowell County	.006 7
Anderson Valley	.037 6	Santa Ynez Valley	.005 9
Sonoma Coast	.028 0	Ventura County	.000 0
Stags Leap	.026 4	Mount Veeder	.000 0
Sonoma County Green Valley	.025 4	Trinity County	.000 0
Paso Robles	.022 4		

这些结果显示，见多识广的业内人士的看法与我们从数据中得到的跨区从属模式情况高度吻合。但是，尽管专家们的印象与我们的地位分值高度相关，熟悉加州葡萄酒业的人们还是可能会对表 5.1 中的某些特点感到意外。在地位最高的三个产区与其他产区之间存在一个引人注目的断裂。而且，有一些排序结果与我们的直觉不一致。如 Napa 山谷产区的地位分值排第 4 位，一些葡萄酒爱好者可能会对此感到惊讶，觉得 Napa 山谷的地位分值应该更高一些。

可以有许多方式来回应上述问题。首先，我们可以通过与行业专家的访谈来看这些"令人意外"的结果是否是不正确的。关于 Napa 山谷产区的地位分值仅排名第 4 位这一问题,一些行业专家指出,Napa 山谷产区的地位分值低于预期可能和 Napa 山谷内部成立了许多小的产区有关,这些小的产区潜在地降低了 Napa 山谷产区的整体地位。酒庄老板和葡萄种植者在 Napa 山谷产区中建立了一些更小的、更专业化的小产区,其中许多小产区的地位逐渐上升,而 Napa 山谷产区的地位却在下降。

然而,我们不可能反驳所有有关地位次序的批评意见,并且葡萄酒业的地位测量的确不如投资银行业的地位测量那样令人信服。但是,我们还是可以从地位分值和专家评级结果的相关系数为 0.81 这一点中得到一些安慰和肯定。而且,如果我们的网络测量方法对地位的测量是不准确的话,我们的测量误差应该只会降低而不是提高检验和支持我们假设的能力。

但是为了进一步增强对我们分析的信心,用专家评级的平均值而不是网络分析分值对地位影响价格的效应进行重新分析是合适的做法。鉴于我们只有 1993 年的专家评级信息——而网络分值则有 1981、1984、1987 和 1990 四个年份的数据——所以,基于专家评级信息的分析既不是对本章中心命题的严格检验,也不构成对我们的地位测量方法确定性的证明。但是,只要这一额外分析的结果与我们原先的结果大体一致的话,那么这一分析就又一次为我们的地位测量方法和主要分析结果的稳健性提供了确证。

利用从跨区从属关系中获得的地位分值,我们可以相对直接了当地确定某一瓶特定葡萄酒的从属产区地位分值以及一家酒庄过去的从属产地的平均地位。某瓶葡萄酒在第 t 年的地位分值 $t(S_{ijt})$ 就是其所属产区最近一次测量获得的地位分值。例如某瓶产于 1982 年的葡萄酒,其地位分值为其所属产区 1981 年的分值,因为该产区地位分值的最新信息就是 1981 年的。酒庄每年都会生产许多葡萄酒,酒庄可能会对不同的葡萄酒采用不同的从属产区,也可能所有的葡萄酒都仅使用某个产区的葡萄。正如对过去品质证明的测量一样,酒庄从属产区的平均地位($S_{jt,\,t-k}$)被操作化为一个为期三年的移动时间窗口。例如,如果酒庄 1982 年生产的一瓶葡萄酒,其从属产地的地位分值为 0.023,另一瓶葡萄酒的从属产地地位分值为 0.05；1983 年生产的一瓶葡萄酒的从属产地地位分值为 0.10；
1984 年生产的一瓶葡萄酒的从属产地地位分值为 0.08,那么该酒庄 1985
年的地位分值就为(0.023＋0.05＋0.10＋0.08)/4 = 0.063 3。这一通过
三年期时间窗口测算的酒庄地位分值应该对价格具有独立影响,其与三年
期质量窗口的交叉项对价格的影响为正向的,其与随后的从属关系的交叉
项对价格的影响为正向的,其对酒庄随后酿制的葡萄酒的质量应该有正向
的影响。

控制变量

　　除了质量以外,还有其他因素影响着酒庄对其产品的定价。首先,需
求会因为酿酒葡萄品种的不同而存在差异。如 Chardonnay、Cabernet、
Merlot 都是不同的葡萄品种。我们的数据中有 17 个不同的葡萄或杂交葡
萄品种,有些品种的葡萄需求量非常大,如 Chardonnay 和 Cabernet;而其
他一些品种的葡萄需求量就要小很多,如 Syrah。考虑到不同品种的葡萄
需求存在很大差异,这些差异可能会影响价格,所以我们将葡萄品种编码
为虚拟变量。葡萄品种的信息来自《加州葡萄酒鉴赏家指南》。其次,需求
可能随着时间推移而增加或者减少,发生很大变化,所以分析中也包含了
标识某瓶酒是哪一年出售的虚拟变量。[7]
　　一些行业专家认为葡萄酒生产商使用标准的利润加成或成本加成的
定价方式来制定价格(如 Kramer 1992)。这样的解释将价格决策过程过
度简单化了,因为大多数酒庄在制定价格政策时都会考虑许多因素,并根
据不同的定价标的而采用不同的定价策略,但无可否认,生产者的成本与
价格是高度相关的。正如 Stuller 和 Martin(1989:39)所指出的那样:"酒
庄经济学通常是决定某瓶葡萄酒价格的主要因素,这和许多市场中的情况
一样。酿酒原材料的质量和生态工艺(ecological skills)是影响某种葡萄酒
成功地处于某一价格区间的关键因素。但具体的定价在这个价格区间内
的什么位置,常常还需要考虑酒庄是什么时间建立以及酒庄如何进行资
金、装备和经营运转等因素。"因此,我们有必要将反映企业生产成本的指
标纳入我们对价格形成的检验中。

任何关于成本的分析首先需要考虑的就是葡萄的成本，葡萄通常是酒庄最大的单项生产成本。对于一些顶级的葡萄酒庄而言，葡萄成本可占其运营成本的比例能达到60％，而对大多数小酒庄而言，葡萄成本约占运营成本的40％左右(Stuller and Martin，1989)。酒庄对用价格较高品种的葡萄生产出来的葡萄酒要价较高是合乎我们预期的，如果某一年葡萄的价格较高，那么这一年生产的葡萄酒价格也会相应地高一些。葡萄价格信息来自1981年到1991年的《葡萄汁成品报告》(*The Final Grape Crush Report*)，该刊物由加州食品与农业局(California Department of Food and Agriculture，Sacramento，CA)根据《食品与农业法规》(Food and Agriculture Code)第55601.5部分的要求出版。我们可以从这个报告中获得关于酿制一吨某种葡萄酒所用主要葡萄的价格信息(葡萄酒的商标上标明了所用葡萄的品种、产区和年份信息)，这大约占样本量的1/3。相应的，我们对这1/3样本用葡萄的成本作为葡萄酒成本的替代指标。对其余的样本，我们将其成本编码为0，而对于指示变量，如果成本信息缺失我们就将其编码为1，否则就编码为0。与我们对投资银行的分析类似，对信息缺失的数据，这样的指示变量编码办法可以使我们在不剔除缺失成本信息的数据情况下，对成本的效应进行无偏估计。

经济学模型认为一家公司的成本不仅是其各项主要投入的函数，也是这家公司能够实现经济运营能力的函数。与葡萄酒行业最相关是学习经济(learning economies)和规模经济(Scale of economies)。学习经济指随着酒庄对生产过程的了解日益深入而带来的生产成本下降。我们在模型中用酒庄成立时间的对数(log of winery's age)来作为学习经济的替代指标。如果只考虑对生产葡萄酒过程和步骤的了解程度的话，成立时间短的酒庄比成立时间长的酒庄在这个方面的成本更高。由于酒庄成立时间的对数值对成本应该有负向的影响，所以成立时间的对数值对价格也应该有负向的影响。

规模经济指随着产量的增加，每个单位的生产成本下降。Moulton(1984)发现葡萄酒的生产成本随着酒庄规模的扩大而下降。他的估计是当酒庄的生产规模从5 000瓶增长到10 000瓶时，成本将会下降约27％；当生产规模增加到300万瓶时，成本还会在此前的基础上再下降35％。

我们在本分析中用了如下变量作为规模经济的替代指标:酒庄拥有的葡萄园面积英亩数、酒庄的储存能力、酒庄所拥有的葡萄酒品牌数量。酒庄拥有的葡萄园面积和储存能力都可直接测量酒庄的规模和容量大小。如果规模的增大会导致成本下降的话,那么这些替代指标应该对价格有负向的影响。酒庄拥有的品牌数量是一个间接代表酒庄潜在规模和能力的指标。因为酒庄的规模大小是决定其生产能力能容纳多少品牌的一个重要因素,因此品牌数量应该至少是对规模经济的一种间接反映。

分 析 结 果

表 5.2 是平均值和标准差结果。表 5.2 还报告了所有有关变量的相关性矩阵。相关性分析看来非常重要,因为对矩阵的检验使我们明白地位与品质的关系。虽然标识地位与质量的变量之间都是正向并且统计显著的,但是两个最稳健的变量——过去三年的地位与过去三年的品质——的相关系数仅为约 0.6。地位变量和质量变量之间的相关度不高,这支持了我们的推断:地位和品质不可相互替换。

表 5.3 描绘了地位和品质对价格的影响。模型 1 是基准模型,只分析了品质与葡萄酒上产区标志的影响。结果显示品质对价格有显著的正向影响。因为价格用美元来度量,可以直接简单地做如下说明:酒的品质每增长 1 单位,其价格增加 1.27 美元。可作为比较的是,我们样本的平均成本是每瓶酒 10.65 美元。

模型 2 加入了葡萄成本、学习经济和规模经济作为控制变量。葡萄成本对定价有显著的正向影响。控制规模经济的有三个变量:酒庄的储存能力、酒庄的葡萄园面积英亩数、酒庄拥有的葡萄酒品牌数。尽管三个变量的系数都是负的,因而与规模经济的道理相符,但葡萄园面积(英亩数)在统计上不显著。因为酒庄除了自己种植葡萄外,还可以购买外面的葡萄,所以酒庄的葡萄园面积并不总是能够直接反映酒庄的实际经济能力。另外,虽然酒庄成立时间对数值的系数为负值,从而与学习经济的道理相符,但这一系数在统计上也是不显著的。

表 5.2　葡萄酒行业相关变量的均值、标准差和相关系数

变　量	均值	标准差	1	2	3	4	5	6	7	8	9
1. 葡萄酒所属产区的地位	.05	.42									
2. 过去三年所属产区地位的平均值	.39	.40	.484								
3. 葡萄酒品质的平均值	.58	.76	.151	.155							
4. 过去三年葡萄酒品质的平均值	.41	.45	.156	.568	.262						
5. 葡萄酒价格（美元）	10.65	5.25	.175	.259	.341	.352					
6. 葡萄酒成本（美元/吨）	712.65	265.41	.466	.660	.213	.479	.415				
7. 酒庄成立时间（年）	20.08	31.28	.003	−.006	−.073	−.079	−.096	−.069			
8. 酒庄规模（以干加仑为单位的储存能力）	1566	1632	−.053	−.052	−.051	−.065	−.078	−.033	.137		
9. 酒庄拥有的葡萄园亩数	252.83	570.56	−.017	−.006	−.068	−.082	−.113	−.062	.495	.174	
10. 酒庄拥有的葡萄酒品牌数量	1.40	1.19	−.034	.004	−.033	−.037	−.063	−.069	.154	.435	.243

注：* 以上所有相关系数绝对值大于 0.02 的相关系数都在 $p < 0.05$ 水平下显著。

表 5.3　地位对葡萄酒价格影响的线性回归模型

变　　量	地位的网络测量				地位的专家评价
	模型 1	模型 2	模型 3	模型 4	模型 5
葡萄酒所属产区的地位	.135	−.146	−.298	−.770**	.201*
	(.060)	(.059)	(.167)	(.287)	(.093)
葡萄酒品质	1.269*	1.221**	1.225**	1.227**	1.212**
	(.060)	(.059)	(.059)	(.059)	(.059)
过去三年所属产区的平均地位			.731*	−.195	−.238
			(.258)	(.403)	(.130)
过去三年葡萄平均品质			1.323**	.797**	−.115
			(.159)	(.294)	(.657)
过去三年地位×过去三年品质				.898*	.262**
				(.415)	(.117)
过去三年地位×某类葡萄酒地位				.862*	.024
				(.413)	(.015)
葡萄成本		.004 4**	.004 2**	.004 2**	.003 8**
		(.000 4)	(.000 4)	(.000 4)	(.000 3)
Log（酒庄年龄）		−.001	−.000 3	−.000 2	.013
		(.001)	(.003)	(.003)	(.085)
酒庄规模		−.135*	−.132*	−.134*	−.000 05
		(.063)	(.061)	(.061)	(.000 01)
酒庄拥有的葡萄园面积英亩数		−.000 2	−.000 1	−.000 1	−.000 4*
		(.000 2)	(.000 2)	(.000 2)	(.000 2)
酒庄拥有的葡萄酒品牌数量		−.187**	−.150*	−.147*	−.117*
		(.061)	(.060)	(.060)	(.058)
R^2	.39	.41	.42	.42	.42

注：$N = 7\,358$。括号中的数值为标准误。表格中未列出年限、缺失值以及葡萄品种变量。
　　 $* \ p < 0.05$；$** \ p < 0.01$

　　模型 3 报告了葡萄酒酒庄地位和酒庄品质的影响。酒庄品质通过此前三年酒庄生产的葡萄酒的平均品质来测量，酒庄品质对葡萄酒价格有显著的正向影响，这一影响不同于单瓶葡萄酒品质的影响。鉴于酒庄的品质代表着酒庄过去业绩的好坏，这与经济学对声誉的定义是一致的，所以将该变量视为一种声誉效应似乎是合理的做法。

　　虽然我们关注的焦点，首先是酒庄地位与酒庄品质的交互作用，其次是酒庄地位与葡萄酒地位的交互作用，但是我们首先应该关注酒庄地位的主效应,酒庄地位具有正向的影响。虽然在模型 4 中,这一效应不显著地与 0 相区别,但模型 4 中包含这个交互项,意味着我们不能脱离酒庄地位的交叉项,而只考虑其主效应的影响。模型 3 对酒庄地位主效应提供了更直接的检验,因为该模型主要报告了所有样本酒庄地位的平均影响效应。而且,即使有人要用模型 4 的结果,我们也可以通过酒庄品质平均值和单瓶葡萄酒地位平均值来测算酒庄地位的影响效应。这一影响效应可以表述如下:$-0.195 + (0.898 \times 0.41) + (0.862 \times 0.50) = 0.604$,该结果近似于模型 3 中报告的平均值。

回顾如下两个命题,这也是本文两个最基本的命题:

(1) 行动者从属关系人的地位将增加行动者过去产品品质证明的收益。

(2) 行动者的地位越高(或越低),它从随后的地位较高的从属关系中能获得的净收益就越多(或越少)。

第一个命题通过酒庄地位与酒庄质量的交互项进行检验。第二个命题通过酒庄地位与单瓶葡萄酒地位的交互项进行检验。模型 4 揭示了酒庄地位与酒庄品质的交互项、酒庄地位与单瓶葡萄酒品质的交互项都具有显著的正向影响效应[8]。正的交互项与从属关系人地位能增加行动者过去产品品质证明的收益这一命题相一致。酒庄地位与单瓶葡萄酒地位的交互项显著为正,意味着地位较高的酒庄从某个特定的高地位联系中获得的收益要高于低地位的酒庄。在其他因素不变的情况下,曾经有最高地位联系的酒庄(如酒庄地位＝1)比曾经有最低地位联系的酒庄(如酒庄地位＝0)从同样的联系中每瓶葡萄酒能够多要价 86.2%[9]。

值得注意的是,当我们把酒庄地位和单瓶葡萄酒地位交互项排除在模型之外,而只考虑单瓶葡萄酒地位的影响时,葡萄酒瓶上的产区地位的主效应不显著。如果酒庄过去对建立较高地位联系进行投资的话,酒庄将其生产的某种葡萄酒与地位较高的产区建立联系并不会带来正的效益。这个结果支持了如下基本观点:从属关系的价值只有在酒庄已经建立其他从属关系的背景下才能得到评估,而不能进行孤立的分析。

如果有人对点估计结果较真的话,那么只有那些地位最高的酒庄才可以凭借与地位较高产地的联系而要价较高。具体而言,葡萄酒瓶上产地地位的影响效应如下:－0.770＋0.862×酒庄地位。这一点估计结果意味着仅仅只有那些地位值高于0.770/0.862＝0.89的酒庄才能从与较高地位产区的关系中获益。虽然交互项的置信区间较大,但是如果我们过于简单地解读这一点估计值,则可能会犯错误。例如,如果有人用仅比点估计大一个标准差的主效应和交互效应,则联合效应为(－0.770＋0.287)＋(0.862＋0.413)×酒庄地位＝0.483＋1.275×酒庄地位。在这种情况下,所有地位高于0.483/1.275＝0.378的酒庄都可以从与较高地位产区的联系中获得正的收益。无论在何种情况下,分析结果都足以推翻地位较高的酒庄和地位较低的酒庄在与特定地位产区建立的联系中能获得同样多的净收益这一零假设,从而使得地位较高的酒庄能够以较高的出价击败其地位较低的酒庄,获得来自较高地位产区的葡萄。

如果我们用专家评级数据来代替从不同产区从属关系中获得的地位数据,我们能得到类似的结果。模型5描绘了基于专家评级地位测量的完全模型。基于专家评级测量获得的单瓶葡萄酒地位与基于网络模型测量获得的单瓶葡萄酒地位的相关系数为0.73,其与基于网络模型测量获得的三年酒庄地位的相关系数为0.82。为了对模型5进行解读,记住以下两个分析特点是很重要的。首先,专家评级不同于对地位的网络模型测量值,专家评级值在1—7之间,地位的网络测量值则在0—1之间。专家们对单瓶葡萄酒地位评级的平均值为4.88,标准差为2.01。专家对酒庄地位评级的平均值为4.78,标准差为1.96。其次,虽然主效应存在一些区别,但是我们不能将主效应独立于交互效应之外来进行解读。当考虑了交互项的影响之后,运用专家评级数据的分析结果在很大程度上与基于网络测量的结果一致。三年地位和三年品质的交互项值为正,并在统计上显著。在模型5报告的结果中,三年地位和单瓶葡萄酒地位的交互项是正向的,并刚刚超过一般的显著水平($p＝0.11$)。如果我们将不显著的控制变量剔出模型,三年地位和单瓶葡萄酒地位的交互项就在0.1的水平上显著,这表明地位较高的酒庄比地位较低的酒庄从与地位较高产区的联系中能获得更多的收益。考虑到地位次序在过去11年经历了一些变化,而专家的评级是在研究时段末期做的，因此我们有理由认为这一结果与基于网络地位测量的结果一致：即与地位较高产区的联系历史为地位较高的酒庄提供了位置优势，而这一位置优势又在总体水平上促进了整个地位次序的再生产[10]。

品质收益差异如何影响将来的品质选择

　　现在我们已经观察到生产同样品质的产品，地位较高的酒庄可以获得更高的收益。这一结果首先意味着在竞争购买高品质葡萄的时候，地位较高的酒庄比地位较低的酒庄具有更大的优势。如果从属于地位较低产区的市场行动者要竞争购买生产高品质葡萄酒所必需的优质葡萄的话，他们很可能会竞争不过那些从属于较高地位产区的市场行动者，因为后者能够支付更高的价格。其结果是，地位较低的行动者将面临更多的障碍，从而更不愿意为生产更高品质的产品而支付相应的成本，而地位较高的的行动者则障碍更少，更愿意生产更高品质的产品。这样，和投资银行业的案例一样，出价的动态过程就变成了一种基于地位的不平等再生产的机制。

　　然而，因为葡萄酒业能为我们提供令人信服的产品品质数据，从而使得我们有可能对这一命题进行检验。也就是说，我们知道地位较高的酒庄能够从相同品质的产品中获得更大的收益，但是这会影响他们对其产品品质的投资吗？换句话说，行动者从属联系人的地位会影响行动者对未来产品的品质的选择吗？

　　建立生产者过去联系人地位对生产者未来产品品质选择影响的模型比较复杂，这是因为葡萄酒的品质最终是多重选择的函数，这些选择大致可以分为以下两类：（1）关于所用原材料成本或品质的选择；（2）关于生产过程或者说如何将原材料转变为最终产品方式的选择。因为酒庄从属联系人的地位能够影响人们接近并支付高成本原材料的能力，也能够影响人们引进生产更高质量产品的技术和/或人才的决策，所以我们有必要分两个阶段来评价过去联系人的地位对品质选择的影响。

　　虽然我们没有关于所有原材料成本的数据，但如前所述，生产中主要的葡萄成本的数据是可以获得的,而酿酒所用的葡萄是决定最终成本的重要指标。相应的,我们可以用如下公式来评价地位如何影响投入的成本:

$$c(g_{ijt}) = b_0 + b_1 Q_{jt,\,t-k} + b_2 S_{jt,\,t-k} + \sum_{v=3}^{V} b_v X_{vt} + u_{ijt} \qquad [5.2]$$

这里 $c(g_{ijt})$ 指第 t 年酒庄 j 生产的第 i 瓶葡萄酒所花费的葡萄成本。我们主要关心的系数是 b_2,b_2 表示(通过时点 t 与时点 $t-k$ 之间的从属产区关系模式表现出来的)地位对酿酒葡萄成本的影响。我们在该模型中用了与分析葡萄酒价格时相同的控制变量,唯一不同的一点,是葡萄的成本要被排除在外,因为在这个模型中葡萄的成本变成为因变量。

为了控制酿酒中所用的原材料以分析过去联系的地位是否会对葡萄酒品质有影响,我们用如下模型做预测:

$$q_{ijt} = b_0 + b_1 Q_{jt,\,t-k} + b_2 S_{jt,\,t-k} + \sum_{v=3}^{V} b_v X_{vt} + u_{ijt} \qquad [5.3]$$

与其他分析一样,q_{ijt} 指《加州葡萄酒鉴赏家指南》对某瓶特定葡萄酒的评级。因为这一评级将每瓶酒分为四个等级,所以我们测量的因变量质量是分类和定序变量。因此定序罗吉斯特回归模型(ordered logistic model)是合适的分析过去地位对产品品质影响的模型,这一模型是二分罗吉特(dichotomous logit)模型的一般情况,模型中的 N 个分类变量共有 $N-1$ 个截距。与普通的最小二乘法模型相比,定序罗吉斯特模型的优势就在于这一模型并不要求假定类间的截距为常数,不会出现因变量预测值落在因变量可能区间之外的情况。

正如预测每瓶葡萄酒的葡萄成本的模型一样,我们主要关心该等式中的系数 b_2、b_2 表示(在控制酒庄过去三年的产品品质以及许多其他基准模型中的控制变量后)过去从属联系的地位对未来产品品质选择的影响。如果是正的,就表明地位对随后产品品质的影响是正向的。在建立了这个基准模型后,我们还要引入两个解释变量:用于酿酒的葡萄的成本和酒庄选择的酿酒葡萄产地的地位。如果过去从属关系的影响仍然还是显著的话,那么我们可以认为过去的从属关系不仅会影响原材料的品质,而且也会影响由原材料到产品转化过程的品质。如果纳入这两个变量后,从属关系的影响就变得不显著了，那么我们可以推断，过去从属关系影响质量的主要机制就是通过对成本（假定为品质）较高或者较低的原材料的选择来发生作用的。

　　表5.4报告了过去从属关系地位对酿酒葡萄成本影响的回归分析结果。因为只有大约1/3的案例能提供葡萄成本的数据，因此观测值的数量少了许多。模型1的结果显示三年地位值对酿酒用葡萄的成本有正向的影响。地位较高的生产者因为其收益较好所以可以购买到品质较好的葡萄作为原料[11]。而地位较低的生产者正好与此相反，他们无法获得较好的收益，所以也无法购买到质量和价格都相对较高的葡萄。

表5.4　地位对葡萄采购价格影响的线性回归模型

变　量	模型1	模型2
过去三年从属产区地位的平均值	419.89 ** (13.17)	396.97 ** (22.35)
过去三年葡萄酒的平均品质	64.62 * (10.03)	31.49 (27.96)
过去三年地位值×过去三年葡萄酒平均品质		41.83 (32.96)
Log(酒庄成立年数)	−4.96 (5.57)	−5.07 (5.58)
酒庄规模	5.7×10^{-8} (4.2×10^{-7})	9.7×10^{-8} (4.2×10^{-7})
酒庄的葡萄园英亩数	−.013 (.010)	−.013 (.010)
酒庄拥有的葡萄酒品牌数量	.878 (3.77)	.943 (3.77)
R^2	.39	.39

注：$N = 2\,079$，括号中的数值为标准误。表格未列出表示年与葡萄品种的变量。
　　* $p < 0.05$；** $p < 0.01$

　　因为"三年地位"和"三年品质"的交互项对葡萄酒价格有正向的影响，我们似乎有必要考察一下这一交互项是否会影响对高品质葡萄的购买，从而影响随后的葡萄酒的品质。由于与较高地位产区的联系会增加过去品质证明的收益，这些联系也将在某种程度上促进酒庄通过购买较好的原材料来保持和提升产品品质。模型2的结果表明这个影响效果是正向的，但是在统计上并不显著（$p = 0.20$）。因此，虽然影响的方向与预期一致，但是不能拒绝品质和地位的共同作用不会影响葡萄价格的零假设。

　　现在让我们回到对单瓶葡萄酒质量的分析。表5.5报告了分析结果。我们在分析中包含了过去品质、葡萄价格和相关的葡萄园特征、年份和葡

萄品种等控制变量的影响。模型 1 显示在不控制葡萄价格和单瓶葡萄酒
地位的情况下,过去从属关系存在着影响。模型 2 将葡萄成本和单瓶葡萄
酒地位作为解释变量加入模型中。模型 1 中三年地位的影响是正向并且
显著的,但在模型 2 中变为不显著了。这一结果意味着,过去从属关系对
后来产品品质的影响是通过对原材料投入的选择体现出来的。因为地位
较低的酒庄采用高品质的葡萄只能获得较低的收益,因此他们不会购买地
位较高的贵葡萄。更一般地说,这些结果显示在平均的意义上,过去从属
产区的地位影响会影响酒庄随后对原料的选择,但是不一定会影响从原料
到产品转化过程的质量。

表 5.5　葡萄酒品质的线性回归模型

变　　量	模型 1	模型 2	模型 3
葡萄酒的地位		.454**	.476**
		(.082)	(.083)
过去三年产区地位的平均值	.449**	.021 6	−.060
	(.071)	(.098)	(.104)
过去三年葡萄酒的平均品质	(1.333)**	1.309**	1.310**
	(.060)	(.060)	(.060)
葡萄价格		.000 4*	−.000 1
		(.000 2)	(.000 2)
过去三年地位分值×过去三年葡萄酒平均品质			.000 4**
			(.000 2)
Log(酒庄成立时间)	−.002*	−.002*	−.002*
	(.001)	(.001)	(.001)
酒庄储存量	−.013	−.017	−.019
	(.017)	(.017)	(.018)
葡萄园亩数	−.000 01	-7.4×10^{-6}	9.9×10^{-6}
	(.000 6)	(.000 7)	(.000 7)
品牌数量	.006	.006	.006
	(.023)	(.020)	(.020)

注:$N = 7\,592$。括号中的数字为标准误。表格未列出品种与年的变量。
　　* $p < 0.05$;** $p < 0.01$

　　这一平均效应发挥作用唯一的一种例外情况是当原材料是属于高品
质的类型时。模型 3 包含三年地位和葡萄成本的交互项。这一交互项的
影响是正向的,这表明当葡萄的价格较高而质量可能较好时,三年地位对

产品品质有正向并且统计显著的影响。事实上，如果原料的品质足够好的话，地位较高的酒庄能从过去从属关系中获得更高的收益，从而可以雇佣更好的酿酒师或者购买更好的设备来实现他们高品质投入的潜在收益，而这是那些地位较低的酒庄所无法做到的。

总而言之，表 5.4 和表 5.5 提供的证据表明，行动者的位置可能会显著地影响或者制约行动者的特性，如行动者选择的原材料品质、生产工艺和最终产品。这些结果使得我们可以再回顾一下我在本书第二章中详细论述并在本章的第一段再次提及的对 Spence 式和非 Spence 式信号区别的详细论述。Spence 式的信号概念在于事前的品质区别。而基于地位的市场竞争模型则使品质差异能够从一个存在地位差异的背景中内生地出现。在 Spence 式的信号概念以及基于地位的市场竞争模型中，在拥有指示物（possession of the indicator）——如这里的地位——与潜在品质差异之间都存在着一种对应（alignment）关系，但是基于地位的市场竞争模型使我们能够从拥有指示物的差异中推导出质量上的差异，正如我们对加州葡萄酒业的分析所展现出来的那样。

更一般地说，这个分析结果弥补了前一章分析的不足之处。虽然葡萄酒业和投资银行业是两个差别很大的行业，但在这两个不同背景下地位的相关性提示我们地位作为信号的作用适用于许多不同类型的市场。葡萄酒是大众市场上的消费品，投资银行业务是公司行动者对公司行动者提供的服务。购买葡萄酒的花费一般就是十几美元，投资银行业务往往会牵涉到数百万美元。葡萄酒一般被认为是一种炫耀性消费品，而投资银行业务通常不会被认为是这样。

因为葡萄酒是一种炫耀性消费品（Veblen，1953），上述事实至少值得我们借此机会来讨论一下"地位是一种市场信号"这种观点和"地位是炫耀性消费的基础"这一更传统的观点之间的区别。购买某个地位较高酒庄出产的葡萄酒，可能不仅是因为生产者较高的地位发出了其产品品质较好的信号，而且（或者说更重要的）是因为消费这样一种特别的葡萄酒会增强个体声称其具有较高社会地位的能力。例如，有人可能购买一瓶"一号作品"（Opus One）而不是他/她认为品质相同但价格较低的其他葡萄酒，因为他/她期待被他人认为是喝"一号作品"葡萄酒的人。

这两种理解之间并不存在潜在的矛盾。地位可以既是一种信号，同时也是一种炫耀性消费的工具。如果某个人的社会地位能通过喝较高地位酒庄出产的葡萄酒而得到提高的话，那么这个人应该会愿意为这种葡萄酒付出较高的价格。而且，如果有人认为通过饮用与特定从属产区有关系的葡萄酒，或者是饮用与特定从属产区有联系的酒庄出产的葡萄酒能够提高其个人社会地位的话，那么这个人很有可能会愿意为获得该产品及其现在和过去的联系付出更多。

尽管有上述一致性，炫耀性消费解释和基于地位的模型在某些重要而基本的方面存在着区别。最重要的区别是品质在决定价格和购买决定中所扮演的角色。信号模型预言地位将会增加过去对质量投资的收益，也会增加人们对未来质量进行投资的激励，而炫耀性消费的视角则不重视品质的因素。炫耀性消费行为是通过在一些价格高出许多但提供的效用差不多的更昂贵产品上一掷千金的方式，借以显现财富。因此，炫耀性消费的逻辑并不能解释为什么一家酒庄的地位会随着其产品品质的差异而不同。简而言之，虽然我们显然难以否认炫耀性消费可能是消费者购买葡萄酒的一种重要的激励因素，但是仅仅考虑这个观点对本章所检验的命题而言并不足够。

本章和前一章对两个市场的分析不仅因为在讨论的背景方面存在巨大差异从而是相互补充的，而且因为两者数据的相对优势与不足，两者也是互为支撑的。投资银行业可以在对地位的测量方面具有独到的优势，使得我们可以观察到地位是如何随着不确定性水平的变化而产生系统的差异。葡萄酒业没有很好的测量地位或不确定性水平的系统信息，但是能对产品品质进行较好的分析。因此，对葡萄酒业的分析使我们可以将地位的媒介作用和品质的信息作用分离开来。如果用不是很形象的话语来表达的话，本章的中心思想是品质选择的结果不独立于市场行动者所处的地位次序。一家公司在地位次序中的位置会影响其他人对其品质的关注和评价以及对其产品的普遍关注。与地位较低的公司相比，地位较高的公司能够从生产相同品质的产品中获得更多的收益。因此，地位次序有助于决定哪些公司可以建立产品品质方面的声誉而哪些公司做不到这一点。在很多情况下,声誉上的差别并不能完全归因于生产者内在能力上的差别,而更多的是与生产者们的从属联系模式差别有关。也就是说,一家公司在市场的社会结构中处于什么位置以及这家公司和哪些人发生联系可能会对这家公司在市场上被人们感知的品质有很大的影响。

这个结论并不意味着结构位置的差异是外生的,也不意味着品质差异对结构位置没有影响。毫无疑问,在公司取得的产品品质与公司取得的结构地位之间存在着一种相互的影响。我只是认为地位次序的存在限制了公司如何建立其产品声誉。具体而言,如果一家公司在过去未能建立能反映其对质量投资的从属关系的话,那么这家公司从其对产品品质的投资中能得到的回报就较低。更重要的是,品质、从属关系和地位的重大变动的结果是无法获得能够维系公司投资的收益。一家公司从属关系的历史或者联系模式限制了公司未来从属关系和品质决策带来的收益。更一般地说,地位次序的存在降低了单个公司通过各种方式提高品质的激励,即使提高品质将改变地位次序的再生产。

品质与地位相呼应的一个有趣的结果就是公司方面的创新行为。在葡萄酒业的研究背景中,地位次序的存在意味着地位不高的酒庄没有激励去开发高品质同时是高地位的葡萄酒。假想一下这样的情况,酒庄通过将来自两个不同产区,比如说来自 Mendocino 县和 Sonoma 县的葡萄按照相同的比例混合,可以开发出一种口感更醇厚因此品质更高的葡萄酒。在这种情况下,根据法律,酒庄无权使用任何一个产区的标志,因为两个产区的葡萄在这种葡萄酒中的占比都达不到 85%。由于消费者会通过酒瓶上的产区标志以及该产区相对于其他产区的地位来判断这瓶酒的品质,因此酒庄在用不同产区的葡萄来开发高品质葡萄酒方面缺乏激励。从本质上说,地位次序制约了高品质、低地位的创新行为,因此限制了在特定市场中可能的创新范围[12]。

葡萄酒产业中地位对创新的影响具有高度的特殊性(idiosyncratic),但是这一观察无法为某个行业中地位对创新行为的影响提供一个分析的起点。我们将在下一章讨论这一问题。

注释

[1] 葡萄酒的价格观察值之间可能存在相关性,因为样本是来自多个酒庄的葡萄酒的集合。因此,我在分析中采用了广义最小二乘随机效应模型(a random effects model generalized least squares)。该模型的截距值(每个酒庄在某个时间点)作为从总体中的一次随机抽样结果,每个组具有固定均值,不同组之间随机分布误差项不同。该方法通过剔除酒庄之间的非随机方差来对参数进行无偏估计。

在本书的其他分析中,我们一般使用"固定效应模型"(fixed effects model),以此来控制每个具体分析单位的误差(unit-specific error)。一般来说,固定效应模型在数据中每个单位使用一个自由度,而不是整体使用一个自由度,所以在控制每个具体分析单位的误差方面较有效。因此,我会尽可能地使用固定效应模型。然而为了进行估计,固定效应模型去掉了所有的组间方差,这是这一模型的问题所在。在组内方差与组间方差相比非常小的情况下,去除组间方差分析做估计可能会有问题。这正是本分析所面临的情况,因此,我们采用了随机效应模型。

[2] 虽然有些资料用比四星级分类更精细的分类标准来测量品质,但是他们不如《加州葡萄酒鉴赏家指南》提供的信息那么全面和/或具有代表性。

[3] 《葡萄酒鉴赏家》采用百分制评价标准,而《加州葡萄鉴赏家指南》采用四星级评价标准。两组样本具有相同差异的标准假定在这里是不成立的。为了代替传统的评级相关性分析方法,我们对 198 瓶葡萄酒所有可能的两两组合都进行了两两之间的比较,以判断这两种评级标准在对这些样品的相对评级上的一致程度。因为每一瓶葡萄酒都可以和其他 197 瓶葡萄酒进行配对比较,所以一共有$(198 \times 197)/2 = 19\,503$种不同的组合。对于任何一个第 i 瓶酒和第 j 瓶酒的配对组合,如果一家给出的评级是第 i 瓶酒高于第 j 瓶酒,而另一家给出的评级是第 j 瓶酒高于第 i 瓶酒的话,那么就编码为评级不一致。

评级不一致的情况达到 21% 是保守的估计,在完全随机样本的条件下评级不一致的情况很可能会更少。《加州葡萄酒鉴赏家指南》对加州众多的葡萄酒都进行了全面的评价,《葡萄酒鉴赏家》则只对酒庄提交的葡萄酒进行评级,或者是对一些对见多识广的葡萄酒鉴赏家而言有吸引力的众所周知的名葡萄酒进行评级。因此,《葡萄酒鉴赏家》评级的葡萄酒往往更多的是高价的高端产品,在整个市场上的代表性相对较小。这种偏向很可能会导致对两份杂志葡萄酒评级一致性程度的低估。

[4] 在投资银行业和葡萄酒业中所采用测量方法唯一的一点不同,就是我们在对葡萄酒业的分析中将地位分值进行了标准化,从而地位最高的产区在 t 年的地位分值为1(而不是"平均地位"水平的产区的地位分值为 1)。我们将最大值进行标准化,是因为在我们的研究时段内,分布在地位较低一端的产区数量随时间推移显著增加。产区数量显著增加的后果之一就是,如果按照 Bonacich 测量法对平均数进行标准化的话,那么地位变化将会变得更大。随着时间的推移,那些地位较高的产区(比如 Napa 山谷产区)的地位会仅仅因为地位较低产区的增加而迅速增长。这样一种迅速的地位增长将会干扰我们对附属于这些产区的酒庄地位进行精确测量的能力。

[5] 虽然葡萄的产地可以通过葡萄酒商标上的产区标志得以确认,但酒庄所在的地点却无法由此而知。因此不同酒庄所在的地点是通过两份葡萄栽培地图来找到的:Raven Maps and Images 公司 1989 年出版的《加州的葡萄园和葡萄酒庄》(*Vineyards and Wineries of California*)和 Compass Maps 公司 1992 年出版的《加州中北部葡萄酒庄指南》(*Winery Guide to Northern and Central California*, Modesto, CA)。我们通过给酒庄打电话来确认地图中信息的有效性。我们综合利用酒庄的地理位置信息和烟酒火器管理局的附属产区数据建立了 R_t 矩阵,由此获得了地位分值。

[6] 我们通过葡萄酒协会的官员确定了专家。葡萄酒协会是葡萄酒行业内部主要的贸易组织,其内部刊物《消费者媒体指南》(Consumer Media Guide)通常只提供给协会成员,《消费者媒体指南》列出了 375 位作家、编辑和新闻撰稿人,他们定期在全美国的新闻报纸、杂志、食品和葡萄酒节目以及其他消费者大众媒体上报道葡萄酒和葡萄酒产业。我们从《消费者媒体指南》中选择了 15 位专家,他们要么是行业中知名的作者,要么与某个知名的出版物有关系并且对加州南部和北部的葡萄产区非常熟悉。我们联系的专家中,有 10 位专家同意参与我们的调查,其中 7 位专家帮助我们完成了调查问卷。这些专家由积极参与建立产区标志系统和部分葡萄栽培产区的葡萄酒作家、批评家和法律代表组成。

对专家评级进行因子分析的一项主要内容就是首先要确定总体上的一致性水平。单因素分析产生的单因素解显示所有专家的评估值都介于 0.72 和 0.90 之间,这表明专家们的评级结果具有高度的一致性。在确认了这一点之后,我们接着要计算专家对每个产区地位分值的均值,然后进行排序。这一排序与基于 1990 年烟酒火器管理局数据通过关系矩阵计算获得的地位排序之间的 Spearman 相关系数为 0.81。

[7] 虽然将不同葡萄品种需求的波动情况与年份的交互项也包括在分析中似乎是合理的做法,但在对一些品种葡萄的需求增加的同时对另一些品种葡萄的需求可能减少的情况下,检验发现对更多品种的葡萄而言,找不到年份与葡萄品种交互项存在影响的证据。

[8] 模型 4 包括两个交互项,这会带来多重共线性(multicollinearity)问题。Besley,Kuh 和 Welsch(1980)提出了一系列判断多重共线性问题的方法,这些方法可以在 SAS 软件(6.1 版)中找到。这一方法计算了一个条件指数(condition index)并估计了每种效应的系数。我们的判断结果大大低于 Besley,Kuh 和 Welsch 所建议的临界值,因此我们已将多重共线性问题最小化。

每个交互项变量被单独纳入模型时,其效应都显著为正,虽然这一点没有在表格中进行报告。

[9] 因为几个模型的 R^2 值没有明显地逐渐增加,所以我们有理由怀疑新加入的变量是否合适。但我们因为如下两个原因,认为这样做是合适的。第一,每增加一个变量,T 检验与 F 检验是相同的。T 检验显著意味着 R^2 值显著提高,尽管这个提高值可能并不体现在小数点的后两位上。其次,我们决定将变量按照特定的顺序加入基准模型中,从而使得我们可以判断在加入这些控制变量之后,是否对地位变量有净影响。显然,某个特定变量带来的方差取决于变量进入模型的顺序。如果先将葡萄酒庄地位和交互项纳入模型,那么 R^2 值的增加就会更多地来自于这些变量,但是这样一种方法不能让我们评价我们所感兴趣的变量的净效应。

[10] 当交互项都被排除在模型分析之外时,与基于网络地位测量的分析结果唯一的区别就在于单瓶葡萄酒地位的主效应是正向并且在统计上显著的,而三年地位的主效应是正向但是在统计上不显著。因为我们有很充分的理论理由相信三年地位与其他变量交互项的效应,又因为模型 4 为这一预言提供了一些证据支撑,所以看起来我们没有什么理由过分关注一个显然是不完整模型的差异。

[11] 有人可能想理想化地建立一个选择方程来控制本分析中缺失数据带来的效应。但是,我找不到有什么不反映成本的变量可以用于选择方程。

[12] 这一案例来自对一位 Mendocino 葡萄酒酿酒师的访谈资料,他们认为权衡用多种葡萄以酿制高品质葡萄酒与仅用某种葡萄以保持产地标志是很常见的情况。他说在许多情况下他自己以及其他酿酒师会选择保留产地标志,而不是用多种葡萄以寻求更完美的葡萄酒。

第六章

地位与发明

　　Harrison White(2002b)在其对市场的研究中,用"泵"(pump)的比喻来描绘生产者的身份可以作为市场中大量分散的产品和需要这些产品的消费者之间的接口(interface)。这一比喻与我在前面五章详细陈述的基于地位的市场竞争模型非常契合。无论关注点是投资银行服务还是像葡萄酒这样的产品,生产者的地位次序差异就像一种分类机制(a sorting mechanism)一样,使分散的行动和材料组合为可相互区分的某类产品,消费者能较容易地判断产品的品质,快速地找到最适合其身份、偏好和预算的产品。

　　事实上,简单地考察一下一个没有地位次序的市场动态过程让我们清楚地看到地位次序在完善市场交易过程中所起的作用。如果产品缺乏明确有形的地位次序,那么由于产品品质的不确定性,没有清晰的辨别焦点,非常分散的投入品难以迅速地自我分化组织成为有序的产品系列,顺利地和消费者相匹配。因为市场行动者没有明确的指引来找到合适的交易伙伴,完成市场交易的速度会变慢,以至于市场不再被认为是一个泵。行动者进入市场的可能性会降低,即使进去了他们可能也会觉得难以找到"令人满意的"出口。市场交易将会变得不流畅。

　　通过强调市场机制在不确定性条件下具有促进匹配的重要作用,White 的比喻抓住了经济学家 Friedrich Hayek(1949)最早提出的一个观点的核心:市场在本质上是为了给搜寻和匹配提供信息。当然,White 比Hayek 更进了一步,他强调信息对匹配很重要,但信息并没有完全反映在分散商品的价格和数量上。

　　本章的研究表明,至少在某些市场上,地位次序作为买方和卖方最基本的渠道，仅仅是市场地位动态过程两个方面中的一个方面。在诸多的市场——特别是那些贴着"高科技市场"标签的市场——中，技术发明是决定质量最重要的因素之一。在这些市场背景中，稳定的地位为匹配提供了指引信息，与此同时，生产方的发明行为总是在不断地改变着质量的意义。也就是说，虽然生产者的身份是产品流通的一个聚焦点，生产者自身——以及其他行动者，例如大学、个人发明家甚至其他产业的生产者——正加入创新活动，并随着时间推移改变了发出信号的产品的质量。例如在电视机制造商再生产其地位次序的同时，高品质电视机的内在特征也在发生变化。生产者们在其他生产者、相关第三方以及其他产业发明的基础上不断改进技术，高品质电视机的图像变得越来越清晰、锐利并且屏幕更大。

虽然随着时间的推移，生产者的发明会改变品质的意义，但是在充满竞争的共同努力中，并不是每一位生产者都作出了同样的贡献。一些生产者的发明可能被人们所忽视，而另一些生产者的发明则成为其他发明的基础。让我们来关注一下市场背后的技术领域，如微电子或者生物科技领域。行动者将其精力投入这些领域的某个特定方向上，那么他就无法在其他方向上投入同样多的精力。事实上，不同的想法和发明之间存在着争夺资源和注意力的竞争。在这一竞争中，某些技术解决方案将成为"成功者"，吸引那些致力于这一技术领域发展的行动者们进一步的关注和努力。这些赢家将可能成为未来技术知识发展的基石。而另外一些人将会成为这一竞争中的"失败者"，他们的方案成为技术上的死胡同。虽然成功者与失败者之间的区分应该被理解为连续谱上的两个端点而非绝对的二元对立，但这一区分有助于我们澄清这个事实，即品质的要素会随着时间推移而发生变化，并且不同的生产者在对这一变化过程施加影响的程度方面存在着差异。

正如上述这个简单的例子所表明的那样，技术领域竞争的动态过程与市场领域的竞争动态过程存在着很大的不同。在技术领域，当企业选择在某些发展方向（evolving trajectories）而不是在另一些发展方向上投下赌注，那么不同的发展道路之间就存在着竞争。不同的发展方向会带来不同的发明，这些发明可能会带来质量方面的内在差别，但是这些质量差别本身并不会决定哪一个发展方向将会胜出,哪一个发展方向将会走入死胡同,反而是行动者的特点和技术发展道路的特点将会对技术领域的竞争产生更大的影响。

因此本章将在作为资源流动的"泵"这一地位次序的图景之外,介绍地位次序的另一种图景,即不断演化中的"技术网络"或"网络",这一网络的节点(nodes)就是各种发明,而网络的连线就是将相互依赖的不同发明连接起来的关系。随着网络通过发明行为的演变而不断延展,通过地位次序表现出来的品质的基本影响要素也会随之发生变化。

基于伴随着生产者地位次序的发明行为网络这一图景,本章的第一个命题是:正如地位具有传递产品质量信息的信号作用那样,地位对这些最终构成质量基本要素的发明的重要程度也发挥着一种信号的作用。行动者的地位越高,与行动者相关的发明就更可能会被视为有前途的,这个发明也将更可能成为随后发明活动的激励和基础。

本章的第二个命题是:如同在某个行业中地位特征会引领和指导发明活动的演变一样,地位特征也会引领和指导消费者欢迎或拒绝某些发明的热情。事实上,在这一不断拓展的网络中,基于地位的互动结果将会对流入市场泵的消费者支付产生影响。

为了更清楚地阐明和检验这些命题,我们有必要更详细地讨论这一不断扩展的技术网络图景。一旦这一图景得以阐明,那么我们就可以更好地详细阐述地位影响网络扩展的方式以及网络扩展方式对消费者支付的影响[1]。本章将以半导体业作为研究背景来检验本章所阐述的这些想法。

技术网络中的区位 (niches)

不断扩展的技术网络这一演化图景在技术社会学中有其文献起源。通过对技术争议及其解决办法的"深描"(thick description),这一传统的文献都强调了技术领域中行动者与其发明之间的密切联系。这些学者们用"无缝网络"(seamless web)这样的网络图景来描绘在不断扩展的技术网络中将发明和相关行动者连接起来的密集(dense)关系模式(Hughes,

1987；Pinch and Bijker，1987）。在不断扩展的技术网络中，发明通过共同的思想内容（ideational content）联系起来，借助于这样一种关于技术网络的基本图景，我们有理由将每个发明在网络中的位置界定为该发明的区位（invention's niche）。更具体地说，我们可以认为每个发明都占据了一个"自我中心的区位"（egocentric niches），包括（1）核心发明，（2）作为核心发明基础的发明，（3）建立在核心发明基础之上的发明，（4）在内容上贴近核心发明，有助于界定（circumscribe）核心发明贡献的发明，以及（5）将这些发明连接起来的技术关联（ties）[2]。

　　图 6.1 为这样一种区位提供了一个例子。这一自我中心的区位包括所有方框中的发明以及这些发明之间的技术关联。我将使用"关联"这个词来代表这些发明在技术方面的共同性。如果发明 A 的贡献整合了或基于或受限于 B 发明的技术贡献，那么发明 A 与发明 B 之间就存在关联[3]。

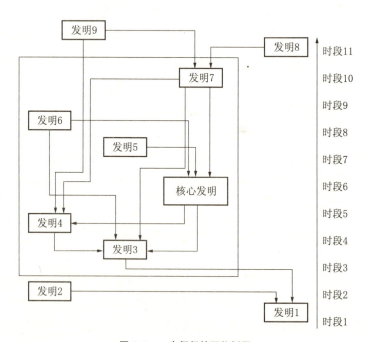

图 6.1　一个假想的区位例子

　　基于发明的区位这样的概念,我们可以把整个技术网络概念化为一种相互连锁(interlocking)的区位结构。每一个新发明都可以被视为在该结构中出现了一个新的区位,同时对一个或多个既有区位而言,它又是一个新进入者。由于每个新发明都存在上述双重意义,我们可以将技术变迁和产品品质组成要素的变化要么看成是区位出现,要么看成是区位进入(niche entry)。我们后面的分析将会把对技术变迁的分析框架建立在区位进入条件下。然而,这样做的话,我们对技术进步决定因素的探究就自然地转化为对区位本身的考察,于是核心问题就转变为:区位的特征是如何影响新的区位进入的可能性的?

　　出于这一研究目的,我们有三种形式来体现结构和技术区位组成的特征。第一个形式是这些发明本身,它具有能代表重要区分标准的纯粹技术特征。第二种形式是通过区位的结构对不同区位进行分类,这里的结构是指与处于某一个区位上的发明相联系的各种关系的数量和模式。第三种形式是通过拥有某一区位上发明的行动者的身份。技术社会学的文献非常强调行动者的各种社区对每一个技术网络建设的参与。为了应用技术,该社团包括将技术运用到其产品中的商业公司以及共同为制造公司提供了核心技术知识的大学、获得政府支持的实验室和研究社团。正如我将在下面详细讨论的那样,地位的概念为我们区分这些参与了技术网络建设的相关行动者提供了一个有意义的和一般化的基础。

　　正如资本雄厚的企业家可能会进入多个组织区位一样,对投资者而言,他们会发现有许多可以进入的区位。但是资源总是有限的,即使行动者们都具有杰出的能力,他们也不可能追求所有可能的未来发明,他们不得不在多个区位中进行选择,只进入那些最具有发展前景的区位。一些发明对于技术知识的进步而言是非常关键的,也能带来巨大的经济利益,或者至少给其所属的组织带来声望方面的利益。然而,同一技术领域中的另外一些发明将会继续处于技术进步的边缘地位。显然,将资源投入到特定区位的决策将给行动者带来巨大的影响。现在,让我们把注意力转移到我们认定的三个区位属性将如何影响技术变迁进程上。

区位属性 1：核心发明的质量

如果一项发明的发展前景是很容易被观察到的特征的话，那么决定进入哪个区位就是相对简单的决策。然而，令人关注的现象是固有的技术特征在一定程度上不能被作为辨识哪些将是最成功的发明的可靠线索。比如，英特尔公司发明了微处理器，这是半导体产业发展史上的一个里程碑，但是英特尔公司当时并没有认识到其发明的重要意义。根据 Gilder (1989) 对微处理器发展历史的描述，当时英特尔公司的销售人员认为微处理器的销售量将不可能超过 1 万台，并且当时的英特尔公司董事会则表示，该芯片将会分散公司对其主要市场的注意力。

仅仅凭我们观察到的技术特征不足以让我们作出发展哪项技术的决策，这一看法不仅是学术界的观点，而且也得到了不同技术领域参与者和观察者的认可。例如，一本关于电子贸易的出版物《电子商务》上刊登过一篇关注"闪存"（flash memory）的文章，闪存技术对于当时尚不发达的个人数字化助手（手持电脑）市场而言是一项重要的技术。闪存使得电脑可以在断电的情况下快速地写入和删除来自半导体上的数据信息。该文章的作者如是写道："还记得磁泡存储器（bubble memory）吗？还记得约瑟夫森元件（Josephson Junction）吗？芯片工业到处都是被大肆炒作却从未获得证明的产品和技术。尽管已经有这些令人警醒的故事，但关于闪存的鼓点还是越敲越响亮。尽管闪存似乎可以摆脱上述这些早期技术的灾难性命运，但保持一些合理的怀疑似乎是必要的。"（Ristelhueber，1993:99）

不确定性的普遍存在并不仅限于某个特定新产品领域的发展中。对于一些已经确立的基本技术存在技术争议也是很常见的现象。比如，从 20 世纪 70 年代到 80 年代，半导体产业中一个为时甚久的争论就是到底是应该选择提纯硅（pitched silicon）还是砷化镓（gallium arsenide，GaAs）作为刻画微电子线路板的合适材料（如作为建立集成电路的基础材料）。这一争论持续了很久，因为硅的一些属性使其能够在单条芯片上集成非常多的电路，但是砷化镓电路则能在同等甚至更低的电力下比硅电路的运行速度更快。而且砷化镓的一些特性使其对建立光电半导体(用于发现、放大和传递光的装置)而言更具吸引力。虽然半导体芯片已经主导了这一产业数十年,许多行业参与者仍然认为砷化镓芯片将会在未来发挥很大的作用。正如 IBM 公司砷化镓高级技术实验室的前主管在 1990 年所指出的那样:"许多硅技术的支持者都认为砷化镓'一直是,并且永远是具有前景的技术。"(Brodsky,1990:68)

　　上述每一个例子都说明,一项新的发明、一场关于技术的争论,或者更一般地说,一项高技术的发展都处于技术方面的不确定情境中。正是因为发明未来能否成功存在着不确定性,所以区位上发明的相关行动者的地位就成为决定哪一些技术将会被进一步发展、而哪一些技术将会走入死胡同的重要因素。然而,即使地位是分析关注的核心部分,我们也不能够认为行动者地位对投资决策的影响是独立于不断扩展技术网络的结构性特征的,因为每个区位的结构性特征决定了新来者进入的可能性。与发明相关的行动者地位可能会发出发明正处于拓展技术网络中有利位置的信号,但是如果在那个空间中没有新想法的发展机会的话,那么其他人就不会根据地位信号所传递的信息来行动。相应的,在直接考虑地位之前,让我们简单地考虑一下如何将区位结构进行概念化。

区位属性 2:结构

　　通过关注区位结构,最基本的关注点就把结构(如在区位中诸多发明之间的关联模式)和竞争激烈程度或拥挤程度这些更潜在的特征联系起来。虽然竞争激烈程度不是可以直接观察到的区位特征,生态学家(Hawley,1950)很早就运用 Durkheim(1933)的重要观点,即分化(differentiation)和竞争激烈程度之间存在着负相关关系。近年来,Hannan 和 Freeman(1989)强调在同一区位中分隔过程(segregating processes)对于降低竞争激烈程度的重要性。所以,对拥挤程度特征的分析就转变为对同一个区位中不同发明之间分化情况的分析。

　　那么,我们如何测量一个技术区位中的分化情况呢?要是存在一些类似于物理或资源空间那样的空间，能够让我们数一下围绕着某个核心发明的所有发明的数量就好了。然而，下列这样一种假设是难以令人置信的，即存在着一种独立于认知水平的知识，这种知识的承载能力是固定不变的。在技术知识领域中，不存在这样类似于物理或资源空间的空间。依靠自我中心网络中的间接关联（如与核心发明相关的各项发明之间的关联）来揭示技术区位中的分化水平是合乎情理的。

例如一个发明运用了多个知识传统，继而成为一系列高度分化的发明的技术鼻祖。那个发明的自我中心网络可以被表示为图 6.2。潜在的分化体现为与核心发明相联系的发明之间缺乏关联。激光技术可能就是这样一个例子，因为它在其他不相关的领域中引发了各式各样的发明，例如消费性电子产品、医疗和电信。非核心发明之间不存在技术关联这一事实，意味着这一区位中存在显著的技术知识分化。与此相反的一种情况，是某一项发明周边的网络源于与这项发明相联系的不同发明之间的关联，这些衍生出来的发明之间只有细微的区别。这种情况的一个例子就是根据我们的数据整理并在图 6.3 中展示的半导体业。

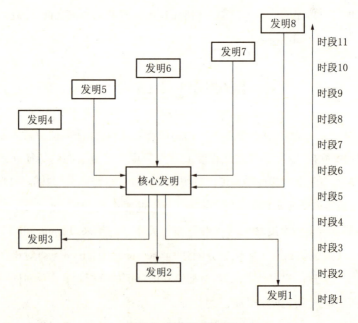

图 6.2　假想的稀疏区位

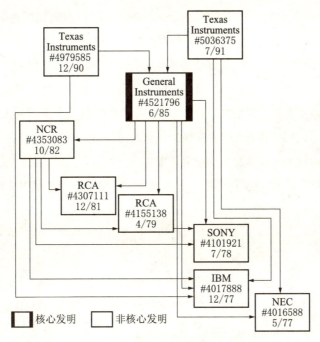

图 6.3　第 4521796 号专利的区位

　　一个区位中直接关联的数量并不能提供发明的技术分化程度的信息。图 6.2 与图 6.3 中,中心节点都与同样多的发明直接相关联,虽然直接关联与信号过程是相关的,但间接关系才为我们提供了关于分化和竞争激烈程度的信息。核心发明周边的非直接关联越多,技术网络就越能被视为是自我折叠的(folding),将核心发明包裹起来。

　　网络理论对用间接关系测量分化水平有许多的讨论。根据 Granovetter(1974)和 Burt(1992)的研究工作,如果一个行动者从两个联系人处获取信息,如果两个联系人之间存在联系的话,那么行动者获得的信息就存在重复的情况。更一般地说,在自我中心的网络中,节点间的联系越多,每个节点的信息内容分化程度越低。因此,不同发明的间接关系越多,那么就会有更多的发明可以被认为在技术上是相似的,发明者进入该区位的可能性就越低。

　　虽然间接关联是决定区位中竞争水平的关键结构因素,但直接关系仍

然是区位结构的一个有意义的属性。公司的组织和演化理论（March，
1988；Nelson & Winter，1982）强调技术演化过程中本地搜索行为（local
search）的重要作用。这些理论最基本的观点是资源约束和组织内部的规
定限制了一个组织能够成功地寻求发明的范围。这个观点能够通过考虑
一个区位中非核心发明的数量，或者直接关联的数量来进行功能性的表
达。核心发明与其他发明的直接关联越多，那么这个核心发明就会处于更
多的其他技术性社团的本地搜索范围之内。用区位的结构性特征术语来
表达，即区位中直接关联的数量越多，新进入者进入该区位的可能性越大。

区位属性 3：地位

　　与在其他领域一样，一个行动者在技术领域的地位体现为行动者之间
的顺从关系。区分行动者在技术领域中地位的唯一属性，就是这些顺从关
系的内容。当公司 i 选择公司 j 的发明而不是其他公司的发明作为其研
发的基础时，公司 i 就实际上选择了一种隐含的顺从行为。重要的是，顺
从并不必是行动者选择某一特定发明作为其研发基础行为的部分动机，这
和顺从不必是公司接受墓碑公告上某个特定位置或者酒庄选择使用某个
产区的葡萄的部分动机是类似的。然而，即使顺从不是动机，但是顺从却
是可以观察的社会结果。如果技术社区对技术演化网络中哪一个节点值
得关注和投入资源存在不确定性的话，那么公司 j 对公司 i 的直接顺从关
系就表明公司 j 认为公司 i 的研究工作是值得关注的。这表明公司 j 认
为，与其他选择相比，公司 i 已经采取的行为是进一步研发的更好的基础。
当我们考虑所有行动者时，所有累积的顺从关系就能体现出行动者们的地
位差异。

　　正如地位能发出关于产品质量的信号一样，我们似乎有理由认为地位
也可以作为一项发明质量的信号。在前面引用的关于闪存的文章中，作者
表达了对于这项发明前景的怀疑。然而，没有解释的是为什么是这项技术
而非作者提到的其他技术（约瑟夫森元件和磁泡存储器）的"鼓点还是越敲
越响亮"。一种可能的解释是闪存技术是东芝公司于 1986 年发明的，其主

要推动者是英特尔公司。东芝公司和英特尔公司被认为是半导体行业中最成功的、最具创新能力的公司。东芝公司和英特尔公司的联合地位为闪存成为一项重要技术的可能性提供了线索。

杰出的公司或者个人行动者可以通过与某个产品建立联系来增强人们对某个产品的期待，能说明这一点的案例证据是普遍存在的。例如，1981年IBM公司进入个人电脑市场，这大大激励了软件开发者投入大量资源进行有关个人电脑程序的设计（Anders，1981）。这个例子表明地位较高的组织的行为是如何能够成为某一特定领域中或其周边许多不同行动者进行资源配置的"聚焦点"（focal points）的（参见Schelling，1960）。

某些技术发明可以被视为存在一种被称为需求方面的收益递增的市场现象（demand-side increasing returns，DSIR），这一现象强化了上述期望动态过程（expectational dynamic）。当某个使用者从某个产品中获得的价值会随着使用该产品的人数增加而增加时，就发生了需求方面的收益递增现象。比如，Word文字处理程序对个人使用者的价值，会随着该文字处理程序使用者的增加而增加，因为更多的使用者意味着有更大的文件共享能力（关于需求方面的收益递增现象的进一步讨论，可以参见Saloner等，2001）。虽然需求方面的收益递增现象是对地位期望动态过程的一种补充，但需求方面的收益递增现象并不是地位差异导致这些发明发生自我强化预期（self-reinforcing perceptions）的必要条件。

行动者的地位将影响行动者在较大社区中获得的注意力是一个常见的现象，这一现象得到了科学社会学许多研究的支持。事实上，在这一背景下，值得参考Merton（1968）关于马太效应的研究工作，其实证研究是关于科学家的身份是如何成为人们借以评价其研究工作质量的棱镜，并导致了偏差的产生。当我们进行综合考虑时，来自技术领域的这些例子以及来自科学社会学的研究都指向如下动态过程：如果技术领域中的行动者们认为某一项技术将会更先进，他们将会把更多的资源投入到该技术而不是其他被认为相对落后的技术上。得到较高地位行动者支持的技术就会比其他技术更可能得到快速的发展，从而在事后显得的确更先进，即使他们可能在事先并不是相对先进的技术。例如，如果东芝公司和英特尔公司的联合地位引导其他人将资源投入闪存技术而非其他技术的发展,例如铁电子(ferroelectronics)技术,因此这一额外资源的流动将增加闪存实现成功的可能性,而东芝公司和英特尔公司的地位也由此得到了稳固。

行动者的地位会导致他人对其发明的评价发生偏差这一事实并不意味着地位较高行动者的发明将一直或者常常比地位较低行动者的发明具有更大的历史意义。这只是意味着在一般情况下行动者的地位和行动者发明的重要性之间存在事后的正相关关系。因此,正如地位会在市场领域带来质量的信息一样,地位也会在技术领域带来质量的信息。只要行动者的地位能够引导其他人进入某个特定发明的区位中,从而增加了他们基于此发明来进行研发的可能性,那么从定义上说地位就增加了这项发明的贡献。借用 Merton 的话,因为在某项发明的贡献方面,地位带来了"自我实现预言"(self-fulfilling prophecy),因此马太效应还是起了部分的作用。

在上述对技术领域地位讨论的基础上,我提出本文的基本命题:在控制了竞争激烈程度的条件下,某个区位中,支持某一项发明的行动者们的地位次序作为可观察的向导,**影响了核心发明在区位将会具有重要性的概率**。考虑该基本命题以及必须加入分析的区位其他方面的特征,现在让我们转向如何将区位特征以及区位进入过程进行操作化的问题。

区 位 的 测 量

考虑到技术演变就像一种逐渐扩展开的相互联锁的区位结构,我们有必要找到一种能够辨识出发明以及发明之间技术关联的方法。这里使用的方法依赖于已经发布的专利信息,这些信息保证发明者有合法的权力来利用他们的发明。专利为辨识发明提供了有用的方法,因为既然专利管理局认定这些发明在产品、生产过程或产品设计方面在产业上是有用的,并且在目前的状态下,其对相关技术领域中那些受过专业训练的人而言并非显而易见的。那些被认定不能代表新技术的专利申请将被拒绝。

专利能够让我们辨识不同发明之间的技术联系。作为申请程序的一部分,专利申请人必须列出其申请专利的发明所赖以成立的所有重要的既有美国专利。而且,专利审查者要检查专利申请书的名单中是否已经包括所有的相关既有专利。这样的名单被称为"既有技术"引用("prior art" citations),这是美国专利申请过程中一个不可分割的部分。从法律的角度看,这一引用程序是很重要的,因为它限制了正在审查的专利;现有专利的技术领域仅仅拓展到既有技术所达到的领域为止。发明者的合法要求只限于与其所引用专利的技术内容没有重合的部分(参见技术评估与预测办公室,1976:167)。

鉴于以发明作为节点的技术网络图景,每次签发一个新的专利,就会有一项专利发明(通过与既有专利技术的重合之处)进入现有的区位,同时代表出现了一个新的自我中心区位。随着时间的推移,未来的专利发明可能会引用这一核心发明,这样区位就扩大了。比如,在图 6.1 中的发明 3 和发明 4 出现在核心发明之前,一旦核心发明注册了专利,这两个发明就被包括在区位当中。这两项发明都属于核心发明所引用的既有技术。而发明 5、发明 6 和发明 7 则代表后来的区位新进入者,这些发明都引用了核心发明。

一项引用就能说明核心发明是新技术的技术先导。除此以外,技术评估与预测办公室(1976)认为一项发明被引用的次数越多,那么这项发明在技术知识进步中就越重要。已经有文献证实了这个假设。比如,Trajtenberg(1990)发现电脑断层扫描产业(computed tomography industry)中,专利引用次数是精确衡量技术重要性的指标。Albert 等(1991)发现专利发明的被引用次数与专家认定的技术重要性之间存在正相关关系。几个横截面研究都表明引用次数与经济绩效之间存在相关关系。比如 Narin,Noma 和 Perry(1987)发现拥有经常被引用的专利组合与对公司财务情况变化的测量如公司利润和销售额的增长之间存在高度的相关(从 0.6 到 0.9)关系(Basberg[1987]的研究评述了其他的研究)。除了这些强调引用次数和某项发明(被认为的)重要性之间关系的研究以外,许多公司也使用引用次数来分析其竞争对手的技术组合,为未来的市场战略提供参考,并且在公司实验室内部以及公司实验室之间进行比较,用专利来作为进一步促进创新行为的替代指标(Eerden and Saelens,1991)。

尽管学术研究已经证明专利技术引用次数的数据深刻地反映了公司

创新活动的诸多特征，但是我们仍然需要非常谨慎地用专利来辨识发明以及发明之间的技术关联。只有那些跨越了某些成功门槛的发明才是专利。其次，即使是那些已经跨越了成功门槛的发明，发明者也可能不那么愿意将其中一些发明申请专利(Levin et al. , 1987)。而且，有时发明者能够用行业标准(industry-specific)来保护其知识产权[4]。由于这些原因，研究者发现不同行业的专利倾向存在差别就不足为奇了(Scherer, 1984)。如果有的发明者并不为其发明申请专利，那么用专利来对技术区位的组成与结构进行操作化就不那么全面了。显然，在本文的研究背景下，研究者必须对用专利作为发明和发明之间关系的指标的有效性保持敏感。把这一点忠告记在心中，现在让我们转向研究的背景：半导体行业。

半 导 体 行 业

半导体行业始于 1947 年贝尔实验室发明触点式晶体管(point contact transistor)。该行业不断地演变，包含了许许多多各种各样的公司，如大型附属生产商(captive producer)(如 IBM 公司)[5]、多元化经营的商业生产商(如摩托罗拉公司)以及集中于某项技术或市场区位的专业化公司(如 Bipolar integrated technology 公司)。自从 20 世纪 50 年代以来，欧洲与日本的公司也积极参与发展半导体技术。此外，虽然私营企业已经开发了大量半导体技术发明，但是中央政府和大学也开发了许多技术并申请了专利。因此半导体行业包含来自许多国家的一系列的行动者，创造了跨越国界和组织形式的技术网络。

我们这里分析的数据包含从 1976 年到 1991 年的 16 年间所有获得了美国认证的来自全世界的半导体发明者和生产者的半导体设备发明专利[6]。以往的研究认为美国的专利系统对分析跨国技术专利是最全面的。美国被认为是世界上最大的技术市场(50%的美国专利授予来自美国以外国家的申请者；Albert et al. , 1991)。我们可以在 Lexis / Nexis 网上数据库中查询到由美国专利办公室提供的 1976 年以来的专利信息。

为了支持用专利来考察半导体行业的技术和技术变迁的做法，我们需要指出:半导体技术中所有具有里程碑意义的发明都申请了专利(Wilson, Ashton & Egan , 1980)。而且,在研究数据的大多数时段里,某些半导体生产者,最明显的是英特尔公司和德州仪器公司(Texas Instruments, TI)积极地通过诉讼来保护他们的知识产权。的确,大众媒体估计德州仪器公司从侵犯专利权的诉讼中获得十亿美元(Orenstein, 1992)。德州仪器公司的专利权诉讼多到这样一种程度,即公司将专利权诉讼单列为公司收入的一个项目。除此以外,日本的生产者在熟悉了美国的法律系统后,他们在应对侵权案方面也变得更为坚决(比如,富士通公司最近选择反诉德州仪器公司而不是付给特许使用费;Helm, 1992)。半导体行业的公司对专利和专利权的高度重视提示我们,用专利信息来对本分析中的核心概念进行操作化是有效的。

分　析

一项专利通过对其他专利的引用行为进入其他专利的区位。因此,为了考察进入区位的决定因素,我们建立了既有专利引用率的模型。每段记录从一项专利被授予或被引用时开始,在其下一次被引用时结束[7]。Cox(Kalbfleisch & Prentice, 1980)提出的比例风险模型(proportional hazards model)适合用于这一分析。基准模型可以表示如下:

$$r(t) = h(t)\exp[XB + Y(t)S] \qquad [6.1]$$

其中 $r(t)$ 是进入区位的转变比率或者风险,$h(t)$ 是一个非特定的基准转变率(baseline rate for the transition),$\mathbf{X}$ 是时间常数协变量矩阵,$Y(t)$ 是时间变化协变量矩阵,$\mathbf{B}$ 和 $\mathbf{S}$ 是未知回归参数的向量。因为 $h(t)$ 是非特定阶梯函数,Cox 模型为将时间相关变量(time dependence)进入模型提供了一种极富弹性的方法。虽然 Cox 模型用一个非特定的基准转变率来解释间隔时间相关变量(如从授予专利到首次进入区位的时间段,以及从首次进入到再次进入的时间段),但从最近一次进入以来的时段并不是影响引用率的唯一的时间相关变量形式。除了将间隔时间段加入模型外,看起来再将其他两个会让基准转变率加速的时间变量包含进来是合适的做法。第一个变量标识日历时间（每月更新），第二个变量反映区位年龄（每月更新）。假定公司在关注某个区位时，公司进入该区位的可能性更大。从一项专利被引入到区位的中心之后，复合基准作为时间的函数将会增加。然而，随着一项专利被引入，其相关性将会减少，所以在允许非单调性的同时，将"年龄的平方"这一变量加入模型也是很重要的。

在本章前面的部分，我们对技术性区位属性进行的理论讨论强调三个属性：区位中核心技术的质量；生态区位中发明之间的关系结构；与区位相关的行动者的地位。我现在将阐述如何对这些属性进行操作化。

核心发明的质量

正如我们对投资银行业和葡萄酒业的讨论一样，关键的分析问题是如何控制潜在的质量。与投资银行的情况类似，产业观察者所面临的困难在于推断发明的相对质量，这几乎必然意味着对发明的质量缺乏足够的控制办法。我们有三种可能的方式来回应这一困难：第一，假定无法观察的内容不会影响进入区位的可能性，从而放弃对质量的控制；第二，把专利间质量差异作为不可观测的异质性，然后想办法加以控制；第三，如经济分析中将专利作为创新活动的测量指标那样，依赖对质量的某种测量。我们将采用第二种和第三种路径来进行分析，这两种方式都意味着相同的质量控制变量。

Heckman 和 Borjas（1980）在对未观察到的异质性的讨论中指出，不同单位间未观察到的异质性可能会导致发生依赖（occurrence dependence）。一个经常被引用的例子就是职业流动中未观察到的异质性。如果个体变换工作的可能性中存在着未被观察到的异质性，那么一个发生依赖项（如某人过去更换工作的次数）将会对流动率有正向的影响。Heckman 和 Borjas 提出用因变量过去已发生的次数作为控制变量，来体现未被观察的异质性的影响作用。将 Heckman 和 Borjas 的逻辑应用到对专利分析中，我们应该把专利过去被引次数作为协变量加入模型来控制专利处于可能被引状态中的时间。

计量经济学有关未观察的异质性的研究认为，应该把标识专利过去被引次数的变量包含进来,经济学关于专利的研究则将专利视为测量创新活动的指标。比如,Trajtenberg(1990)用某段时期中专利被引用次数来测量专利的质量。因此,通过将被引次数作为协变量(虽然同时也通过日历时间、专利年龄及其平方项控制时间相关变量),我们就把经济学文献中讨论的控制质量的协变量都包括进来了。我不愿将发生依赖项与质量控制完全等同起来,有如下几个理由。第一,未能观察到的异质性可能源于其他因素。第二,个人引用是一种顺从行为,而公司层面的地位是累计顺从行为的函数,所以,不可否认的是,我们引用任何单个专利的确体现出对其公司的顺从。但在分析中加入其他人用来处理质量的测量这一事实应该反驳了许多结果能够通过专利间未观察到的质量差异来解释这一说法[8]。

区位结构的属性

我们对区位结构的考察导致了发明间的间接关联对新进入者的可能性有负向影响的预期。我们认为在控制直接关联数量的条件下,区位中的竞争的激烈程度是区位中间接关系数量的正函数。因此,分析中的一个协变量就是对**区位中发明之间间接关联数量**(见图6.4)。

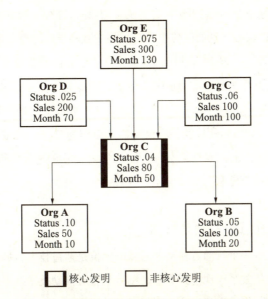

图 6.4　假想的区位和根据表 6.1 构建的数据记录

　　对区位结构的理论讨论也会导致如下预期：区位中直接关联的数量将对新来者进入区位的可能性有正向的影响。显然，直接关系可以被分解为两个部分：（1）被核心发明引用的专利的数量；（2）引用核心发明的专利的数量。前面对不同专利间质量差异的讨论提出在解释核心发明被引用次数时存在如何识别的问题。虽然核心发明的引用次数能够代表核心发明处于其他行动者本地搜索领域范围内程度的状况，它也能够代表未观察到的异质性或专利的质量差异。因此，对这个参数不能作唯一的解释。

　　虽然对核心专利被引次数的解读可能会因为存在将这一指标作为替代指标的其他过程而存有疑问，但核心发明引用其他发明的次数能够被清楚地解读。核心发明引用其他发明的次数越多，核心发明越可能处于技术社区中其他人的本地搜索范围之内。

　　鉴于我们的分析包含核心发明对其他专利的引用，因此，重要的是重申一下我们的样本已经把 1976 年到 1991 年间所有的半导体设备专利都包括进来了。虽然这些数据可以用于纵贯分析，但是 1976 年的随意性较低下限（arbitrary lower bound）带来左截断（left-censoring）问题。当一个区位出现时，它不仅包含核心专利，而且包含核心专利所引用的所有专利。如果这些专利中有的是 1976 年之前发布的，那么这些专利将会被剔除，从而不会出现在核心专利的区位中。为了将左截断导致的潜在偏差最小化，我们的分析将不会把 1976 到 1981 年发布的半导体设备专利作为核心专利，而仅仅将其作为从 1982 到 1991 年发布的专利可能会引用的专利。鉴于半导体产业的产品生命周期从产生到成熟一般被认为是 3 到 5 年（McClean，1981—1991），所以我们将最初的 6 年作为"历史"的做法看来是相对保守的[9]。总的样本包含 4 048 个专利，其中 2 983 个专利为（1982 年以后发布的）核心专利。

区位占有者的地位（和其他属性）

　　回顾一下，一个行动者在某个时点的地位是通过技术领域的顺从关系来界定的，顺从关系体现了到那个时刻行动者对推动技术发展的贡献。与这个定义一致，行动者的地位是通过引用次数的一个比例数来进行测量。

引用次数指一个行动者在引进一项专利之前的 12 个月中,其所有的半导体设备专利被引用的次数。这个分值越高,意味着这个行动者在这段时间内对技术知识进步的贡献越大。

　　有人可能会觉得奇怪,为什么不能简单地用引用次数来测量地位呢?因为行动者的专利组合会随着时间而逐渐增大,所以专利被引用的"风险"(at risk)也会随着时间推移而增加。如果仅仅用引用次数来测量地位,地位就是时间变化的函数,随着时间的推移,将一直增长。例如一个行动者在第 16 个月只有过去 15 个月的引用次数,但是在第 36 个月,他就有过去 35 个月的专利引用次数。为了纠正风险集不断膨胀的问题,行动者在 12 个月的期限内被引用次数被除以这一时间窗口中对所有行动者的引用次数。这一标准化处理的结果是行动者的地位可以从"0",即在某个给定的时间内没有被引用,一直延续到"1",如果他在前一年得到了所有人的引用。在我们的数据中,地位较高的组织的地位分值大约为 0.1,这意味着他们在过去的一年中共受到所有引用的 10%。

　　某人可能会感到奇怪,为什么我们不用 Bonacich 的 $c(\alpha, \beta)$ 法来测量地位。也就是说,为什么可以用 Bonacich 的测量法来测量投资银行业,而不能在这里用 Bonacich 测量法呢? 从原则上说,这一方法是可以用的。我们可以建立一个顺从关系矩阵 **R**,每一格为 r_{ij},代表行上的公司对列上公司的引用。然而,要用 Bonacich 测量法来测量任何给定的网络,其总体必须是相互关联的,不能有顺从关系的断裂而导致互相分离的群体。因为有很多公司都只有很少的关联,所以技术网络是碎片化的,Bonacich 测量法不适用于这里的分析。本章后来的分析将集中关注技术网络中最大的 113 家公司之间的顺从关系,这个网络是充分关联的。在那个分析中,Bonacich 测量法和比例测量法将都能派上用场。

　　在测量实践中,这两种测量方法的主要差异在于 Bonacich 测量法用引用者的地位来作为引用价值的权重。使用 Bonacich 测量法,地位不仅是被引用次数的函数,同时也是引用者地位的函数,而引用者地位又是其他人引用其专利次数和引用其专利的行动者地位的函数,依此类推。β 的值决定了某次引用对行动者地位的影响在多大程度上是根据引用者的地位来进行加权的。当 $\beta = 0$ 时，以计数为基础的测量法和 Bonacich 测量法就完全是等同的。

为了评价核心组织（如核心专利的所有者）的地位和其他组织选择进入其区位比率之间是否存在正相关关系，我们引入**核心组织最近一次进入区位时的地位**作为协变量。一般来说，该协变量的值就是该专利被批准时核心组织的地位。然而，如果核心发明者通过引入一项引用核心专利的专利而再次进入区位，我们将对这个变量进行更新以反映核心行动者最近一次进入区位时的地位[10]。

对变量构建的说明

图 6.4 与表 6.1 提供了说明性的例子，希望可以澄清事件史分析中对变量的定义。图 6.4 代表一个假想的随时间不断扩展的区位。表 6.1 提供了与之相对应的时段数据。当核心专利被授予组织 C 时，第一时段就开始了。此时，组织 C 的地位分值为 0.04，所以标识核心发明者在其最近进入区位时地位的协变量的取值为 0.04。这一取值意味着在引入核心专利的第 50 个月之前的 12 个月期间，组织 C 获得了这一年中所有引用次数的 4％。当第 70 个月核心专利被组织 D 引用时，第一时段就结束了。代表核心发明者地位的协变量在第二时段中保持不变，一直到第 100 个月组织 C 通过自我引用再次进入该区位。我们更新了核心发明者协变量的值来反映这一再次进入区位的行为，其地位分值从 0.04 变为 0.06。这个变量在第三时段和第四时段的值都是 0.06。

为了评价非核心行动者对新来者进入区位可能性的影响，我们在分析中再加入了两个协变量：**其专利被核心专利引用**的非核心发明者的平均地位和**其专利引用了核心专利**的非核心发明者的平均地位。非核心发明者的地位因为引用过程的内在不对称性而被分成了这样两个部分。而引用过程中顺从关系的完整含义意味着获得地位较高者的引用是比引用地位较高者更有意义的事件。如果一个地位较高的行动者引用了核心专利，这个行动者就隐含地承认了其发明是基于核心专利的技术基础之上的。而如果是核心专利引用了地位较高行动者的发明，这仅仅意味着核心专利处于地位较高行动者认为是重要的技术领域中而已。核心专利对地位较高行动者发明的引用,并不意味着地位较高行动者对核心专利贡献的任何肯定。

表 6.1 根据图 6.4 的假想区位构建的时段

变 量	时段 1	时段 2	时段 3	时段 4
时间				
专利的年龄(月)	0	20	50	80
专利的年龄的平方	0	400	2 500	6 400
日历时间(月)	50	70	100	130
未能观察到的核心专利质量				
引用核心专利的专利数量	0	1	2	3
区位中行动者的属性				
核心组织的地位	.04	.04	.06	.06
被核心专利引用的非核心组织的平均地位	.075	.075	.075	.075
引用核心专利的非核心组织的平均地位	0	.025	.025	.05
核心组织的销售量(10 亿美元)	80	80	100	100
被核心组织引用的非核心组织销售额(10 亿美元)	75	75	75	75
引用核心专利的非核心组织销售额(10 亿美元)	0	200	200	250
进入核心组织联盟的数量	0	0	0	0
核心组织自我引用的数量	0	0	1	1
区位结构特征				
间接关联的数量	0	0	1	2
被核心专利引用的专利数量	2	2	2	2

注:表格中的数字是每个时段开始时的数值。

图 6.4 和表 6.1 显示了这两个变量是如何被建构起来的。图 6.4 中,核心专利引用了两个发明,这两个专利所有者的平均地位是(0.10 + 0.05)/2 = 0.075。被核心专利引用的非核心发明人的平均地位值在所有时段中都保持了这一数值。相比较而言,引用核心专利的非核心发明者的平均地位随着每个新的组织进入该区位而发生变化。根据定义,核心发明在第一时段中没有人引用,因此该变量的值为 0,直到其被组织 D 引用时才发生变化。因为组织 D 的地位分值是 0.025,所以第二时段中该变量的值是 0.025。这个值在第三时段中保持不变,因为核心发明者再次进入该区位不会影响该变量。然而,当核心专利被组织 E 所引用时,该变量的值变化为 0.05,这是组织 D 和组织 E 的平均地位分值。

　　虽然行动者的地位是行动者最有理论吸引力的特征，但显然这并不是与进入区位相关的唯一决定因素。另一个重要特征是区位中组织的市场表现。正如组织的地位可能是其发明技术重要性的信号一样，销售额可能是其发明市场重要性的信号。可能还有其他原因解释为什么组织的市场表现会影响其技术被进一步开发的比率，但是我对从各种备选解释中进行选择不太感兴趣，我更愿意将市场表现作为控制变量。因为看起来我们有理由相信：在销售量与地位之间存在着相关关系，如果地位能够在组织的市场表现以外也显示出其解释力的话，那么我们对地位影响就会有更大的信心。受这些思路的启发，我们把半导体销售商和附属生产商的市场销售额（以 10 亿美元为单位）加入分析中，我们能够获得他们的相关信息。1981—1991 年间半导体销售商的年度销售量数据来自 Dataquest 公司，这是一家为高科技行业提供咨询的公司。同一时期主要的附属生产商以美元估计的产值数据来自于集成电路工程公司（Integrated Circuits Engineering Corporation）定期发布的年度报告（McLean，1981—1991）。与对组织地位的测量一样，对组织销售量的测量是基于组织最近一次进入区位的时间。但是与对地位的测量每个月都要进行数据更新不一样的是，销售额只有年度数据。因此**核心专利发明者的销售量**用其最近一次进入区位前一年的销售额来进行测量。我们在分析中也包括**所有被核心专利引用的非核心组织的平均销售额以及所有引用核心专利的非核心组织的平均销售额**。每当有一个新的发明者进入某个区位，该变量就会发生变化，以反映新进组织（进入前一年的）的销售量。

　　对销售数据还有两点需要作进一步的说明。首先，虽然 Dataquest 公司的数据库覆盖了全世界 90％以上的半导体公司并提供了最全面的信息，但是这一数据仍然是不完全的。Dataquest 公司试图搜集所有销售额超过 1 000 万美元（大约为 1991 年市场总销售额的 0.02％）的公司的数据，但是它没有跟踪那些销售额小于这一金额的公司。我将没有进入数据库的公司的销售额赋值为 0。这一编码规则的潜在假设意味着低于 1 000 万美元的销售额不是一个比其销售额额为零的销售额更强的信号，比如非生产性受托人（如大学、政府机构等）就绝对属于这种情况。作为这一决定的根据,我们可以发现 1981 年整个半导体行业的销售额为 159 亿美元,到 1991 年为 555 亿美元,而每个公司的平均销售额为 4.73 亿美元,因此被排除在外的公司的销售额看起来似乎足够接近于零。第二点需要说明的是,虽然半导体的专利数据可以回溯到 1976 年,但半导体销售额的数据只能追溯到 1981 年。去除缺失数据的时段将会剔除 47% 的样本,这很可能会导致分析结果的偏差。因此,缺失数据通过 Rubin(1987)提出的多重填补程序(multiple imputation procedure)来进行估算[11]。

最后,分析中还有两个反映区位中行动者其他方面信息的控制变量。第一个是核心组织自我引用的次数。因为核心专利发明者的引用行为可能不像独立公司的引用行为那样有意义,因此看起来在分析中控制自我引用是合适的做法。最后一个被包括进来的行动者属性是专利许可、交叉专利许可、技术交换以及核心组织在其最近一次进入区位前签署的第二来源协议(second-source agreements)的总数量[12]。**策略联盟的总数**作为一个控制变量被纳入分析中,因为这个关系看起来似乎会影响核心组织所拥有的技术的扩散程度[13]。一个组织参与到组织间关系中应该会增加它与伙伴公司在创新活动方面的交集,这种创新活动方面的交集可能会增加其他组织基于核心组织的专利进行进一步研发的可能性。关于这个变量的数据是通过查询每一期的贸易出版物《电子新闻》(*Electronic News*),这本周刊有一个关于半导体产业的专栏,覆盖了我们研究核心专利的整个时段。《电子新闻》可能是有关半导体公司间合作信息最综合的一个信息源[14]。

表 6.2 呈现了关于每一专利(完整时段)进入数的描述性信息。比如,有 483 项专利经历了两个完整的时段(如随后有两项专利进入了区位)。表 6.3 呈现了关键自变量的描述性信息。除了均值和标准差以外,表 6.3 还呈现了 25 分位和 75 分位数值,由于四分位数对特异值(outliers)和正态分布假定的敏感度要低于标准差。因为可能的间接关联数量与直接关联的数量有关,表 6.3 报告了在各个区位规模水平上的间接关联数量分布情况(如来自核心专利的引用次数加上对核心专利的引用次数)。

表 6.2　每一专利的事件频次

事件的数量	频次	事件的数量	频次
0	1 037	6	32
1	668	7	34
2	483	8	25
3	174	9	25
4	111	10+	58
5	72		

注：当一个后来的专利进入一个核心专利的区位时，一个事件就发生了。一个事件构成一个完整的时段。

表 6.3　变量的描述性统计

变量	平均值	标准差	25 分位	75 分位
核心发明的质量				
核心专利被引用的次数	1.743	3.092	0	2
区位占据者的属性				
核心发明者的地位	.030	.024	.005	.048
被核心专利引用的非核心发明者的平均地位	.020	.020	0	.033
引用核心专利的非核心发明者的平均地位	.013	.019	0	.026
核心发明者的销售额（10 亿美元）	.913	1.246	0	1.361
被核心专利引用的非核心发明者平均销售额（10 亿美元）	.335	.553	0	.415
引用核心专利的非核心发明者平均销售额（10 亿美元）	.773	1.132	0	1.233
核心发明者自我引用的次数	.453	.923	0	1
核心发明者的联盟个数	5.789	6.976	1	8
区位结构特征				
核心专利引用的专利的数量	2.278	2.142	1	3
间接关联的数量				
区位大小 = 2 或者 3(N = 3 244)	.164	.440	0	0
区位大小 = 4 或者 5(N = 2 154)	.617	1.010	0	1
区位大小 = 6 或者 7(N = 1 171)	1.432	1.741	0	2
区位大小 = 7 或者 8(N = 645)	2.403	2.592	0	3
区位大小 ≥ 9(N = 753)	5.678	5.269	2	8

结　果

　　区位进入的风险比率模型是通过 TDA5.2(Rohwer，1993)来进行估计的，分析的结果展现在表 6.4 中。表中报告的系数表明了自变量每变化一个单位是如何倍增进入区位的比率的。

表 6.4　区位进入风险的参数估计

变　量	模型 1	模型 2	模型 3
事件			
专利的年龄	.054 9** (.005 8)	.045 8** (.005 8)	.045 3** (.005 8)
专利年龄的平方	−.000 1** (1.6×10^{-5})	−.000 1** (1.8×10^{-5})	−.000 1** (1.8×10^{-5})
日历时间	−.012 5** (.000 6)	−.008 6** (.000 7)	−.008 9** (.000 7)
核心发明的质量			
核心专利被引用的次数	.111 8** (.006 4)	.103 0** (.006 5)	.101 9** (.006 6)
区位占据者的属性:			
核心发明者的地位	1.393 7* (.655 5)	1.650 8** (.593 4)	.778 0 (.660 5)
被核心专利引用的非核心组织的平均地位		2.155 5** (.823 9)	2.532 9** (.832 6)
引用核心专利的非核心组织的平均地位		10.070 9** (1.400 7)	10.146 2** (1.403 3)
核心发明者的销售额		.029 2* (.014 8)	.047 4** (.015 1)
被核心专利引用的非核心发明者的平均销售额		.171 0** (.033 2)	.164 4** (.033 2)
引用核心专利的非核心组织的平均销售额		.076 0** (.023 0)	.075 7** (.023 1)
核心发明者自我引用的次数	−.000 6 (.016 5)	.038 2* (.016 3)	.027 6 (.016 8)
核心发明者组织联盟的数量	.005 1** (.002 3)	.003 7 (.002 2)	.002 2 (.002 3)
区位结构特征			
间接关联的数量	−.055 7** (.007 8)	−.055 7** (.008 0)	−.046 4** (.008 0)
被核心专利引用的次数	.093 3** (.006 6)	.069 2** (.007 1)	.073 4** (.007 2)

注:括号中的数值为标准误。
* $p < 0.05$; ** $p < 0.01$

　　尽管我们的主要兴趣是地位的效应,但顺便考虑一下其他变量的影响效应也是很有价值的。让我们首先来考虑一下区位特征带来的结果。正如我们所预期的那样,对某个区位中间接关联数量的参数估计是负向的,这表明间接关联数量的增加将会降低区位进入的比率。在控制了区位中直接关联的影响后,每个间接关系将会把区位进入比率降低 4.5%($\exp[-0.0464] = -0.955$)。这一负向系数以及这一变量的显著性水平说明,区位中的间接关联的确反映了区位中的竞争激烈程度。因此,发明之间缺乏分化就某种程度上意味着技术领域中很"拥挤",潜在进入者们要么回避进入,要么无法进入。

　　核心发明对其他专利引用次数的系数对进入区位有正向影响。这一结果支持了本地搜索行为假说,该假说认为组织会继续在他们之前已经取得成功的领域中继续工作。一个发明越多地处于其他组织行动者们的本地搜索范围中,这一发明就越可能成为未来技术发展的基础。

　　现在让我们转向关于质量的指标,我们发现核心专利被引用次数的系数是正向的。因为该变量是发生依赖项,我们在对这一系数做实际解释时需要非常小心。然而,这一测量方法在经济学文献中被选择用于控制未观察到的异质性或不同专利之间的质量差别,这应该能增加我们对分析结果的信心。

　　对核心公司销售额以及区位中非核心公司平均销售额的估计都对区位进入有正向的影响。公司引用自己专利的次数在完整模型中没有统计上显著的影响。最后一个控制变量,即公司参与策略联盟的数量在完全模型中有正向的影响,但是在统计上不显著。

　　现在让我们集中关注最具有实质意义的变量。在表 6.4 的第 1 和第 2 列中,核心专利所有者的地位对新来者进入核心专利的区位有显著的正向影响。然而,当我们把非核心发明者的特征和核心发明所有者销量额包含进(第 3 列的)完全模型中时,这个变量的影响不再是统计显著的。虽然看起来我们有理由推断导致不显著的原因可能是因为核心专利所有者的销售额与地位之间存在高度相关的关系,但是这两个变量的相关性仅为 0.55。因此,我们不能否定核心发明者的地位对进入区位没有独立影响的零假设。

相反,引用核心专利的非核心发明者的平均地位以及被核心专利引用的非核心发明者的平均地位在完全模型中都对进入区位有显著的直接影响。这些发现表明区位中组织之间的关系可以是共生的:当地位较高的行动者所拥有的专利进入区位时,他们会吸引其他发明者,从而提高核心行动者的地位。而且,那些引用核心专利的行动者的地位对尝试进入生态区位的影响要大于那些被核心专利引用的行动者的地位的影响。为了说明这一差别,可以考虑一下两个变量的内四分位数间距(interquartile)变化是如何对进入比率产生倍增影响的。核心专利引用者的平均地位每增加一个四分位数间距尺度(interquartile -size),区位进入率将会增加 30%($\exp[10.148 \times 0.026]$) = 1.302)。相比之下,核心专利所引用的非核心发明者的地位每增加一个四分位数间距尺度,区位进入率仅仅增加 8.7%($\exp[2.53 \times 0.33]$ = 1.087)。换句话说,引用核心专利行动者平均地位的影响是被核心专利引用的行动者平均地位影响的 3 倍。这些系数重要性的大小与下列观点是一致的,即引用核心发明是对该发明重要性的明确认可,而某个发明被核心发明引用则仅仅表明核心发明与其他行动者的发明是近似的。

这一非对称效果看起来似乎也削弱了对这一结果的一种替代性解释:地位效应可能仅仅是一种质量效应,质量较好的公司倾向于引用其他质量较好公司的成果。如果引用率较高只是反映了质量较好公司的生产效率更高并更喜欢互相引用这样的事实,那么我们就很难理解为什么这个效应会是非对称的。然而,这样一种非对称性却和把引用看作是一种顺从行为的解释一致。

特别有意思的是,我们发现非核心行动者的地位比核心发明者的地位对进入区位可能性有更大的直接影响。即使在模型中将核心组织的销售额排除在外(表 6.4 第 2 列)的情况下,非核心行动者地位的影响还是大于核心行动者地位的影响。虽然这个结果不是我们所预期的,但发现发明者合法化自己的发明所面临的困难要大于提高对别人发明的关注度这样一种事实却是非常有意思的。一个行动者发明要取得成功,这样一种自利行为几乎毫无疑问地将会削弱（compromises）他借助其地位来吸引其他人关注自己发明的能力。

虽然核心发明者的地位对进入区位的可能性没有显著的直接影响，但是比较表 6.4 的第 1 列和第 3 列，我们可以发现核心组织的地位有非常重要的间接影响。在第 1 列中，当仅仅将非核心发明者的属性排除在外时，核心所有者的地位对进入区位的影响是正向并且统计显著的。事实上，系数是完全模型中系数的将近两倍。这个结果意味着核心发明者的地位显著地影响了地位较高（且更大）的非核心行动者进入区位的可能性，而这又会对进入区位的比率产生正向影响。然而，当非核心行动者的地位和规模被作为控制变量时，核心专利所有者的地位就没有直接的影响。总而言之，核心行动者地位的间接影响和非核心行动者地位的直接影响凸现了区位分析框架所强调的社会技术背景（sociotechnical context）的重要性。行动者越无法借助其地位来引起他人对其努力的关注，行动者就越依赖于其发明所在的背景。更一般地说，正如我们在市场领域观察到地位是产品质量的一种信号一样，上述结果表明在技术领域中，地位是发明质量的一种信号。

从技术网向市场泵渗透

在观察到技术领域中地位对引导注意力的影响以后，我们提出一个有趣而重要的问题，即是否存在从技术网到市场泵的溢出效应（spillover effects）。行动者在技术领域中的地位是否会让消费者对其核心发明者的产品质量有更高的预期？如果是的话，消费者们是否会相应地增加支付呢？

对溢出效应最严格的检验需要绘制技术领域的发明和市场领域的产品之间的关系图。然而，要画这样一种图——尤其是整个产业规模意义上的图——要求具有的行业知识水平，不仅已经超越了作为社会学家的研究能力，而且也超越了任何行业参与者的能力，因为没有任何个人能够有这样一种有充分的、无所不知的能力来准确地刻画出所有的联系。

一个某种程度上不太严格但信息丰富的检验涉及将分析水平从基于专利的区位转变为基于公司的区位。也就是说，我们可以将每家公司概念化作为在技术网络的一个区位，该技术网络由技术领域中该公司的发明和其他公司的发明之间的关联模式来界定。图 6.5 展示了这一基本想法。图 6.5 展现了 A 和 B 两个组织的发明。组织 A 有两项发明。其位置通过这两项发明与发明 2、3、4 的关联以及来自发明 11、12 的关联来确定。组织 B 的位置则是通过其两项发明与发明 1、4、6 的关联和来自发明 12 的关联来确定的。

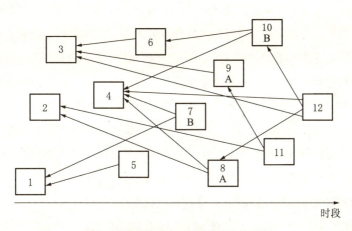

图 6.5　假想的两个组织的发明技术网络

用这样一种公司水平的区位的概念，我们就可以来考察市场方面的消费者向核心企业的支付在何种程度上会受到公司在技术领域地位的影响。首先，看起来好像技术领域的地位对消费者支付的影响要么是 0（如果消费者没有注意到技术领域中的地位动态过程的话），要么是正向的（如果消费者真的关注到动态过程的话）。然而行动者的地位产生了模仿性的顺从关系，技术领域中的这种模仿性顺从关系具有双重含义。一方面，如上所述，如果技术社区对不断演变的网络中哪个网络节点值得关注和投入有资源存在不确定的话，那么公司 j 对公司 i 的直接顺从关系就发出了公司 j 认为公司 i 的工作是值得关注的信号。这表明公司 j 认为，与其他一些备选方案相比，公司 i 的活动为进一步的研发提供了更好的基础。通过可观察的基于其他组织发明的进一步研发，一个组织将一定的合法性或者地位赋予了该先驱者的创新活动。如果这种赋予合法性和地位的行为引起了相关行动者注意的话，那么公司 j 到公司 i 的直接关联会提高公司 i 的成功机会。得到其他组织的顺从缓解了动员资源来建立、维持和扩大组织的难题。顺从关系的流向给资源的掌控者们发出某个组织值得支持的信号。在本章的前面部分，我们提出 IBM 公司进入个人电脑市场是具有顺从意味的一种行为。这一进入行为不仅向潜在消费者，而且还向软件与硬件开发者们发出了这个发明值得关注和投入资源的信号（Anderson，1995）。但模仿行为在体现顺从关系的同时，也可能会增加竞争的激烈程度，因为模仿意味着被模仿者与被模仿者之间存在着很大的相似性。如果模仿行为意味着竞争的增加，那么地位——许多顺从行为的累计结果——可能就潜在地意味着对消费者向生产者的支付产生负向影响。这些导致地位产生的顺从关系带来的无形竞争平衡了地位信号所带来的收益。

准确地说，不是所有的顺从形式都同时具有竞争性和提升地位的含义。投资银行市场的墓碑公告中体现出来的顺从行为就没有因为潜在的相似性增长而具有的竞争含义。然而，通过模仿表现出来的顺从行为往往的确具有竞争的含义，相应的，当我们仅仅是空泛地（in isolation）进行讨论，那么一个行动者对另一个行动者的直接顺从关系对行动者向被顺从者支付的影响是不确定的。

为了让我们摆脱分析上的不确定性，我们有必要不再空泛地考虑顺从行为的意义。我们应该在公司区位核心特点的背景——区位的拥挤程度——中讨论其含义。正如拥挤程度可以在专利区位的层次上呈现出来一样，拥挤程度也可以在公司区位的层次上呈现出来。具体而言，如果一个组织占据一个位置，在这个位置上与其拥有类似前导技术的潜在竞争者很少，那么它就比那些处于挤满了具有类似前导技术竞争者位置的公司更具技术先进性。事实上，正如我在前面章节中所说的那样，当潜在的质量存在高度不确定性时，地位能带来最大的收益。当一家公司处在技术网络中一个相对不那么拥挤的区域时，它只能将其发明建立在那些没有被其他公司选中的发明的基础上，其不确定性是最大的。相反，一个组织的技术越普通、越累赘(redundant),那么来自其他组织的直接关联就越难以对人们对该技术的感知产生正向的影响。

因此,在技术网络最拥挤的区域中,顺从行为似乎将具有最强的竞争含义。如果公司选择某些发明作为进一步研发的基础,而这些发明也是其他公司研发的基础,那么这里关于质量的不确定性必然相对较小,信号的影响作用也就相对较弱。而且,因为不同的公司都选择了相同的发明作为基础,所以源于累积顺从行为的竞争将会是最激烈的。

因此,如果消费者关注技术领域中的顺从行为的话,那么地位的影响应该完全取决于核心组织所选择的发明基础在何种程度上也是其他组织选择的发明基础。从形式上说,我们有可能用一个生态学文献(Hannan & Freeman, 1989)中一个现成的分析性概念"区位重合"(niche overlap),来描述拥有共同前导技术的这样一种情况。

两个组织在一个技术网络中的区位重合可以视为是公司对既有发明共同依赖程度的一个函数。图 6.6 是以维恩图(Venn Diagram)形式展现的一个例子。组织 i 的活动应用了技术网络中的 50 个发明;组织 j 的活动应用了 100 个发明;有 25 个发明是这两个组织的创新行为所共同使用的前导技术。区位重合用 α_{ij} 表示,指组织 i 与组织 j 同时占据的区位所占的比例。在这个例子中,$\alpha_{ij} = 0.5$,而 $\alpha_{ji} = 0.25$。注意区位重合介于 0 与 1 之间,他们不一定是对称的。

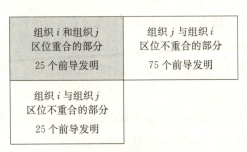

图 6.6 两个组织的区位重合

在生态学和网络研究文献中都有一种看法,即区位重合与关系模式之间存在相似性。Hannan 和 Freeman(1989)将区位重合界定为对资源依赖的相似性状况。Burt(1992)用交易关系中结构平衡(structural equivalence)的网络思想来定义行动者们之间的竞争激烈程度。McPherson(1983)在一项关于旨在沟通网络分析和生态学传统的研究工作中,用成员的几项社会人口特征的分布来界定区位重合。他认为两个志愿组织争取组织成员的竞争与其成员在社会人口特征方面的相似程度直接成比例的。

区位理论的核心观点是在时点 t,区位重合 α_{ij} 的非对称程度越大,组织 j 对组织 i 的竞争效应就越强。前导技术的模式意味着在技术竞争能力方面的相似性——或者甚至是冗余性。技术竞争能力方面的重合越多,组织 j 对市场可能性的追求就越会影响组织 i 追求其机会的能力。

当我们从总体上考虑核心公司与其竞争者的区位重合时,区位重合这一概念意味着一个组织的市场机会与其与同一群体中所有其他组织的重合程度成反比。事实上,在公司的层面,t 时刻组织 i 的区位拥挤程度可以被理解为其区位重合的加总:

$$\sum_{j=1}^{n} \alpha_{ijt},\ i \neq j \qquad [6.2]$$

这里的 n 代表 t 时刻在总体中共有 n 个组织。因此,技术领域拥挤就意味着消费者对生产者减少支付。

对我们的目标而言更重要的是拥挤将会缓冲技术地位对消费者支付流向的影响。如果消费者真的关注模仿性的顺从行为的话,当一家公司位于不拥挤的区位中时(因为来自地位信号的收益在不拥挤的区位中是最大的),技术领域中的地位应该对消费者的支付有正向的影响,当一家公司位于拥挤的区位中时(因为通过共同引用的形式,模仿的竞争效应处于高度竞争的水平),技术领域地位应该对支付有负向的影响。结果,在拥挤的领域,因为竞争更激烈,也因为这一领域的拥挤表明其合法性,所以质量将会更清晰可见。而在不那么拥挤的领域,人们对质量的了解要相对少一些,因此生产者的地位会相对更加重要一些。

为了检验上述影响效应,我们可以用一个增长模型,我们曾经在第四章中用该模型来研究投资银行业中银行地位的增长和下降。具体而言,我们可以将组织的销售额增长作为区位重合和技术领域中地位的函数,建立模式。从形式上看,该模型可以表达为如下公式:

$$\ln\left(\frac{S_{i,\,t+1}}{S_{it}}\right) = B_1\,(status) + B_2\,(crowding) + B_3\,(status \times crowding) + \sum_{k=4}^{K} B_k X_k$$

$$[6.3]$$

有 $k-3$ 个控制变量，B_1、B_2、B_3 是我们分析中最感兴趣的系数。我们前面的理论讨论意味着 $B_1 > 0$，$B_2 < 0$，$B_3 < 0$。

我们用和前一分析相同的数据。1981—1991 年的销售额数据来自 Dataquest 公司，Dataquest 公司提供了 113 家公司的销售数据。关于公司在技术领域中区位的数据也来源于专利信息。

为了测量与市场销售额相关的区位重合，很重要的一步就是要选择合适的时间窗口来确定公司的专利组合。随着时间的推移，大部分专利将会过时，新的专利将会取代老的专利。相应的，对于市场销售额而言，从两家公司最近一到两年的新专利中算出的区位重合显然要比从两家公司有十年历史的专利中算出的区位重合要有意义得多。我们可以想办法找到一些呈线性或曲线递减函数来反映用新专利和旧专利获得的区位重合的不同结果。我们也可以在某个特定时点——比如说三年或者五年——做突然的截断，剔除在该时点之前的所有专利信息来计算区位重合的值。这也是一种递减函数，但这是分段函数而不是平滑的线性或曲线递减函数。我们没有关于如何画出平滑曲线的任何线索，所以利用产品生命周期的信息来设置中断点似乎是合适的做法。正如上文所讨论的，这一行业的产品生命周期是三到五年，因此 5 年似乎是合理的时间窗口长度。从操作角度来说，这无异是在说一个组织在第 t 年的技术包括了所有第 t 年之前 5 年内取得的所有专利。如果我们用 5 年的时间窗口来定义现有技术的话，那么区位重合就可以基于这 5 年中的前导技术计算出来。换句话说，α_{ij} 表示组织 i 和组织 j 在第 t 年之前的 5 年中获得的专利对其他专利的共同引用（overlap in citations）。

在本分析中，有两种地位测量方法。第一种是所谓的不加权地位测量法，这在本质上与前面的分析相同。也就是说，就是所有事实上针对核心公司的引用[15]。除此以外，因为我们主要集中分析最大的 113 家公司，所以用 Bonacich 的 $c(\alpha,\,\beta)$ 测量法来分析公司之间的顺从关系矩阵是可行的。正如前面已经指出的那样，Bonacich 的 $c(\alpha, \beta)$ 测量法要求一个群体中的企业是完全相互关联的，而 113 家最大的公司之间的顺从关系足够密集，他们组成了一个完全相互关联的群体。而第二种地位测量方法可以被称为地位加权测量法，因为 Bonacich 的 $c(\alpha, \beta)$ 测量法能有效地将每次顺从行为根据被顺从者(deferrer)的地位进行加权。正如对投资银行业的研究一样，这一测量法是标准化的，因此平均值为 1。

除了对区位重合和地位进行测量以外，几个协变量也被考虑进来。第一个是 **5 年时间窗口中一个组织所拥有的专利总数**。专利表明潜在的技术竞争力，如同资源一样具有价值，会影响公司的市场机会。我们通过把核心组织在 5 年时间窗口中获得的专利数量除以样本中所有组织同期获得的专利数量来进行标准化，这样这一测量就与直接引用的比例测量类似了。

我们感兴趣的第二个协变量是对一家公司的技术竞争者们销售额的加权测量。竞争者们的销售额可以进行如下操作化处理：

$$\sum_{j=1}^{n} a_{ijt} S_{jt}, \ i \neq j \qquad [6.4]$$

这里 a_{ijt} 指上面所讨论的对区位重合的测量，并且 S_{jt} 指公司 j 第 t 年的销售额。这一测量表示一家公司的技术竞争者们经过加权的平均销售额，每个竞争者的权重和其与核心公司的区位重合程度成比例。公司 j 与公司 i 的区位重合程度越大，公司 j 销售额中面向相同客户的比重就越大。例如，如果公司 j 引用的专利中有 50％ 也被公司 i 所引用，那么我们假定公司 j 有 50％ 的销售额指向与公司 i 相同的销售市场。显然这一加权办法是建立在如下假定基础上的：一家公司所有的专利对其销售额的贡献是一样的。尽管许多情况下这个假定是不准确的，然而在专利之间关联以及销售额的完整数据缺失的情况下，这一假设看起来似乎是一个可以接收的假设。通过比较技术竞争者们总销售额和拥挤程度的影响，我们可以评价何种程度上增长率会更多地依赖竞争者们技术或销售量方面的竞争。

除了这些控制变量外，我们还加入了每一年和每一家公司的指示(如虚拟)变量。每一年的指示变量能标识出对半导体需求的任何年度波动。

更一般地说,这些指示变量可以控制时间上的自相关。

针对公司的指示变量将所有组织间的差异都排除出去,从而能够控制组织间任何不随时间变化的未被观察到的异质性。这样,固定效应公式就限制了系数,使其反映**组织内部**的效应。比如,竞争激烈程度的负向影响表明对核心组织而言,竞争激烈程度的增加将会降低增长率。当组织间差异还没有被剔除时,我们在推断组织内差异时要非常小心。表面上明显的效应可能反映了组织间持续的差异,而非组织内部在分析时段中经历的变化。例如在第三章的增长模型中,我们会担心在不同银行之间存在一些未观察到的异质性,使合作者的地位对一家银行的地位增长产生影响。然而,由于我们仅仅在两个时点对地位进行了测量,所以我们没有足够的自由度来为每家公司加入一个虚拟变量。而本章的分析所用的数据是为期10年的年度数据,所以我们有可能为每家公司都加入一个虚拟变量。

表6.5报告了变量的描述性统计信息。因为我们的分析只关注公司内部的差异,所以表6.5报告了公司内部的二元相关关系(bivariate with-in-firm correlations)。表6.6报告了增长模型的OLS法分析结果。因为我随后将会讨论的共线性问题以及其他两种测量地位的方法,这个表呈现了一系列平行分析(parallel analyses)的结果。第1列包含拥挤程度、加权地位的主效应以及两者的交互项。第2列除了交互项为拥挤程度和地位为与均值的偏离值以外,其他与第1列都是一样的。第3列中,加权地位被换为未加权的地位。第4列用技术竞争者的销售额替代了技术区位的拥挤程度。

表6.5 基于企业内部差异的相关系数和标准差

变 量	标准差	1	2	3	4	5	6
1. Ln(销售额)	.34	1.00	.22	.22	.30	.24	−.07
2. 专利数量	.002		1.00	.04	.26	.50	−.03
3. 拥挤程度	.48			1.00	.13	.10	.04
4. 加权的地位	.14				1.00	.84	−.01
5. 未加权的地位	.002					1.00	−.03
6. 技术竞争者销售额	4.26						1.00

表 6.6　1985—1991 年半导体公司固定效应增长模型的 OLS 估计

变量	模型 1	模型 2	模型 3	模型 4
Ln(滞后销售额)	-.35* (.03)	-.35* (.03)	-.35* (.03)	-.34* (.03)
拥挤程度	-.032+ (.018)	-.132* (.043)	-.036* (.019)	
加权的地位	.69* (.29)	.17+ (.09)		.02 (.07)
拥挤程度×加权的地位	-21* (.09)			
(拥挤程度—平均拥挤程度)×(加权的地位—平均加权地位)		-.21* (.09)		
未加权地位			24.65+ (12.69)	
拥挤程度×未加权的地位			-6.59+ (3.58)	
竞争者们的销售额				-.008 (.006)
未加权地位×竞争者们的销售额				-.0001 (.0010)
公司专利总数量	-.65 (3.79)	-.65 (3.80)	-1.61 (4.35)	3.17 (3.46)
1987	.01 (.03)	.01 (.03)	.01 (.03)	.02 (.03)
1988	.10* (.03)	.10* (.03)	.10* (.03)	.11* (.03)
1989	-.01 (.03)	-.01 (.03)	-.01 (.03)	-.02 (.04)
1990	.05 (.04)	.05 (.04)	.06 (.04)	.08 (.05)
1991	.08+ (.04)	.08+ (.04)	.08+ (.04)	-.02 (.05)
R^2(企业内部的差异)	.68	.68	.67	.67

注:$N=431$,括号中数据为标准误。
$+ p < 0.01$; $* p < 0.05$。

表 6.6 中的第 1 列给出了对拥挤程度和(加权)地位主效应以及两者的交互项影响的估计值。拥挤程度的主效应是负向并且统计显著的。地位的主效应是正向并且统计显著的。拥挤程度与地位交互项的交互效应是负向并且统计显著的。所以根据第 1 列的结果,当一家公司区位的拥挤程度最低时,其在技术领域地位的影响是最大的,随着区位拥挤程度的增加,地位效应逐步下降。

表格第 1 列中地位与交互项之间的相关系数很高(0.97),这带来了一个方法论问题。有几种方式可以处理多重共线性(multicollinearity)问题。第一种是根据 Belsley,Kuh 和 Welsch(1980)提出的方法,我们可以通过一系列的共线性诊断计算,来检查自变量之间的共线性关系对估计值的影响程度。虽然我们没有严格的准则来拒绝不存在多重共线性的零假设,但诊断结果显示共线性情况处于通常可以接受的范围内[16]。第二种办法,我们可以用各种直接引用比例的根转换(root transformation)来降低地位与交互项的相关关系。分析的结果没有在这里进行报告,但是值得注意的是这一结果在几个替代公式中表现得很稳健。第三种办法是降低主效应和交互项相关程度的一种常规方法,就是将交互影响中包含的变量进行平均差(mean-deviate)处理,也就是用每个变量减去其平均值。因此这里交互项变为(拥挤程度-平均拥挤程度)×(地位-平均地位)。这样的平均差处理能将加权地位和交互项的相关系数降低为 0.3。交互项用加权地位和拥挤程度平均差的分析结果在第 2 列中进行了报告。分析结果再一次与假说一致。值得注意的是,在这个表达式中,地位的影响似乎急剧下降:加权地位的影响效应从 0.69 下降为 0.17,虽然对交互效应的估计没有发生变化。然而,我们在解读地位系数的大小时,需要对平均值的影响作出说明。在第 1 列,地位的效应是 0.69-0.21×拥挤程度;而在第 2 列中,地位的效应是 0.17-0.21×(拥挤程度-平均拥挤程度)。在完整的数据中,平均拥挤程度为 2.53。因此在这个替代表达式中,从平均意义上说,地位效应=0.17-0.21×(拥挤程度-2.53)=0.70-0.21×拥挤程度,这与第 1 列的结果几乎相同。第四点也是最后一点,我们也可以用未加权的地位作为地位的测量指标。虽然这种地位测量方法不那么有意思,并且与我们在投资银行业和葡萄酒业中对地位的测量方法不一致，但是与加权条件下相比，这一方法的优势是交互效应与地位的相关程度要更低（分别为 0.89 和 0.97）。用不加权的地位测量方法获得的分析结果在第 3 列中。检验结果应该很清楚，这一列的结果与前两列的结果相一致。

　　第 4 列中用技术竞争者的销售额代替了用技术性重合（technological overlaps）界定的竞争性拥挤程度。技术竞争者销售量的影响效应在统计上不显著。拥挤程度产生了更大的影响这一事实提示我们，竞争者们在技术方面的扩张比竞争者们在市场销售方面的增长对增长或下降产生更大的影响。考虑到半导体行业在我们研究的时段内一直在不断发展，这个结果也就不足为奇了。在市场迅速扩张的背景下，一个组织的增长能力不太可能因为其竞争对手发展而受到极大的约束。一个组织的增长更大程度上是由它通过技术扩张从而在不断扩展的市场中赢得其市场份额的能力所决定。我们有理由认为随着半导体市场越来越饱和，技术竞争者们的销售额可能会对其增长率产生更强的影响[17]。

　　总而言之，表 6.6 中的结果显示，一个组织在技术领域中的地位的确会影响消费者的支付，而随着公司的区位变得越来越拥挤，这一影响趋于下降。这些影响效应究竟有多大呢？根据现有的交互影响，分析这个问题最直接的办法就是比较不同地位与拥挤程度组合的内在含义。看起来考察地位和拥挤程度分布的第一个和第三个四分位数能够给我们带来很多信息，因为第一个四分位数值代表"低"值，第三个四分位数值代表"高"值。通过比较两者都是低水平、两者都是高水平、一个属于低水平另一个属于高水平这些不同组合的情况，我们能够对地位效应是如何随着拥挤程度的变化而变化的情况有更好的了解。根据增长模型，增长率是地位、拥挤程度以及其他协变量影响效应（滞后大小、时期效应和其他协变量）的一种线性组合。我们可以用基准比率对后一效应进行概念化。地位与拥挤程度的联合效应将提高或者降低这一基准比率。

　　表 6.7 报告了根据表 6.6 第 1 列的估计获得的地位与拥挤程度的联合效应。从整体上看，我们发现只有在高地位和低拥挤程度的组合中，增长率的增量才是正的。在相反的情况下，即低地位和高拥挤程度的组合

中,增长率的增量是最小的。从我们观点的角度来看,最有趣的比较是对不同拥挤程度下地位效应的比较(表6.7的最后一列)。先看看处于拥挤程度较低区位中公司的情况(表6.7的前两行)。在拥挤程度较低这一条件下,地位较高的公司比地位较低公司的联合效应大0.243。然后再看看处于拥挤程度较高区位的公司(表6.7的第3行和第4行)。在这里,地位的回报是较低的,仅为0.025。也就是说,地位的回报仅为区位拥挤程度较高情况下的十分之一。

表 6.7　拥挤程度和加权地位对增长率的联合影响

变量	地位	拥挤程度	联合影响	地位的净影响
1	低 =.015	低 = 2.10	−.096	
2	高 =.453	低 = 2.10	.180	(第二行)−(第一行)=.243
3	低 =.015	高 = 3.02	−.096	
4	高 =.453	高 = 3.02	−.071	(第四行)−(第三行)=.025

注:地位和拥挤程度的"高"和"低"的取值选用公司一年分布中的25分位和75分位值。计算中使用了表6.6第1列中的参数估计值。

在地位和区位拥挤程度维度下的组织分布让我们想起产业技术发展中一种有趣的角色分类。图6.7描绘了组织在地位和拥挤程度这两个维度下的分布状况。加权地位取了对数值以使地位较低组织之间的距离能够被看清楚[18]。图中的位置与某个特定的角色类型相对应。位于左上角的组织可以被视为新技术的突破者。他们在那些未被其竞争对手利用的前导技术基础上进行研发,他们为其他组织的创新活动提供了独特的基础。1986年的Analog Devices公司占据了这样一个位置。与此形成鲜明对比的是位于右下角的公司,他们在拥挤的技术领域进行创新活动,但是对他人的创新活动没有什么贡献。1990年的Rohm公司就处在这样一个位置。右上角的公司是成熟科技的领导者。在我们的研究时段中,英特尔公司几乎一直在扮演着这样的角色。事实上位于左下角的公司是孤立的,他们发展的技术没有得到其他组织的认可。1991年的Kulite Semiconductor Products公司就是处于这一角色类型区域的组织的一个代表。

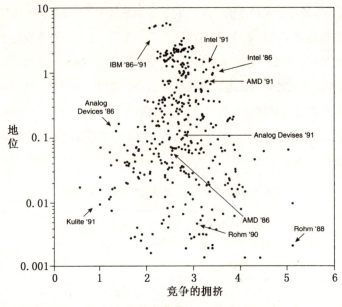

图 6.7　组织在角色类型中的位置

　　虽然有些公司,如英特尔公司和 IBM 公司在我们的研究时段中,其角色位置相对较为一致,但有些公司发生了变化。Advanced Micro Devices (AMD)公司的角色在这段时期就发生了很大的变化。在 1986 年,AMD 公司位于中间位置,其地位和拥挤程度都是中等水平。但是到 1991 年,AMD 公司已经移动到英特尔公司的旁边,成为成熟技术的领导者。

　　这一图形至少为我们描述公司在技术网络中的位置特征提供了一种方法。通过这个图,让我们回到了本章开始时的观察。公司的地位次序除了像一台泵一样将服务提供给消费者以外,这里还存在着一个发明活动的网络,随着时间的推移,这一网络对通过市场地位发出信号的质量的构成要素产生影响。技术领域有其自身的内部地位次序,这一地位次序根植于一些顺从关系的集合,这些顺从关系是公司和组织在他人发明活动基础上进一步研发行为的副产品。我们已经观察到地位会影响人们对发明活动质量的认知,从而也就影响了技术网络的拓展方式。我们也观察到地位的这一信号作用从技术领域中溢出,影响了市场中消费者的支付行为。

　　由于市场中消费者对不同公司的支付行为是分散的,这会导致不同企业影响技术网络的能力存在差别,技术领域与市场领域中的地位次序是相互依赖,相互影响的。重要的是这里存在多重机制,由市场地位而产生的资源通过这些机制能增强一家公司在不断拓展的技术网络中占据中心节点的能力。对半导体行业的研究强调地位能为研究和发展提供较高的租金,更重要的是地位产生了一种期望动态过程,在这一动态过程中较高地位的公司更够从整个行业中吸取更多资源和能量,从而产生了自我实现预言。然而,不同行业可能会有不同的机制。Castellucci 和我(Castellucci & Podolny,2003)在一项关于一级方程式赛车的研究中发现,地位较高的团队能够从与发动机供应商们的关系中获得更大的好处,发动机供应商们总是试图对发动机进行技术改进。因为发动机供应商也在与地位较高车队的关系中获得好处,所以这些发动机供应商会为其与地位较高车队的交易关系投入额外的资源,从而确保地位较高的车队能够最早获得新技术带来的好处。未来的研究可能会揭示其他的市场地位溢出到技术领域中的机制。

当然,正如本章开头所已经说明的那样,技术领域的相关程度会随着市场背景不同而有所差异。在类似时尚设计或者投资银行业这样的市场背景下,技术领域动态过程可能不会有这么显著的市场领域和技术领域间的溢出效应。即使一家公司成为使用某项技术的先驱,比如一家投资银行使用网络为客户提供服务,但技术发明能为某个行动者所用,也就能为所有其他行动者所用,而其他没有太多技术内容的重要质量组成要素仍将存在。

然而,即使技术领域在所有的市场中不会同样的重要,但总是会有一些市场,如半导体或者生物技术市场,这些市场中的公司在发明行为网络中的位置将会成为其在市场中地位和成功的——如果不是核心决定要素的话——核心决定要素之一。在下一章,我们将会考察另外一个某领域中的地位特征溢出并对市场产生影响的例子。具体地说,我们将会考察社会交往领域的地位特征如何溢出并对市场竞争的动态过程产生影响。

注释

[1] 我关注地位对发明演变的重要引导作用，这并不意味着我认为发明本身的变化是不重要的。事实上，如果有人对地位次序的显著变化感兴趣的话，那么不断演变的发明可能更重要。然而，我没有看到过能够将发明的演变内生化的研究工作。毫无疑问，有许多的研究工作都强调公司对技术变迁回应的差异。例如 Anderson 和 Tushman(1990)、Tripas 和 Gavetti(2000)或者 Christensen(1997)等人的研究工作，都给读者们留下了这样的印象，即地位较高的公司比地位较低的公司更难适应由技术变革带来的新条件，即使这些发明来自于地位较高的公司。然而，至少就我目前所知，这些研究工作都没有回答如下问题，即地位较高的公司或者地位较低的公司是否更可能产生这样的技术发明。我们有理由认为未来的研究工作将会在这个方面有所进展。比如，我们可以设想地位次序的不稳定性或者碎片化(fragmentation)可能与更高的技术变革可能性有关，特别是当那些地位较低的公司不甘心其自身位置，将发明作为摆脱困境的出路时尤其如此。Hirsh(1986)为我们讲述了一个恶意收购成为市场上公司控制方面一项革命性发明的故事。

[2] 我在这里借用了 Burt(1992)"自我中心的区位"这一术语。

[3] 这样一种发明之间的技术关联可以看做是行动者之间基于知识的关联的一种子类型。更广义的基于知识的关联类型不仅包括不同发明之间的关联，也包括行动者之间的社会联系。因为我们分析中的行动者是组织，所以基于知识关联的例子就会包括诸如交叉专利许可协议(patent cross-license agreements)和技术交换(technology exchange)这样正式的组织间的联盟形式。而非正式的基于知识的关联则包括不同组织雇佣的技术人员之间的个人联系这样的关联。

[4] 例如在我们考察的微电子行业中，1984 年的《半导体芯片保护法案》(the Semiconductor Chip Protection Act)使得发明者能够通过申请版权来保护半导体的伪装工作(mask works)，在本质上说就是指半导体芯片的电路设计。然而，还是有许多理由认为投资者仍然可能愿意为他们的设计申请专利。首先，版权保护从获得版权办公室注册或者是首次被用于商业开发开始计算，保护期是 10 年，这比专利 17 年的保护期要短。而且，《半导体芯片保护法案》并不反对发明者就同一发明同时申请版权和专利的双重保护。一般来说，专利的法定要求，即新颖性和非显而易见性(nonobviousness)使获得专利权要难于获得版权(关于半导体行业专利权与版权关系的讨论，参见 Ladd, Leibowitz & Joseph, 1986)。

[5] 附属生产商指那些其产品供内部使用而非在公开市场上销售的公司。IBM 公司绝大多数的半导体产品供内部使用，所以是一家附属生产商。

[6] 在美国的体系中，专利根据主类别和子类别来进行划分。半导体设备专利包含第 357 号主类别的所有子类别。专利一般按主类别/子类别来进行联合存档，但是也有一些是跨类别进行存档的。本分析所用的数据来自第 357 号主类别的所有专利。

[7] 在以前的研究中，我与 Toby Stuart(与我对半导体行业有多次合作研究)尝试提出替代性的事件定义(alternative event definitions)。例如，在我们的分析中，自我引用(如一个核心专利被其所有人所引用)不作为记录结束的情况。这样定义的理由是自我引用不如被其他行动者引用那么重要，因为自我引用并不意味着有新的进入者决定要进入区位。基于相同的逻辑，我们认为第二种替代选择是只有当核心专利被新的行动者而不是此前引用过该核心专利的人引用才算记录结束。同样的，来自新的行动者的引用比重复引用是更有意义的事件，因为这表明区位中有新的行动者进入。然而，只有 5.3%的记录是因自我引用而结束的，自由 4.6%的记录是由非核心发明者重复引用的。结果，虽然可能有许多理论原因考虑采用替代性的事件定义，但是在实际操作中因变量的不同定义对分析结果没有什么影响。

[8] 即使对专利的引用反映了累积的顺从关系，这一变量也仅仅反映了与核心专利有关的直接顺从行为。所以，如果我们把对核心专利的引用作为一个变量，而把对公司其他专利的引用作为另外一个变量加入方程的话，那么后一个变量将会反映与核心发明相关的顺从地位关系网络（status net of the deference）。相应的，通过将对核心专利的引用作为对专利的质量和/或与该专利相关的地位效应的控制变量加入模型，我们有可能把对该公司其他专利的引用解释为更纯粹的地位效应。我将会简单地讨论这一其他变量的操作化问题。

[9] 此前的分析包括对时间窗口长度的调试，无论分析时段是长还是短，报告的结果都是稳健的。

[10] 显然，这不是唯一的一种编码规则。例如，我们可以在核心行动者的地位发生任何变化时就进行更新。然而，这种编码规则是不可操作的，因为每个月都会有新的引用发生，同时有旧的引用被剔除，所以许多行动者的地位每个月都在发生变化（一般而言这种变化都是很小的变化）。

[11] Rubin 的多重填补程序的一个特点是在估算中引入了一个随机项以反映估算所用系数背后"真"参数值（"true" parameter values）的不确定性。在我们的分析中，我们根据第 t 年的销售额观察值（或估算值）用回归模型来估算第 $t-1$ 年缺失的销售额数据。这一过程一直重复进行一直到我们找到某一年有完整的数据集为止（比如，所有公司的销售数据集最早可以追溯到 1975 年）。通过这样的程序，我们就能获得第二年的数据集。Rubin（1987）解释了怎么样才能合并由两个或者更多数据集获得的参数估计，以对系数及其方差提供无偏的估计。

[12] 第二来源协议是半导体行业普遍存在的现象。当某家公司允许其他公司生产自己的某个产品，结果是对许可证持有者的设计进行了几乎完全的复制，此时一个正式的第二来源协议就产生了。这样的操作有助于保证向使用者提供可靠的产品供应。

[13] 上述协议中有一些协议（交叉专利许可协议和技术交换协议）是对称的，协议中的每一家公司都将其专利的许可或技术授予对方。而另外一些协议如专利许可、第二来源协议等则是不对称的，因为一方是许可证颁发者（licensor），而另一方则是许可证领取者（licensee）。因为这一变量是作为可能会影响组织拥有技术的扩散程度（从而导致公司拥有的专利被引用率的增加）的控制变量被引入模型的，所以，在对称协议中的两方而言，这一变量值都会增大，但是在非对称的第二来源协议和专利许可协议中，只有许可证颁发者的这一变量值将会增大。

[14] 虽然《电子新闻》是公司间合作关系最综合的信息来源，但是其公司联盟的相关信息很可能并不完整。我们特别怀疑他们没有把部分美国以外的小公司和微小公司之间的合作伙伴关系包括进来。

[15] 这种测量法与之前的测量法唯一的不同是时间段被延长为 5 年，以保证与区位重合的时间段一致。看起来我们对不同的自变量使用不同的时间窗口是难以自圆其说的，因为 5 年时间对于区位重合而言是合适的，因此也用这一时间窗口来对地位进行测量。

[16] Belsley, Kuh 和 Welsch 首先通过单一值分解（singular value decomposition）的办法对 X/X 矩阵进行了调整，然后计算这一矩阵的特征值和特征向量。第 k 个特征值的"条件指数"（condition index）被计算出来，这一指数等于最大的特征值与第 k 个特征值之比的平方根。如果这一条件指数非常大，就意味着经过调整的 X/X 矩阵中存在一个给矩阵仅带来很少信息或没有带来任何新信息的重要部分。虽然没有什么值是大家公认属于特别大的值，但 Belsley, Kuh 和 Welsch（1980:105）指出："相对较强的关系，其条件指数一般在 30—100 之间"。在第 1 列报告的分析结果中，最大的条件指数为 11.69，远远低于这

一区间。

　　[17] 在一个这里没有报告的分析中，技术拥挤和销售拥挤的效应被包括在模型中。当这两个效应被包括在模型中时，技术拥挤效应刚刚达到通常认为的统计显著水平，而销售拥挤效应则在统计上不显著。

　　[18] 由于对数轴上不可能存在零点，我们为了画图的需要，用 0.000 01 来替代所有的零值。然而，我们在分析中仍然采用零值。这个图舍弃了右下角的三个极值点，他们在竞争拥挤轴上处于 6 和 7 之间，在地位轴上处于零值处。

第七章

嵌入性与进入

　　前面的章节论述了地位如何从技术领域中溢出并影响了市场结果。本章关注社会领域中的地位特征如何也有类似的溢出效应。本章着重强调社会领域中的地位特征与市场结果之间的相关性,那么就有必要将这些问题与社会学有关嵌入性的讨论结合起来。嵌入性这个术语是 Granovetter 1985 年在《美国社会学杂志》上发表的文章中提出并留给经济社会学的,它成了过去二三十年间经济社会学最常被引用的术语。在本书写成之时,Granovetter 的这篇文章在社会科学引文索引中被引用次数已经超过1500次。Granovetter 使用嵌入性这个术语,是为了开辟一条从社会学的视角来研究诸如商品与服务的生产、交换和分配等经济现象的路径。Granovetter 试图在过度社会化与社会化不足之间寻找一个中间的平衡地带,前者强调社会中的主流文化价值对人们的行为产生支配性的影响,后者认为经济现象可以被理解为原子化个体按其偏好行事的产物。Granovetter 的中间立场指的是经济行动者的机会、约束及其行为受到其所在的关系网络的影响,这种关系网络可能是显而易见的,也可能深藏于人们行为的背后。随着时间的推移,鉴于嵌入性这个术语被其他领域的学者们用来指称各种社会情境对人们行动的影响,因此有一些学者试图澄清各种类型的嵌入性(DiMaggio & Zukin, 1990)。

　　然而,当 Granovetter 首次使用嵌入性这个术语时,他的用意是非常明确的:存在着一个外在于市场而独立运转的社会系统,这些社会系统的存在意味着关系网络与身份引发了经济行为,这与关于行动者过度社会化与社会化不足的假设是有很大区别的。

　　有时社会系统会促使人们之间形成一种双向的责任(dyadic obligation),这使得我们不能脱离社会背景而理解市场行动者的行为。1997 年,Brain Uzzi 在一项关于纽约服装行业的研究中详细记述了一个生产商的案例,这个生产商决定把自己的工厂从纽约搬到亚洲,因此他不再需要跟纽约的供应商(contractors)打交道了。这个生产商有强烈的动机要保守这个秘密:一旦他在纽约的供应商知道了这个消息,他们可能会降低工作质量,因为他们不再有对未来的生意承诺来作为保持一定产品质量的激励。然而,生产商与许多供应商的关系嵌入于长期的社会关系网络之中,生产商感到有义务把工厂搬迁的事情告诉供应商们,以便于他们与新的生产商发展交易关系。供应商也认为自己应该对生产厂商负责,因此他们也不会降低工作质量。值得注意的是,这个生产商并没有把工厂搬迁的消息告诉那些除了经济交易关系之外与他没有长期社会关系的供应商。

有时,独立于市场而运行的社会系统不只带来双向的责任,还带来系统的行动动机与逻辑,这种行动的动机与逻辑会溢出并且形塑人们的市场行为。对这种溢出效应的经典阐述当属 Weber 的《新教伦理与资本主义精神》(*Protestant Ethic and the Spirit of Capitalism*)。Weber 认为,加尔文教派的预定论教义使信徒强烈地希望知道自己是否已经被"选择"可以进入天堂。虽然一个加尔文教的信徒并不认为他的行为可以影响全知全能的上帝在创世之前所做的选择,但是一个人终其一生的成就被认为是上帝恩宠的印记,并且可能是一个人被选择的印记。结果,强烈希望知道自己的命运如何就为信徒提供了一种行动的动力,使他们投入到无休止的禁欲式的财富积累中,并且不断将所获得的利润进行再投资而不是消费掉。

Zuckerman 与 Sgourev(2003)在一项对产业同行网络(industry peer networks, IPNs)的研究中提供了另一个例子,解释了市场领域以外的社会领域所提供的行为动机如何溢出并影响了市场行为。产业同行网络的成员全部来自同一行业,但他们之间并不是相互竞争的关系,因为他们在地理上分属于不同的市场。虽然这些网络团体主要聚焦于与工作相关的信息,但是,正如这些团体的名称所显示的那样,其关系模式已经超越了成员之间相互竞争的任何特定市场的边界。产业同行网络的内部成员之间联系非常紧密,成员间的知识与信息交流也很频繁。为了促进知识的传播,产业同行网络为其内部的基本活动提供了许多的信息。

非常有意思的是,产业同行网络的成员们认为这种基本活动为他们提供了非常重要的激励。在访谈中,产业同行网络的成员们谈及他们对自己在产业同行网络中所处位置的关注,这使他们更加努力地工作。我们有许多理由可以怀疑这些当事人自己报告的动力来源的真实性,但 Zuckerman 与 Sgourev 系统地收集了加入网络与未加入网络人员的问卷调查数据,这些额外的调查数据显示,产业同行网络成员与非网络成员在动机重要性方面存在显著差异。回想一下 Weber 关于加尔文教派信徒的论述,市场竞争本身并不能提供足够的动机让人们长期地参与到利润最大化的行动之中。产业同行网络的成员们确信,如果他们不参加产业同行网络的话,他们能满足于低水平的经济绩效。因此,我们再一次观察到这样一个例子,即外在于市场的社会系统提供的激励会溢出并改变市场行为。

Padgett 与 McLean 在对意大利文艺复兴时期新兴交易模式的一项研究中认为,社会与政治领域中的社会交换逻辑成了市场交换逻辑的基础。他们发现,经济合伙模式借用了婚姻关系模式中的跨邻里(cross-neighborhood)以及阶级内(within-class)的逻辑,而商业信用关系则采取了委托(clientage)关系中同邻里(same-neighborhood)以及跨阶级(cross-class)的逻辑。

在本书前几章,我们曾经讨论过在市场之外存在一个不断演化的技术网络,这个网络会影响市场内的交易行为。而嵌入性视角隐含着这样的观点,即存在一个外在于市场的不断演化的社会网络,这个社会网络会影响市场中的交易行为。更进一步讲,本书前几章认为市场中的身份与技术领域中得到清晰界定的身份之间存在一种相互依赖并且至少是松散的对应关系。而嵌入性视角则强调市场中的身份和社会领域中得到清晰界定的身份之间存在着一种相互依赖并且至少是松散的对应关系。

遵循上述理论脉络,本章将通过揭示一家企业主要形象的社会地位如何能够成为其竞争者们所依赖的信号,以此来对社会身份与市场身份之间的相互依赖关系作一个独特的说明。在这一章,我们将提供证据,说明至少在某些特定的市场中,产业内部现有的企业会以新进入者的地位为信号，借以判断新进入者是否会以一种负责任的或合作的方式行动（在这里，"合作的态度"指的是潜在进入者愿意接收关于价格或产量明确的或隐含的既有协议）。

这一独特的研究路径由长期的观察所引发并有其理论关怀，其源头可以追溯至《国富论》（*Wealth of Nations*）。Smith 认为竞争者们可以从明确的或隐含的共谋中获利。虽然竞争者们之间的合谋这一主题是产业组织经济学（IO）的核心问题，但其他研究组织的学者和社会学家也都非常关注这一问题（Pfeffer & Salancik, 1978; Baker & Faulkner, 1993）。有的时候，市场上公司之间的合作是公开的，卡特尔旨在促进竞争者们在群体内的积极沟通。石油输出国组织（OPEC）也许是今天最著名的卡特尔。有的时候，竞争者之间的合作是隐性的，虽然他们可以公开自己意向性的定价决策，但法律禁止竞争者主动参与试图控制价格与产量的合谋行为。值得注意的是，虽然公开的交流使得合作变得容易了一些，但竞争者之间的合作却不是一帆风顺的。石油输出国组织的成员曾经有很多次无法就石油的价格和产量达成协议，结果导致油价下降。

如果一个行业内的现有企业能够协调一致地行动，那么行业的新进入者就会成为他们关注的焦点。如果新进入者决定扩大市场份额而不是加入已有的合谋协议，那么他将会打乱合作均衡。即使新进入者并不在意市场份额的扩大，但只要任何一个行业内的现有企业认为新进入者会这样做，合作均衡也会变得不稳定。由于担心新进入者会不合作，行业内的已有企业可能会"先发制人"而率先降价。而一旦行业内有一家企业开始降价，其余企业迫于压力也会紧跟着降价。

本章的核心命题是：**市场上一个新企业主要形象的社会地位是市场中已有企业借以估计与其就如何限制竞争行为以及/或者维护他们的共同利益达成协议可能性的可靠基础。**新进企业的地位越低，已有企业就越怀疑达成共识的可能性，进而越有可能通过所谓的掠夺性定价（predatory pricing）将新进入企业驱逐出市场。为了提供证据证明这一命题，我将首先回顾经济学关于掠夺性定价和社会学关于商业群体的研究。在回顾这些文献之后，我将通过对 1879 年到 1929 年间英国三个远洋运输业卡特尔的掠夺性定价案例的分析来实证检验上述命题。

掠夺性定价的经济学文献

掠夺性定价指的是一个行业中现有的企业在短期内制定非常低的价格,以期把某一公司或某一部分公司排挤出市场,然后在长期内可以保持高价。也许是因为经验证据有限,掠夺性定价常常成为法律专家和经济学家争论不休的话题。一方面,许多学者(比如 Bork,1978;McGee,1980)对可获利的掠夺性定价是否可能存在表示极度的怀疑。掠夺性定价策略只有在部分公司退出市场后,高价格可以得到保持的情况下才可以获益。这些学者非常确信竞争将会限制部分公司退出市场后超额利润的存在。如果真的是这样,那么对于一个或多个现有公司而言,降低价格以驱逐新进入者的策略永远都是非理性的。

许多经济学家用形式模型来说明对于现有企业而言,在什么条件下对行业新进入者实行掠夺性定价是理性的。Ordover 和 Saloner(1989)将掠夺性定价的动机分为三大类:声誉、长期收益以及信号。声誉模型(比如Milgrom & Roberts,1982)是一种非常清晰的动力机制,行业内已有的企业通过创造一种好斗的名声以有效地威慑新进入者。追求长期获益的解释很早以前就有了,但最近 Fudenberg 和 Tirole(1985)、Bolton 和 Scharf-stein(1990)的研究为这种解释赋予了新的含义,他们的模型主要关注信息不对称,市场中的某些企业可能创造一种情境,使得其他一些企业因为缺乏资本而被市场所淘汰。最后,行业中的现有企业可能需要发布诸如需求不旺与进入成本低之类的可信的市场和企业特定信息,以便于有可能用较为合适的价格兼并新进入者并控制整个行业的产能(Saloner,1987)。

由于反垄断法的普及,掠夺性定价的现代案例非常少,对掠夺性定价的经验研究所使用的案例大多来自历史数据。Burns(1986)研究了 20 世纪初美国烟草行业的大企业如何进行掠夺性定价以击败对手。Genesove 和 Mullin(1997)非常精确地计算了 20 世纪初期美国糖业托拉斯(Sugar Trust)的边际成本,其结果显示,行业内一家近于垄断的主导企业以低于成本的价格销售产品,其目的就是搞垮或兼并新进入糖业的企业。Levin 和 Weiman(1994)找到了类似的证据,显示南部贝尔电话公司(Southern Bell)在与某些地区的对手竞争时,把价格降到成本价以下。Scott Morton (1997)的研究显示,如果新进入者拥有较多的资源,那么行业卡特尔进行掠夺性定价的可能性就会大大降低,因此对于新进入者而言,资本是否充足是最关键的。Lerner(1995)在一个最近的研究案例中指出,一家磁盘驱动器生产商为了使竞争对手陷入资本短缺的困境,以较低的价格销售其产品,他认为这代表了一种追求长期收益的掠夺性定价行为。

经济学家并不关注新进入者的地位,或者更宽泛地说,新进入者的身份是如何影响掠夺性定价的。虽然关于掠夺性定价的经济学模型里已经涉及声誉这个概念,但是掠夺性定价模型中的声誉概念与地位概念之间存在的差别比第五章中关于产品质量的经济学模型中的声誉概念和地位概念的差别更大。在掠夺性定价的经济学模型中,声誉一词指的是对行动者——通常是公司——的一种看法,即公司的行为证明他愿意并且能够参与一场价格战。

地位与掠夺性定价

虽然社会学家没有关注过掠夺性定价本身,但是社会学家经常关注更宽泛意义上的竞争与冲突过程。据此,社会学家将焦点放在社会身份上,并将社会身份视做影响冲突的起因、结果及边界的决定性影响因素[1]。Granovetter(1995)对商业群体的研究为我们提供了一个具有原创性的理论模型,来解释一个公司的社会地位与其被诸如卡特尔这样以市场为基础的生产者联合体所接纳或排斥之间的关系。Granovetter 强调"道德共同体"(moral community)对于卡特尔成功运行的重要性。在一个诸如卡特尔这样的商业群体所建立的"道德共同体"中,"令人信赖的行为是符合人们的期待以及一定道德标准的行为,机会主义无法在其中立足"。Granovetter 在对诸多历史案例进行梳理之后,认为在市场上处于领先地位但处于道德共同体之外的"背叛者"的出现对卡特尔单方面设定交易条件并建立联合协议(pooling arrangement)的能力构成威胁。

市场上背叛者有多种方式能对卡特尔的运作构成威胁。第一,特定的行为对"背叛者"意味着不一样的激励,他们关于世界的信息和对商业伙伴行为的预期以及他们提供的折扣率与其他卡特尔成员也不一样。第二,因为背叛者并不是道德共同体的成员,他与共同体成员的交流更可能不顺畅,这就会带来相互的不信任。第三,因为背叛者处于道德共同体之外,所以道德共同体无法对之实施有效的惩罚。如果新进入者是道德共同体的成员,那么这个共同体就可以对他的行为进行社会性惩罚或奖赏。这种奖惩工具对于维持一种稳定的共谋很有帮助。

Granovetter 对道德共同体的强调并不意味着地位是行业内现有企业可以据以判断新进入者对道德共同体可能贡献的唯一信号。但 Granovetter 的研究意味着行业新进入者与已有企业之间任何实现社会类聚(social homophily)的基础都会增加已有企业期待新进入者对道德共同体作出积极贡献的可能性。比如,是否来自共同的地方是已有企业关注的一个信号。在后面对英国远洋运输业卡特尔的实证案例研究中,我在分析卡特尔内部成员是否会加入对新进入者价格战的可能性时,把是否来自共同的地方作为一个变量加入分析模型中。

虽然 Granovetter 对于道德共同体的强调并不意味着地位是唯一的信号,但是他指出了在一个商业群体中的主要成员处于较高地位时,地位影响的重要性。的确,Granovetter(1995)所讨论的来自亚洲、欧洲和美国的商业群体成员都有非常高的地位。同样的,我下面要研究的英国远洋运输业卡特尔成员也都有非常高的地位。因此,虽然 Granovetter 对商业群体的讨论意味着只有在行业中大部分已有企业处于较高地位时,地位才会成为一个较好的信号,但看起来这一限制性条件并不是一个严格的边界条件,因为一个功成名就的商业群体领袖通常都是地位非常高的人。

Gordon Boyce(1995)在对英国远洋运输业的历史研究中使用了网络理论和信息经济学的工具,他提出的证据说明船主的个人网络以及其他人对他的看法对他的成功很重要:

　　早期蒸汽机的使用降低了网络内部成员订立合约的成本，这里的
网络也包括一系列通过（亲属、宗教以及地缘关系获得的）人际关系知
识（interpersonal knowledge）结合在一起的个体……基于互惠而重复
缔约带来了信任与合作。人们相互合作以期未来能签订一系列合同。
合作需要每一方对相互之间的经济关系抱有长远的预期。经过一定
的时间，网络内部成员获得了作为一个可信赖的合作者的声誉。声誉
是一种默契于心的沟通，它传递着人们对一个缺乏一手知识的人作出
判断所需要的信息。（第 3 页）

　　值得注意的是，Boyce 所使用的声誉一词的含义更接近于本书的地
位，而非掠夺性定价研究中的声誉。如果道德共同体以外公司的背叛降低
了共同体成员互利性合谋的可能性，那么行业内已有的企业就应该驱
逐——或不接收——那些他们认为可能会拒绝融入道德共同体的成员。
根据 Boyce 的论述，道德共同体内部成员之间会签订互利性协议而暗中将
那些不符合他们内部规范的人排除在外。

　　我们下面即将论述的内容显示，远洋运输业的卡特尔并不容易运行。
卡特尔成员必须作为一个群体来做决策，当成员们无法达成共识时，漫
长——从而耗费巨大——的谈判最终会达成妥协或导致冲突。而没有解
决的冲突将会带来价格战。因为未来是高度不确定的，公司不可能就每一
种可能出现的情况签订一个正式的合约，卡特尔成员之间共同的信息和激
励、社会关系和良好的沟通对于降低未来协商的成本、提高卡特尔成功运
作的可能性是非常有价值的。

　　虽然社会学家的研究常常只是从整体上关注市场和行业部门，但是也
有一些关于商业精英社会结构的社会学文献为我们提供了有意义的观点，
即地位和共同的背景促进了企业家之间的合作（Useem，1984；Domhoff，
1967）。Hirsh（1986）在对市场上为争夺公司控制权而进行的恶意收购
（hostile takeovers）行为的扩散的研究中发现，最初采用这一策略的个体都
来自精英公司共同体之外且地位较低。Hirsh 因此得出结论，最初对这一
策略的抵制是因为这一策略使得共同体之外的个体能不经过共同体内部

成员的一致同意就获得原先由共同体内部成员控制的资产。另一项研究
更加接近我们所要关注的问题,即对特定市场内部而非市场之间合谋行为
的社会基础的研究。Glasberg(1981)描述了一个较大的银行共同体如何
共同抵制了一个共同体之外的地位较低银行的恶意收购。

上述研究清楚地揭示了一个特定行业中根基较为稳固的企业与新进
的挑战者之间的冲突会受到挑战者社会身份的影响。挑战者的地位越低、
与行业已有企业的背景差异越大,行业内根基稳固的企业越有可能采取措
施将挑战者排挤出他们的势力范围。掠夺性定价只是根基稳固的企业联
合起来排挤新进入者的一种手段。在地位能够充当新进入者维护"道德共
同体"的意愿和能力信号的情况下,新进入者拥有的地位越高,价格战发生
的可能性越小。

虽然本书强调地位作为一种信号机制会影响一个企业进入市场,但也
存在其他导致地位影响市场进入的因素,而这些影响因素可能与信号机制
毫无关系。比如卡特尔的成员即使不考虑地位的信号作用,也可能非常看
重与拥有高地位的公司的交往。或者地位可能意味着某种政治资本,比如
与议会的连带关系,这也是卡特尔的成员希望获得的。厂商的地位也可能
使其对商会(merchant association)产生一定的影响,而商会也可以从这种
关系中获益。

地位还可能意味着某种亲属关系或银行借贷关系,这是"财力雄厚"
(deep pockets)的标志。如前所述,经济学模型已经揭示了一个新进入企
业的财力是否雄厚会影响价格战发生的可能性。对于那些财力雄厚的远
洋运输商而言,新设或扩展一条新航线的一种常用方法就是把股份卖给自
己的亲戚和邻居。因此,一条航线的股东可能有兄弟、姐妹夫或大小舅子、
叔叔、供货商或邻居。这条航线生意的财力取决于这条航线的股东以及这
些股东与当地银行之间的关系。Boyce(1995)认为,"银行官员不仅使用财
务数据,而且也依赖于直接的沟通、个人推荐以及一些传统的实质性指标,
比如土地、头衔以及职业关系(occupational links)等"。

虽然地位与财富之间存在确凿无疑的相关关系,但这一关系不是完美
的。社会学家(Weber,1948)很早之前就强调,并非所有财富积累的形式

都会带来同样高的地位，即便当财富积累带来了一定的地位，在原初的财富积累和后来获得的地位之间仍然存在极大的差距。拥有较高地位的远洋运输商是那些拥有足够多的财富用于发展与其他厂家的联系、参与慈善活动以及竞选议员等活动的远洋运输商。一个成功的个体可以在很短的时间里变得很富裕，但是按照时代的或我们所认同的标准，这并不意味着他就拥有足够高的地位。但他的子女可以在一个不同的社会环境中成长，接受昂贵的教育，并与有钱人联姻，拥有高的地位。出生在一个富有家庭的后代可能比那些新进入某一产业的暴发户拥有更有利的人际关系网络（兄弟姐妹、亲戚邻里等）。

即便地位与一个人的财富相关性并不是那么完美，我们仍然需要把地位的信号作用与财富的信号作用分解开，就像本书前面的章节所分析的那样，将地位的信号作用与产品质量的信号作用区分开。下面的经验分析将评估地位效应是否有相当部分是来源于信号机制。

英国远洋运输业卡特尔

我们现在转向系统的经验分析，我们将主要关注 1879 年至 1929 年间英国远洋运输业卡特尔的行为。从 19 世纪 70 年代到现在，英国远洋运输业多条贸易路线上远洋运输的费率与运力安排都是由远洋航运公会（shipping conference）——由远洋运输商或客运商组成的联合体（或称卡特尔）——决定的。每一条地区间的贸易路线都有自己的航运公会组织，这些航运公会组织是由在本航线上从事业务的 2 个到 15 个或更多的航运公司（shipping line）组成。每个地区可能会有不同的支线（branch routes）和（或）多个港口。

我们的分析包括三个长达 50 年的卡特尔。三个卡特尔中有两个控制了从英国到英国殖民地（南非和印度）的贸易路线，一个控制了英国到远东（香港、日本与中国北部海岸）的贸易路线。选择这三个卡特尔，是因为它们控制了非常重要的航海贸易线路，而且在第二次世界大战之前非常稳固。其他的卡特尔由于贸易波动或者国内争端，贸易量非常小或者在某些时点解体了。在这一时期,大量的财富在英国与其殖民地之间流动,所以远洋运输公司、远洋运输公司的所有者、贸易路线的条件等信息都非常重要。所以这些信息被以学术著作和通俗出版物等多种形式记录下来,这使得我们可以获取大量系统的数据。

绝大多数参与卡特尔的远洋运输商来自英国。这不仅反映了英国是这三条卡特尔航海贸易路线的终点,而且反映了英国远洋运输业在全世界的主导地位。英国的运输公司承担了全世界 50％以上的运输量,其船舶总吨位数也占我们考察时段初期世界船舶总吨位数的 50％以上(Aldcroft,1968)。

我们收集到的数据显示:一家远洋运输公司可以有一艘或几艘船,在一条或几条航线上行驶。因此,一家远洋运输公司可能从属于不同的卡特尔。在我们考察的时段中,这些卡特尔是完全合法的实体,他们的行动不受限制[2]。这些卡特尔的成员可以共同决定运费(cargo rates)以及航运安排表(sailing schedules),确定之后所有成员都必须遵守。卡特尔也可以分配运输特定种类物品的市场份额,并决定中途停靠的港口。为了保持对特定远洋运输路线的垄断权,卡特尔会设置特别的转换成本(switching costs),以惩罚人们选择新进入者的行为。这种"延期折返"(deferred rebate)的做法非常有效地阻止了新进入者,因为进入一个已有市场是非常吸引人的,所以对这个市场中的卡特尔而言,这一做法对成功地维持一个比完全竞争状态下更高的价格是非常必要的[3]。

卡特尔成员的欺诈行为并不是一件非常重要的事情。内部成员扩大远洋运输量——即在既定的航运安排表上增加船只——而不被同行看到基本是不可能的。也许最有可能的欺诈行为是为了吸引一个潜在的顾客而对其收取低于卡特尔成员共同制定的价格。然而,这样一种欺诈行为很容易从顾客方面换运输商的行为中观察到,因此很难做到侵犯价格联盟而未被发现。另外,卡特尔成员经常依据货物、港口或特定的顾客(在很多情况下这在操作中是同一回事)而被分隔开来,因此卡特尔成员之间不必为生意而竞争。而且,许多卡特尔都在某种程度上分享收益。类似这样的操作降低了人们为获取市场份额而进行欺诈的激励,因为欺诈者仅能从额外的运输服务中获得一部分收益。远洋运输商通过上述合约以及其他手段控制了竞争。我们无法获得运输商之间所有的合约网络关系数据，但是卡特尔的协议无疑是最重要并且是非常全面的协议，任何对这些协议的偏离显然意味着将引发内部或外部的冲突。

三个远洋运输业卡特尔都把价格定在比成本高很多的水平之上，以让其成员获得较高的利润（具体的证明参见 Morton，1997）。高额利润和行业的快速发展使得卡特尔不断面临新进入者的挑战，这些新进入者也想从这种集体价格协议中分一杯羹。有些时候，新进入者会受到本地商会组织的积极支持和鼓励，本地的商会组织希望竞争更充分一些，这样就能使价格降下来。除非卡特尔给新进入者提供新进入者认为合适的已有航海路线的部分份额，否则新进入者将通过比卡特尔定价更低的价格去争取市场份额。面对新进入者，卡特尔一般有两种应对方式，要么与新进入者达成和解，要么或主动或被动地发动价格战，将价格降低到新进入者觉得继续在行业中待下去将无利可图的程度。

虽然外来的远洋运输商对卡特尔的稳定性是一个极大的威胁，但是内部已有的远洋运输商之间的分歧也是极大的威胁。特别是地位被认为是一位新加入的船主是否会引发争执的一个信号时，深入地了解一下卡特尔内部分歧的细节就显得非常重要。在一个快速变迁的环境中，存在大量关于运费和航运安排表的潜在冲突。对于卡特尔内部所有成员而言，并不存在一个简单而明晰的标准来"公平地"设定运费和航运安排表。每一种类型的货物都对应着不同的运费，而这些运费不一定与货物的数量成正比，并且每两个港口之间都有自己的费用计算方式。更进一步讲，远洋运输商们规模不等，运载的货物量种类和往来的国家和地区也不一样。在任一特定时点，对特定商品的需求和供给可能会增加或者减少。新的供给可能是因为某一条新的铁路建成，从而来自于殖民地国家或其他英国港口的货物增加了。于是，新发现的、价格更低的供给来源可能会在短短几年的时间内就消除了某一利润可观的贸易机会。随着市场的这些变化，原先设定的产品或港口安排可能就会显得不公平。一些远洋运输商可能会因为这些变化而获益，而另外一些远洋运输商可能会因此而受损，这样就会发生新的谈判。

不管我们如何渲染远洋运输商在市场划分中达成协议的难度都是不过分的。如资料 7.1 所示，这一时期的信件显示出卡特尔内部成员之间就每一个市场变化所进行的谈判和协商有多么的漫长而艰难。结果，虽然这些卡特尔很少因为欺诈行为而发生分裂，但却常常因为价格战而发生分裂。只要卡特尔内部有一个重要成员想改变既定的利润分成方式，就可能会带来发生价格战的威胁。如果其他卡特尔成员不作出妥协的话，价格战就会爆发。虽然我们没有关于因为社会背景不同而引发争论的直接例子，但是每一次环境变化后的谈判都需要有人作出妥协，使得联盟能够一代代地维持下去。

资料 7.1　一封揭示卡特尔内部合约谈判的信

1936 年 11 月 26 日　　　　　　　　　　Union-Castle Lines 公司
D. Storrar 先生向您致敬

West Coast Lines 公司提出让 Blue Star Line 公司加入以利物浦为起点的环球航运线（comprehensive rotation of sailing），我们已经知悉这项建议。这需要将现有的六个航运单位转交给 Blue Star Line 公司，Clan 公司需要放弃四个航运单位，Ellerman Lines 公司和 Harrison Lines 公司各放弃一个航运单位。Clan 公司认为这项建议对他们是"非常不公平的牺牲"，因此，他们认为"这些负担应当按比例分摊"。为此，他们建议把属于东海岸的 Union-Castle Line 公司的 4 个航运单位（sailing）转移给东海岸的 Houston Line 公司。但这项建议遭到 Union-Castle Line 公司的反对。Clan 公司则宣布除非 Union-Castle Line 公司接受这些条件，否则西海岸诸公司将不可能允许 Blue Star Line 公司加入以利物浦为起点的环球航运线。

作为一种"有待讨论"的备选方案，Harrison Lines 公司建议西海岸 Clan、Ellerman Lines 和 Harrison Lines 公司的上述 6 个航运单位损失应当由下列四个利益"集团"按照其调度航运单位数量的比例来共同分担：

Union-Castle Line 集团	2.504 个航运单位
Clan 集团	1.654 个航运单位
Ellerman Lines 集团	1.008 个航运单位
Harrison Lines 公司	0.834 个航运单位

他们还建议 Union-Castle Line 公司不只是要每年放弃 2.5 个航运单位，而且要将这 2.5 个航运单位转移给 Clan 公司集团。这样通过减少 Union-Castle Line 公司现有的航运单位，而将 Blue Star Line 公司纳入环球航运线，西海岸诸公司将因此放弃 6 个航运单位，而不是把这些航运单位转移给其他公司。通过放弃这 6 个航运单位，他们将会使 Blue Star Line 公司减少 4 个航运单位，从而缓和 Blue Star Line 公司在西海岸面临的潜在的和事实上的竞争。

根据利益集团来管理同业公会协议的做法是非常新鲜的。迄今为止，同业公会一直在 1904 年协议确定的个体利益的基础上运行。有人说 Union-Castle Line 公司集团没有损失什么业务，因为他们在西海岸没有航运单位。事实上，它比其他公司的损失更大，因为其客运能力（cargo capacity of its passenger vessels）小，需要额外付给邮船每吨约 5 磅的费用，并且增加了西海岸的装载货物量，它为了避免与德国和荷兰同行发生纠纷，还不得不（没有补偿地）牺牲其在欧洲大陆（Continent）方面的利益。如果要对公司之间或者东海岸与西海岸之间的航运单位进行再调整，并且使新的安排做到"足够公平"的话，就需要让 Union-Castle Line 公司在西海岸享有利益。

考虑到允许 Blue Star Line 公司加入环球航运线，西海岸诸公司看起来认为他们目前的航运安排表是不可更改的，但我们不要忘记，目前这份航运安排表仅仅只是在一年以前才开始实施的。从 1921 年到 1933 年，西海岸诸公司每年调度 53—54 艘货船。1934 年，他们拥有 60 个航运单位；1935 年有 84 个航运单位；而到 1936 年，他们拥有 88 个航运单位。而东海岸的运输单位却没有相应的增长。如果"利益集团"理论能被接受的话，那么 Union-Castle 公司集团就是唯一一个没有获得这些额外增加的航运单位的利益集团……Clan 公司宣称若干年之前他们已经预知 Blue Star Line 公司将会加入到南非的贸易中并且预先增加了他们的运输单位。无论如何，如果西海岸线诸公司放弃 Blue Star Line 公司的 10 个航运单位的话，它们仍然比 1934 年多 19 艘货船，比 1921 年到 1933 年则多 24 艘。而东海岸诸公司调度的船只则和 1934 年时几乎差不多。

Union-Castle Line 公司在决定西海岸线航运单位的数量和顺序上并没有什么发言权，让 Union-Castle Line 公司因减少或再安排其航运单位而受到损失也是不合理的。根据目前的情况，东西海岸的航运单位数量只能跟以前一样分开来处理。他们认为，考虑到各方的利益均衡，如果将所有航运单位同等地配置到每周两航运单位的程度，是有可能和 Blue Star Line 公司就东海岸的安排取得进展的，但种种迹象表明，Blue Star Line 公司更加看重西海岸的安排。

分　析

数据与测量

本研究所使用的数据来自于远洋运输公司的史料、远洋运输通史以及某些港口的史料记载。这些史料首先被 Morton(1997)作为分析的一部分而收集，她主要关注价格战的经济理性(economic rationales)。关于这些数据更多的详细来源信息可以参阅她的文章；但是资料中还包括卡特尔成员之间的通信，这些通信收藏于格拉斯哥大学远洋运输记录档案室(Shipping Records Archive of Glasgow University)；远洋运输吨位数的数据信息来自于劳埃德船级社(Lloyd's Register of Shipping[4])；此外还有与远洋运输业卡特尔的运作有关的个人、公司、航线等 40 多份历史档案(histories)。

在本文所分析的时段中，三家卡特尔一共遇到了 61 次对协议的挑战。在这 61 次挑战中，有 4 次因为缺乏关于挑战者的足够信息而被从分析中剔除,有 8 次价格战是由于卡特尔的内部分歧而不是一个新进入者引起的,所以也没有被采用。这样我们分析结果的数据涵盖了 49 个因新进入企业试图在既定格局中谋得一席之地而引发争执的案例。

对每一个潜在的挑战者而言,行业公会有相当大的决定权,它可以决定是否将新进入者卷入价格战,或者在新进入者加入航线的渴望与内部成员认为其与行会协议的不一致之处中间进行协调。这些决定的结果是我们分析的因变量。当历史资料显示各个公司出现竞相降价的商业冲突时,我们将这种新进入者与行业已有者的关系称为价格战。

有时,文本中使用"价格战"的字眼来描述某些公司或整个市场的降价现象,但并不总是如此。其他的说法还有"价格急剧下降"、"降价 40％"等。本研究将追随 Morton(1997)研究,把降价超过 30％定义为价格战。在 49 个有充足的资料可以进行分析的案例中,我们把其中的 15 个案例界定为价格战。

新进入者的经济实力可以用不同的变量加以衡量。**船舶总吨位数**(total tonnages)指的是远洋运输总吨数之和,以百万吨为单位计量;总吨位数不一定要属于行业公会管理的贸易路线。总吨位与公司的金融资源或其他资源成正比。比如,最大的轮船公司有充足的资金储备用于购买轮船以及对已有船队的自保(self-insurance)[5]。规模越大的企业越容易分散风险,更容易获得融资,也更有可能以一个较合适的价格购买新船。规模的大小与挑战者愿意或能够与卡特尔成员在行业公会协议之外的航线展开竞争的可能性成正比。综上所述,企业的规模越大,就越具有竞争力。从定义上就可以知道,越强的竞争者越有能力参与持久的、耗费巨大的价格战,所以公司规模越大,价格战发生的可能性就越小。

如果挑战发生的时候,一个公司成立时间不超过 5 年的话,这家公司就被定义为"新进入者"。新进入者一般不太可能在进入时就拥有功成名就的航运公司那样充足的现金和保险储备(insurance reserves)。行业公会也会认为其成员拥有的储备比那些挑战者要多。新进入企业还可能缺乏忠诚的顾客群体和良好的声誉,这导致其比行业老成员相对缺乏竞争力。基于上述原因,在一个行业中缺乏从业经验,更有可能会引发价格战。

人们可能会质疑这种严格的两分法,但其基本原理是直观的。对于我们的分析来讲,抓住行业中的新进公司与老公司之间的差别是非常重要的。测量新进入者有多"新"的连续变量,比如公司成立的年数或者公司成立年数的对数等,并不必然与发生价格战的可能性有显著的相关性。将 5 年作为划分标准的基本原理是:一个企业无法在 5 年之内建立充足的保险储备和稳定的顾客群体。这一划分标准比一般的商业周期要短,但绝大多数新进入者生存的年数都小于 5 年。

很明显的,最有意思、最具有分析价值的变量是**社会地位**。具体而言,我们更感兴趣的是,新进企业的老板或经理是否被他的同行们认为是拥有较高地位的人。Scott Morton 在最初分析中所使用的历史资料的作者们都非常注重对企业老板的地位进行描述,虽然他们并没有全面地描述人们想知道的所有内容。许多历史资料是在第二次世界大战前后写成的,许多作者是英国人。他们成长在一个对地位特征非常敏感的环境中,在这种环境中地位特征成了历史记录不可或缺的组成部分。所以,作者们通过各种方式去描述企业老板以展示他们的地位。例如,一个老板可能被描述为"出生于约克郡一个显赫的家族,他们家族曾经是某某大学的创始人";另一个老板可能是一个爵士;第三个老板可能是一位国会议员。这样的描述被我们作为企业老板社会地位高的根据。就我所考察的时期而言,远洋运输业对国家而言实在是太重要了,所以航运业老板们都是名流,他们生涯中任何值得关注的成就,比如前面例子中所提及的这些成就,人们都非常感兴趣并有许多评论。因此,那些对其家庭出生和成就没什么描述的人可能的确就是没有什么值得一提的。所以,虽然我们缺乏关于地位的系统性资料,但是我们仍然可以依据历史资料对个人进行编码,我们将那些有历史记录显示其在社会上拥有较高地位的人定义为"高地位",如果没有任何类似历史记录的人则定义为"低地位"。

虽然英国社会中,地位的区分多种多样并具有各种等级,但需要指出的是,"较高地位"是一个相对性的术语。在我们的分析中,拥有较高地位的新进入者并不是说他们就得是贵族阶层的成员[6]。当时英国的贵族阶层拥有大量的土地,但是他们不直接从事商业。然而,远洋运输商几乎都是英国工商业阶层的成员并且拥有"较高的地位"。工业革命及其所创造的财富引发了社会变迁。当英国的远洋运输业催生了比其他任何行业更多的百万富翁和准百万富翁时，这些行业的老板就开始获得可以继承的荣誉头衔。不管一个人的地位发生变化是因为他们获得了一个来自官方的荣誉头衔或者在地方社区中发挥更重要的作用，我们都认为一个人的地位终其一生并不是固定不变的。在我们研究的这些个案中，许多老板都有着卑微的家庭出身。新进入者在他们生涯的早期阶段被界定为"低地位"。然而在若干年之后，伴随着事业的成功与财富的积累，在他们职业生涯的后期或他们的后代在进入一个新的贸易线路时，就被定义为"高地位"。

遗憾的是，在挑战者与卡特尔成员（participant）的合约关系网络方面，或者二者在行业公会中社会关系的强度方面，现有的历史资料所能提供的信息非常少。但因为我们选择的卡特尔样本的一些基本特点，我们可以绕开地位测量的相似性问题（problem of measuring similarity）。如前所述，这些卡特尔是非常成功的，他们在经济上和政治上都非常重要的贸易路线上开展业务。因此，行业公会中已经成名的航运商一般已经具备"较高的地位"，这部分是因为他们隶属于卡特尔。卡特尔的成员资格马上会赋予一个企业主在经济领域和公共话语上很大的影响力。如果新进企业的所有者社会地位较高，那么新进入者与我们所研究的三个卡特尔之间就能实现较好的匹配。

在所有 49 位挑战者中，有 11 位拥有较高的地位。这 11 位地位较高的挑战者中，只有 1 位来自德国，其余的都来自英国（非英国企业大多是政府经营或者与政府有较紧密的关系，因此其主要领导人往往是官僚）。在 10 位来自英国的挑战者中，有 4 位是贵族。

虽然地位显然是社会身份最重要的一个方面，但是如前所述，也存在着其他有助于社会类聚的基础会影响卡特尔允许新的企业进入或者将它卷入价格战的决策。来自同一个地方看来是特别重要的。所有航运公司的老板都居住在其航运公司的母港以便于更好地打理公司的业务和参与市镇的公共生活。Boyce 曾写到一个名为 Charles Cayzer 的远洋运输公司老板/经理,"Cayzer 的儿子建议 Clan 公司将总部迁到伦敦以建立威望,方便处理行业公会的事务,发展更广泛的社会关系。然而,老 Cayzer 以 Harrison Lines 公司和 Anchor line 公司为例,决定继续留在老根据地格拉斯哥,以维持与当地货运商的关系,降低运营成本,保持公司'与发源地的认同'"(Boyce,1995:289)。Boyce 所提供的证据与相似的出身或来源地将会降低价格战可能性这一假说相一致,因为共同的来源地意味着潜在持续合作的较大可能性。然而,与地位不一样,有许多原因使得身份上的共同性会给合作带来一定的问题。挑战者与卡特尔成员为相同的顾客群服务,卡特尔成员注定会失去一部分市场份额。一个远洋运输商的母港通常是其主要业务的来源地,其大多数货物来自于当地(或者铁路可及的地方)的制造业厂商。因此,如果一个新进入者在行业中既有企业的母港开展业务,那么如前面的引述所说,它就很有可能要抢走既有企业的生意。

上述推理过程也适用于非英国籍的卡特尔新进入者。比如,一家德国公司比英国的公司更难成为一家英国货物的主要货运商。从经济学的视角来看,人们可以预见,一个在行业内具有统治地位的卡特尔如果允许一家德国企业而不是英国企业进入行业,那么卡特尔将会放弃较少的市场份额,甚至可能会发现总的"蛋糕"做大了。在这些情形下,更有可能针对英国企业发生价格战。

既然共同的母港和共同的民族既可能增加也可能降低卡特尔成员对新进入者发动价格战的可能性,我们无法对这些变量的净效应作出事前的预测。的确,如果我们同时考虑母港和民族变量的话,显然有可能出现一个变量的效应是正的,而另一个变量的效应是负的,因为我们没有任何理由认为共同背景所带来的共同体提升(community-enhancing)效应和竞争效应会随着社会或地缘距离而以相同的速率降低。虽然我们不能预测民族或母港与是否发生价格战之间呈反向关系,但是我们可以断言,如果我们真的观察到反向关系的话,那么这种反向关系就显示出源自共同背景的共同体提升效应与价格战发生的可能性是相关的。更进一步讲,不管共同的母港和共同的民族对价格战发生可能性的影响效果如何,至少将这两个变量作为控制变量纳入分析是非常重要的。

　　如果一个新进入者是英国人，那么**英国国籍**（British nationality）的编码就设定为 1，若不是则设定为 0。因为联盟中绝大部分成员都是英国的，同一个国家的认同意味着挑战者与既有企业之间在背景上有着更大的共同性。如果新进入者的母港与行业公会中大多数远洋运输商的母港是一样的，那么相同母港这个变量的编码就为 1。伦敦是大多数南非航线卡特尔成员的母港，而利物浦则是大多数印度航线卡特尔成员的母港。远东航线卡特尔则没有非常明确的主要母港，这一卡特尔中的英国成员的母港较为平均地分布于伦敦、利物浦以及格拉斯哥。相应的，对于所有远东航线卡特尔联盟的挑战者而言，这一变量的编码就是 0。

　　航线吨位数（route tonnage）是另一个衡量价格战成本和收益的指标。航线吨位数指的是，新进入者在既定航线上的货物总吨位数，以百万吨计。新进入者在既定航线上总吨位数决定了卡特尔可能损失的最大贸易量。潜在利润损失的增加将会降低任何形式价格战的机会成本。结果，较大的航线吨位数将会增加价格战的可能性。需要指出的是，我们在分析中引入**总吨位数**这个变量，所以航线吨位数并不是一家新进入企业势力的衡量指标，而是卡特尔接纳一个新进入者在联盟规定的航线上持续运营可能遭受潜在损失的衡量指标。举个例子来讲，如果一家已经在几条航线上开展业务的企业将部分船只投入一条新航线，那么在分析中，其**总吨位数**就会大于其**航线吨位数**。

　　分析中还包括一个虚拟变量，反映在英国—印度或英国—日本的航运公会控制的特定贸易路线上（英国—南非的航运公会则是一个剩余类型）是否发生了特定的进入事件。这些变量用于控制不同卡特尔参与价格战倾向的差异性。进入事件发生的年份也是一个解释变量，这一变量用于控制这一均衡中的跨期学习（learning over time）或其他线性变化（linear change）。

结　　果

　　表 7.1a 和表 7.1b 给出了所有发生价格战的样本以及那些非因内部

争执而发生价格战样本的描述性统计结果。表 7.2 报告了与价格战有关的主要变量的简单统计量列表。在这种简单的图表分析框架中，人们可以看出，地位较低的、较新的进入者参加价格战的比例相当高。表 7.3 报告了不同的解释变量之间的相关性及其显著程度。较高的**地位**与**进入时间**、**企业成立时间**、**母港地点**、**是否英国国籍**显著相关。与**地位**相关程度最高的是企业成立时间，相关系数为 0.49，这个相关系数之所以这么高，是因为最古老的企业往往在好几代人以前就已经存在了，创始人的后代在这个过程中已经拥有了较高的地位。

表 7.1a　非因内在分歧引发价格战样本的主要统计指标

变量:潜在目标的特征	个案数	均值	标准差	最小值	最大值
价格战	49	.306	.466	0	1
企业成立年数	49	29.6	32.3	0	135
是否属于新企业	49	.286	.456	0	1
航线吨位数	49	29 105	24 703	1 449	126 000
总吨位数	49	86 851	116 159	1 449	598 203
是否拥有高社会地位	49	.224	.422	0	1
是否来自同一当地母港	49	.286	.456	0	1
是否拥有英国国籍	49	.612	.492	0	1
进入时间	49	18.0	12.7	1	56
英国—印度卡特尔	49	.245	.434	0	1
英国—远东卡特尔	49	.245	.434	0	1

表 7.1b　所有样本的主要统计指标

变量:潜在目标的特征	个案数	均值	标准差	最小值	最大值
价格战	58	.397	.493	0	1
企业成立年数	59	31.5	34.6	1	157
是否属于新企业	59	.237	.429	0	1
航线吨位数	57	32 840	27 845	1 449	12 600
总吨位数	58	90 917	110 334	1 449	59 820
是否拥有高社会地位	59	.203	.406	0	1
是否来自同一当地母港	59	.288	.457	0	1
是否拥有英国国籍	59	.593	.495	0	1
进入时间	59	18.0	12.05	1	56
英国—印度卡特尔	59	.288	.457	0	1
英国—远东卡特尔	59	.288	.457	0	1

表 7.2　地位、新进入者与价格战

	高地位	低地位
没有发生价格战	9	25
发生价格战	2	13
	英国	非英国
没有发生价格战	23	11
发生价格战	7	8
	母港	非母港
没有发生价格战	25	9
发生价格战	10	5
	非新进入者	新进入者
没有发生价格战	28	6
发生价格战	7	8
	高社会地位	低社会地位
非新进入者	9	26
新进入者	2	12

表 7.3　自变量之间的相关性

变量	企业					航线	
	新企业	吨位数	地位	成立年数	本地港口	英国	航线吨位数
总吨位数	−.322+						
地位	−.084	.053					
企业成立年数	−.494+	.236+	.494+				
当地母港	.085	.049	.329+	.006			
英国航线	−.025	−.088	.247+	.224	.527+		
航线吨位数	−.272+	.346+	−.007	.186	−.133	.031	
进入时间	.000	.491+	.307+	.073	−.110	−.127	.317

注：$^+p<0.10$.

因变量是一个二分类变量，因此我们可以考虑用 logit 或 probit 模型进行估计。本章的分析采用 probit 模型，表 7.4 展示了用 probit 模型做的回归结果。如我们所预测的那样，地位的影响是负的（并在 0.1 的水平上显著）。为了评估地位对于发生价格战可能性的边际效应，有必要将地位系数与正态概率密度分布函数（normal probability density function，pdf）基于数据集算出的平均指数值相乘。第 1 列的概率密度分布函数值是

0.249。相应的,对于一个地位一般的远洋运输商来讲,其地位从低到高,发生价格战可能性的边际效应将增加 40%。地位对于价格战发生的可能性有着极为显著的影响。

表 7.4　价格战的决定因素

变　　量	模型 1		模型 2	
潜在新进入者的经济资源	.805+	(.541)	—	
潜在目标的总吨位数	$-6.22 \times 10^{-6}+$	(4.72×10^{-6})	4.42×10^{-6}	(4.76×10^{-6})
潜在目标的身份				
潜在目标的地位	$-1.54*$	(.81)	$-3.06*$	(1.41)
潜在目标的地位×成立年数	—		.056*	(.030)
企业成立年数	—		$-.045*$	(.027)
来自同一母港	$2.16+$	(.93)	2.24*	(.981)
潜在目标是英国国籍	$-.98*$	(.60)	$-.922+$	(.639)
控制变量				
潜在目标的航线吨位数	$1.81 \times 10^{-5}+$	(1.28×10^{-5})	1.43×10^{-5}	(1.32×10^{-5})
远东—英国卡特尔	$1.33+$	(.88)	1.44*	(.894)
印度—英国卡特尔	$1.11+$	(.78)	.399	(.619)
进入时间(年)	.039	(.025)	.045*	(.026)
截距	$-1.90*$	(.85)	-1.03	(.824)
Log-发生价格战的可能性	-22.20		-21.06	
Φ(XB)边际效应	.294		.270	
总数	49		49	

注:括号里的数字是标准误。缺省的卡特尔(the default cartel)是南非—英国卡特尔。对标准正态密度的估值使用了变量的估计系数和均值。
　+ $p < 0.10$,单尾检验; * $p < 0.05$,单尾检验。

　　如前所述,地位系数潜在包含多种效应。虽然地位可能是显示潜在进入者会支持卡特尔内部道德共同体的一种信号,但是对地位系数还有其他可能的解读解。一种备选的理解是:较高的地位意味着新进入者拥有较强的财力,这可以使之免于掠夺性定价。但是值得注意的是,假定金融资源丰厚这种理解是正确的话,那么社会地位与金融资源之间应该存在正向的相关关系:(1)这里的金融资源既不体现在挑战者的总吨位数或挑战者在特定航线上的吨位容积(tonnage capacity)上,也不体现在挑战者成立年数上,(2)但是与挑战者的船务运作能力(shipping operation)有关。当然,即便这些限定有助于排除对地位进行金融解读的可能性,事实上还是存在其他解读方式。例如，卡特尔成员将与其他高地位的人来往视为一种消费品，或地位可能已经成为显示政治资本的一个指标。

　　为了将各种信号的解读方式区分开来，我们需要确定地位影响新进入者卷入价格战的可能性在多大程度上是与新进入者的成立年数有关。如果地位是新进入者愿意加入道德共同体的信号，那么这一信号起作用的重要程度会随着新进入者成立年数的增加而降低。新进入者的成立时间越长，就有越多的卡特尔成员认为其老板是受卡特尔道德共同体欢迎的人。另一方面，如果地位本身被人们当作目标来追求，或者它就代表新进入者拥有的政治资本以及/或经济资本有多少，那么地位效应就不应该取决于企业成立年数。

　　第 2 列中加入了企业成立年数与地位之间的交互作用，这能帮助我们梳理清楚这些备选解释。地位的主效应还是负的，并且在 0.05 的水平上统计显著。你可以将这一地位主效应解读为一家刚刚成立的公司的地位效应。企业成立年数的效应也是负的，并且在 0.1 的水平上统计显著。有意思的是，地位和企业成立年数的交互效应是正的，并且在 0.1 的水平上统计显著；地位对于成立时间较长的远洋运输商比成立时间较短的远洋运输商更重要。如果地位完全是体现企业经济资源和政治能力的指标的话，那么这一结果就表明，经济资源和政治能力对于成立时间较短的远洋运输商的作用大于成立时间较长的远洋运输商。所以这样一种解读是很难成立的。同样的，如果卡特尔成员只是将追求地位本身作为目标，那么他们赋予地位的重要性对于不同成立时间的企业应该是不变的。但地位与成立时间之间的交互效应为正，这和将地位作为未来进一步合作信号的解读是一致的。新进入的远洋运输商的企业成立时间越长，行业内既有企业就越有可能找到替代性的依据——新进入者在其他市场和过去在卡特尔中的行为——判断新进入者是否可能会成为卡特尔组织中合作性的成员。

　　当然，上述支持地位是人们未来行为信号的证据并没有排除地位可能是显示其亲属或金融资源的替代指标的可能性，也没有排除地位本身就是人们追求的目标这一可能性。的确，将地位主效应的重要性与交互效应的重要性相比，我们会发现上述这些对地位效应的备选解读是可以成立的。

地位的总效应显示在第 2 列,即(-3.06+0.056×企业成立年数)。只有当企业的成立年数超过 50[7]年时,其地位效应才大于 0。因此,即便企业已经成立了二三十年——虽然这些年数已经足够作出对合作行为的推断——地位效应仍然是正的[8]。将交互效应纳入分析中,并不是要排除对主效应所有的其他理解,而是检验数据中是否存在信号理论的可能性。因为相对于解释变量而言,我们的观察值太少了。我们用一种相对简单的公式进行了估计和报告,我们发现了一些支持信号解释的证据。如果我们仅仅用企业成立年数、企业成立年数与地位的交互项、地位对发生价格战可能性作回归的话,这些自变量的系数与更复杂的模型得到的结果非常接近。然而,地位并不是决定价格战是否发生的非常重要的因素。如果用地位对价格战发生的可能性作一个简单回归的话,我们仅仅能得出负向但不显著的回归系数。因此地位对于成立时间不久的新进入企业来讲作用最大,表 7.2 也显示了这一点。

　　回到第 1 列的结果,我们发现,来自相同的母港会增加发生价格战的可能性。但是如果船主都是英国人,则会降低发生价格战的可能性。看来在母港这个层次上,来自同一地区的远洋运输商之间的竞争效应超过了共同体的提升效应,但是在国籍这个层次上,共同体提升效应则超过了竞争效应。换言之,虽然我们可以事先预测这一效应组合(combination of effects),但是来自同一国家这一变量的正效应依然是值得注意的,因为这一效应在某种程度上意味着来自共同背景会带来一定的好处。

　　让我们来总结一下与地位相关的分析结果。一个拥有较高地位的新进入者比地位一般的新进入者引发价格战的可能性低 40%。这一结果与许多解释都是一致的,比如社会地位作为家庭财富(或者财力雄厚)的替代指标,社会地位作为卡特尔内部其他成员的一种消费品,或者社会地位作为新进入者未来维护卡特尔“道德共同体”进行合作的好指标。在我们的数据中,所有这些解释可能都适用于新进入者。为了尽量将支持第三种即道德共同体解释的变量分离出来,我们将一个社会地位和企业成立年数的交互效应项目纳入了分析模型。社会地位在降低价格战发生可能性方面的作用随着企业成立年数的增加而降低。如果地位仅仅是财富的标志或者地位是一种消费品的话，我们就会很难解释为什么会发生上述情况。因此，这一交互效应为卡特尔成员根据新进入者的历史来判断新进入者是否是合作性的卡特尔成员这一做法提供了证据，但是如果新进入企业成立时间非常短的话，卡特尔成员就不得不依赖社会线索如社会地位来作出判断。

本章通过说明远洋运输公司老板的地位是如何影响其对手采取何种方式对待这家远洋运输公司，为经济行动的嵌入性问题提供了一个说明。同时，人们可能会理所当然地想知道这一分析结果究竟有多少特殊性。显然，这并不意味着一家公司首席执行官的地位总是会这么显著地决定其所在企业所面临竞争的激烈程度。显然，这也不意味着一家公司首席执行官的地位总是会这么显著地决定其所在企业是否能够加入市场生产厂商的道德共同体中。事实上，虽然没有系统地研究公司道德共同体在不同市场上存在的普遍性，但是看起来似乎大多数市场的核心之处甚至连一个道德共同体都没有。"道德共同体"的存在无疑需要竞争者之间足够多的互动，但是并不是所有的市场都有助于开展这样的互动。

但是，不管本章的分析得到的结论有多么特殊，有两点是可以说明的。第一，即使在某一特定情境下，个体的地位与市场进入不相关，这也并不意味着地位这个概念完全无用；这可能意味着人们更愿意在企业的层次上对地位进行评价。Jensen(2003a, 2003b)在一项关于商业银行进入投资银行市场的研究中发现，新进入者的地位影响他们对投资银行市场机会的把握。

第二，我们在本章中所提供的案例讲述的是19世纪最后1/3时段到20世纪前1/3时段中英国远洋运输业卡特尔的情况，虽然我们有理由认为社会地位与市场动态过程之间的关系并不总是像我们这个案例一样相关，但我们仍然可以找到更多近期的类似市场动态过程案例。比如，在本章一开始，为了引出社会地位对于市场动态过程的影响问题，我曾提及Hirsh(1986)和Glasberg(1981)的研究工作。Hirsh指出，美国20世纪六七十年代对恶意收购的抵制，其很大一部分原因在于最初采取此类兼并策略的公司都是地位较低的处于商界精英群体之外的人。地位较高的商界精英们采取各种经济和政治手段来阻止地位较低的非商界精英的兼并行为,以抵制他们借此进入精英之列。然而,到了 10 年后的 20 世纪 80 年代,恶意收购作为一种公司策略重新出现。这其中唯一的区别在于,此时恶意收购的发起者换成了商界精英们。

Glasberg(1981)与 Brooks(1973)都对一个特别的试图恶意兼并案例进行了研究,他们发现的证据与 Hirsh 更为宽泛的论述相一致。具体而言,他们探究了纽约银行界的精英是如何联合起来阻止了 Leasco 计算机租赁公司的首席执行官 Saul Steinberg 兼并纽约的化学银行(Chemical Bank)。国会的调查和访谈记录(Congressional investigations and interviews)显示,化学银行的首席执行官与其他银行界人士联合起来,抵制斯坦伯格进入他们的行列。虽然不可能一一罗列出化学银行所用的——包括合法的与非法的——策略以探究恶意兼并的操作细节,但是有一个小小的例子有助于我们对此事情的理解,化学银行的首席执行官致电 Leasco 公司的一个领导,让他转告 Steinberg:"Leasco 公司想兼并化学银行这件事情对于银行界来讲并不是一件好事"。最后,Steinberg 与 Leasco 公司并没有实现并购化学银行的计划,这从某种程度上反映了银行界对他们的联合抵制。Steinberg 回忆说:"我自始至终都知道存在着一个联盟——只是我之前一直都以为自己是这个联盟的一员"。(Brooks,1973:259)

用本章的术语来讲,Steinberg 对于纽约银行界的道德共同体而言是一种潜在的威胁。早在 20 世纪 60 年代到 80 年代,就有证据显示社会地位的效应溢出到公司控制权市场中。虽然地位的作用显然不是在每一个市场情境之中都能起作用,但我们知道地位在某些场合下的确发挥了影响。如果我们简单地假定类似英国远洋运输业卡特尔内部的动态过程是独一无二的话,那我们就错了。

本章除了为市场行为的社会嵌入性这一概念提供了证据支撑以外,本章——与前一章一起——还论述了地位动态过程在市场演化的不同领域中所起的作用。我们在前一章指出了技术领域中的地位特征如何溢出并影响了人们对什么发明将会决定质量高低认知的变化。在这一章,我们指出了社会领域中的地位特征如何影响厂商对特定市场领域的进入行为。

我将在下一章继续关注这个问题，但研究对象转变为企业的退出现象。为了研究这一现象，我们将重新考察地位在市场而非其他相关领域中的作用。我们仍然继续关注本书第三章和第四章所考察的行业——投资银行业。但是，我们将在一个更长的时间框架内考察投资银行业，以更好地把握关于退出的动态演化过程。

注释

[1] Gould(1995)；Olzak, Shanahan & McEneany(1996)。也可以参见本书第二章中 Elias 和 Scotson 对社区内地位动态过程的民族志研究。

[2] 现在它们仍然存在并且是合法的，但是在一些国家其行动受到一些限制。

[3] "延期折返"这一术语通常是指：如果一个顾客在 6 个月时间内只接受卡特尔成员提供的服务，那么在 6 个月或 9 个月的等待期之后，他就能够获得那 6 个月总运费某一固定比例(通常是 10%)的折返。延期折返制度的目的是要为现有顾客提供一种强烈的激励，促使他们不去光顾新进入者，即使新进入者们能提供更低的费率。

[4] 造船与远洋运输动态信息专业分析机构。——译者注

[5] Boyce(1995：225)指出，公司一方面公开积累现金储备以备萧条时期使用，另一方面也在暗中积累资金，而这些是其对手所不知道的。这种资源使得行业内已有企业比新进入者拥有更雄厚的财力。

[6] 我们研究所关注的那个时段中，社会流动非常剧烈。Boyce(1995：295)指出，"航运商财富积累的速度之快令人惊奇"。"第一代航运商在地位上有极大的变动"。"在 1900 年之前，只有 14 个航运商获得一些社会公认的荣誉，并且只有一个航运商获得贵族头衔。在 1900 年之后，航运商获得了数不胜数的荣誉头衔"在 Boyce 所研究的 65 位头衔获得者中，有 41 位是第一代航运商。因此，在我们的研究中，有许多新进入者在进入行业后获得了荣誉头衔。

[7] 原文如此。按前面的公式计算应该为 55 年。——译者注

[8] 新进入企业成立年数的平均值是 30 年，中位数是 20 年，最大值是 135 年，四分位数是 75 年。大多数新进入企业都处于高社会地位作用较为明显的成立年数区间中。

第八章
演化视角下的地位分隔

在本书第四章,我们集中关注地位分隔在何种程度上是地位次序的标志性特征之一。我们在研究中发现,市场行动者对潜在交易伙伴的质量越不确定,在交易关系中基于地位的类聚效应就越强。虽然地位类聚趋势是地位分隔的实现方式之一,但并不是唯一的实现方式。另一种方式是在地位次序中的分离,低于一定阈限值的行动者很少或几乎不与阈限值以上的行动者发生市场交易关系。换言之,人们既可以从微观层次也可以从宏观层次理解地位分隔。在微观层次,人们可以集中关注在何种程度上存在分离或者至少在特定地位次序中有一个关键部分发生疏离,以及这些分离或疏离的部分与竞争性公司的其他特点如公司规模、成立年数等之间的关系。Saunder(2004)在一项关于法学院之间相互竞争的研究中,探究了当关键第三方——《美国新闻与世界报道》(*US News and World Report*,USNWR)——在增加排序的法学院数目时,法学院之间地位分布的"形状"是如何随之发生变化的。当《美国新闻与世界报道》仅仅选择少数精英法学院进行排序时,法学院的地位分布便分成两部分,即一小部分(不超过25 个)精英法学院以及数量很多的非精英法学院,这些非精英法学院都会宣称他们仅次于这些精英法学院。但是当《美国新闻与世界报道》增加进行排序的法学院数量时,在 25 家精英法学院的后面就会出现二流、三流甚至四流的法学院。此时,数量众多的非精英学院就无法继续宣称他们的地位仅仅低于前 25 名的法学院,从而需要面对重要赞助人日益细致的考察。

Saunder 的研究揭示了这样一种现象,即一个特定的制度性因素——第三方评价机构——能够影响地位次序的形状及分离状况。在本章中,我们将沿着相似的路径探讨地位分隔产生的演化过程。绝大多数研究市场演化和产业演化的社会学家都是从组织社会学的一个范式性流派（para-digmatic approach）即组织生态学（organizational ecology）出发的。这一流派最早由 Michael Hannan 和 John Freeman（1977，1989）提出，是组织社会学中发展得最完善的范式，事实上，这一范式可能是社会学整个学科中发展得最完善的范式。

组织生态学研究中有许多引起我们注意的演化过程。例如，组织竞争的密度依赖模型（the density-dependent model）指出一个产业内部组织的密度（比如企业的数量）与这个产业的活跃程度（vital rates），如组织的存活率或死亡率之间存在关系（Hannan & Carroll，1992）。组织生态学也有许多研究关注诸如组织成立年数、组织规模这样的组织特性与组织所处环境的特点之间的相互影响及其对组织失败可能性的影响（Carroll & Hannan，2000）。对我们而言，由 Glenn Carroll（1985）提出的资源分隔模型（resource-partitioning model）是非常重要的。该模型关注在下列两个条件下竞争与市场分隔的动态过程：（1）企业在对他们的竞争力而言非常重要的某一特定维度上占据了一系列相互依赖的区位；（2）企业在这些关键维度上的扩张受到一定的限制。虽然 Carroll 的研究关注一个特定的维度，即区位宽度（niche width）——这一术语反映一家企业是采取特殊战略（specialist）的企业还是采取一般战略（generalist）的企业——但这两个条件暗示我们，Carroll 的模型与基于地位的市场竞争模型之间存在一定的关联，从后者的角度看，企业被锁定在地位维度下一系列相互依赖的区位中。

在本章一开始我将先简要地回顾一下 Carroll 资源分隔模型的核心要素。通过将 Carroll 提出的区位宽度这一维度上的竞争和分隔的动态过程在区位宽度和地位这两个维度上同时展开，我将展示我们将怎样对地位的关注整合进基本模型中。当这些动态过程同时在这两个维度上展开时，一个有意思的经验问题就出现了，即对于分隔而言，究竟是地位还是区位宽度是更重要的基础，一个企业更多地受到地位维度还是区位宽度维度的限制。对这一问题的回答对于我们对某一行业发展历史中的竞争模式演化的理解具有重要的启示意义。为了实证性地探索这些问题的答案，我们将回到投资银行业。但是因为资源分隔模型关注一个行业从萌芽到成熟的动态演化过程,所以我们需要从第三章和第四章所研究的时段之前开始考察。具体而言,我们将关注从 1920 年到 1949 年投资级债券市场中投资银行之间的竞争。

资源分隔模型

自从 1985 年 Carroll 提出资源分隔模型之后,这一模型经过了许多重要的发展,人们很难说清楚究竟哪个版本是最终的模型。因此,在评论这一模型时,我将尝试对一个大体上比较有代表性的版本进行详细的阐述。

当我们集中关注与区位宽度相关的市场动态过程时,我们的模型建构将从市场需求可以被分为"核心区域"(a "center")和"边缘区域"(a "peripheral")两个部分这样一种概念开始谈起。核心区域的需求相对较为同质化,规模经济和范围经济成为该区域企业竞争力的决定性因素。结果采取一般战略的公司将主导这部分市场区域。另一方面,边缘区域由一系列针对独特品位和偏好的区位组成。在这些相对更小的区位中,规模经济和范围经济并不是一家公司竞争力最重要的决定因素。相反,公司所占据的独特区位是否能够与消费者的独特偏好相匹配,是其竞争力最重要的决定因素。因此,采取特殊战略的公司将主导这些边缘区域。

基于上述市场概念,资源分隔模型主要关注市场的集中程度如何与采取一般和特殊战略的公司的死亡率相关联。众所周知,随着时间的推移,任何特定市场的集中程度都会越来越高(Carroll,1985,1997;Klepper & Graddy,1990)。根据定义,集中程度的提高意味着越来越少的公司将占据越来越大的市场份额。

人们从直觉上可以得出这样的结论:市场集中程度的增加与采取特殊战略公司的死亡率正相关,而与采取一般战略公司的死亡率负相关。Carroll 认为这种基于直觉的判断是错误的。为了解释为什么这种判断是错误的,Carroll 采用了一种演化的视角。在市场发育的早期,可能存在一批采取一般战略的公司,他们试图达到生产的规模经济和范围经济,以在市场的核心区域占据主导地位,就如图 8.1a 所示。由于核心区域非常拥挤,采取一般战略的公司开始向核心领域和边缘领域之间的区位扩张。随着时间的推移，一场消耗战开始了，最终规模经济和范围经济优势最大的一家或几家采取一般战略的公司主导了市场。生产低于一定规模和宽度导致的规模和范围不经济以及边缘区域高度特异化的偏好，使得一些力图生存下来的采取一般战略的公司既无法为市场核心区域的巨大需求提供服务，也无法为此前由大量采取一般战略的公司所占据的边缘区域提供服务。

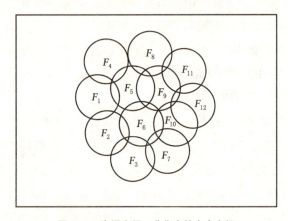

图 8.1a　资源空间—非集中的大众市场

如图 8.1b 所示，随着这场消耗战的最终胜出者不断地扩张并占领市场的核心领域，部分此前由更小的采取一般战略公司来满足的边缘区域需求，现在开始向采取特殊战略的公司开放。因为市场集中程度在很大程度上就是采取一般战略公司之间消耗战的函数，所以市场集中程度提高带来的结果与人们的直觉正好相反。对于采取一般战略的公司而言，集中程度提高意味着公司死亡率的上升。我们从定义就可以看出，市场集中程度提高意味着极少数采取一般战略的公司将其他公司排挤出市场。相反，对于采取特殊战略的公司而言，市场集中程度的提高意味着死亡率的降低。平均而言，采取一般战略的公司数量的减少将会缓和采取特殊战略公司在边缘区域所面临的竞争。此时采取特殊战略的公司在边缘区域不再同时面临来自采取一般战略和特殊战略的公司的竞争，而仅仅面临采取特殊战略公司的竞争。对许多行业的研究都证实了资源分隔模型的预测（Carroll，

1985；Barnett & Carroll，1987；Lomi，1995；Mitchell，1995）。在这些研究中最引人注目的可能要数 Carroll 在 1985 年的原创性论文,他基于对当时啤酒业兼并浪潮的考察,成功地预言了小啤酒厂的出现。虽然有许多社会学模型都能够进行事后的解释,但是能为成功地预测行业事件提供基础的社会学模型相当罕见。

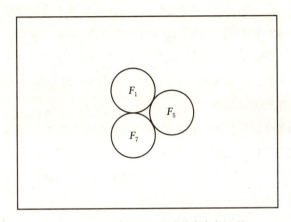

图 8.1b　资源空间—集中的大众市场

整合区位宽度与地位

对许多市场的非正式观察都提示我们,区位宽度与地位之间很少是不相关的(rarely orthogonal)。二者的关系有时是正向的,有时是反向的,但总是存在一定的关联。比如,在诸如咨询、审计以及法律等专业服务市场中,地位较高的组织通常是采取一般战略的企业,它们能够提供的产品服务丰富多样,能够服务各类不同的顾客(Han,1994；Philips,2001；以及本书的第三章和第四章)。在时尚用品、出版、啤酒或汽车等行业中,拥有较高地位的组织通常生产针对精英或特殊顾客群体的产品。我们观察所发现的地位和区位宽度之间的相关关系与 White 对市场结构的研究不谋而合,White 认为产品数量和质量之间的关系是一个市场中不同角色结构的核心,然而同时是不断变化的特征(White,1981)。另外,Carroll 与 Swaminathan(2000)以及 Zuckerman 和 Kim(2003)也研究过地位与区位宽度之间的关系。

　　更多关于区位宽度和地位之间关系的系统性证据来自于本章分析中将会用到的数据——1920年至1949年美国投资银行业的一级证券市场。在下面展开具体分析之前，我在这里先要说明对地位的测量与本书第三章和第四章对地位的测量是一致的，即对"墓碑公告"中的信息进行编码。区位宽度的测量采取一种类似于赫芬达尔指数的方法，其核心内容是检测投资银行承销的公司证券的分散程度。我将在后面更系统的分析中对这一区位宽度测量方法做更详细的讨论，但简单地说，如果一家投资银行为许多行业的公司提供证券承销服务，那么这家投资银行就是一家采取一般战略的企业。如果一家投资银行专门承销少数几个行业公司的证券，那么它就是一家采取特殊战略的企业。

　　在给出关于区位宽度以及地位的操作化处理方法之后，图8.2展现了采取一般战略和特殊战略的投资银行的地位分布状况。每一个观测值代表一个"银行年"（bank-year）。采取一般战略和特殊战略的投资银行的划分是根据一种类似于测量行业分散程度的赫芬达尔指数的指标，采取一般战略的投资银行的得分高于平均分，而采取特殊战略的投资银行得分低于平均分。图8.2表明区位宽度与地位之间存在明显的相关关系。事实上，所有观测值的相关系数是0.5。虽然地位较高的投资银行的数量明显少于地位较低的投资银行，但是在特定水平上，采取一般策略的投资银行的比例随着地位的上升而增加。

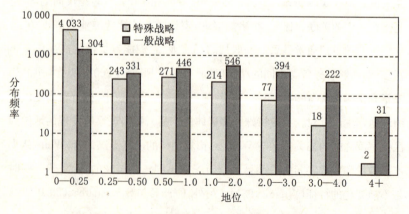

图8.2　采取一般战略和特殊战略银行的地位分布

　　基于对地位和区位宽度之间系统性的正向或反向相互依赖关系的观察，我们有必要对这种关系的原因进行深入的探讨。为什么在某些市场中地位与区位宽度之间的关系是正向的，而在另一些市场中是反向的？我们似乎很难对这个问题给出一个完整的回答。但是一般而言，地位与企业所生产产品的质量呈正向相关关系，因此我们可以将问题部分地转化为产品质量与企业产品的市场宽度之间的关系。如果成为一家采取一般战略的大公司意味着其产品质量类同于众多采取特殊战略公司常见的低档产品的质量水平，那么区位宽度与产品质量的关系就更有可能是负相关的。另一方面，如果成为一家采取一般战略的大公司意味着能够生产出采取特殊战略公司无法生产的较高质量的产品，那么地位和区位宽度的关系就可能是正相关[1]。在美国投资银行业和一级证券市场的案例中，正向关系在很大程度上被解释为投资银行承销那些地位较高发行者的证券所必须具备的能力。在本书第三章，我们探讨了投资银行业的制度细节，我们发现一个银行的地位对其承销活动有正向影响。这一事实在半个世纪之前就已经存在了。Hayes 与他的同事（Hayes，1971，1979；Hayes，Spence，and Van Praag Marks，1983）指出，在 20 世纪上半叶，那些规模较大、地位较高的投资者和上市公司需要规模空前的资金来支撑他们在全国范围内的增长。结果，一家投资银行依据其大规模证券配售能力就可以将自己与市场中的其他投资银行区分开。投资银行的能力不取决于它对特定产业的知识，而取决于它与其他投资者，特别是规模较大的机构投资者之间的关系。但正如 Hayes 及其同事所指出的那样，对这种大规模配售能力的过度关注导致人们忽略了区域较小的、特定产业的细分市场。在这些细分市场中，公司可以通过专注于特定区位而使自己与其他公司相区别（Hayes，Spence，and Van Praag Marks，1983）。事实上，地位较高的区位比地位较低的区位能带来更大的范围经济，我们可以通过图 8.2 观察到其中的相关关系。

　　为了将竞争在区位宽度和地位这两个维度上的影响概念化，我们有必要建构一个"资源—地位"空间，这一空间综合了市场竞争地位模型的基本特征以及 Carroll 的资源分隔模型中的资源空间。人们可以用各种方式对

"资源—地位"空间进行描述，图 8.3a 和 8.3b 提供了一种可能的表达方式。资源—地位空间包裹在一个球体或地球仪中，北极代表最高的地位，南极代表最低的地位，中间的纬线（latitudes）可以被理解为地位带（status bands）。经线上的（longitudinal）分化代表品味的异质性。若两家公司处在同一纬线上，则代表其地位相同。若两家厂商处在同一经线上，则代表其在同一品味或偏好上存在竞争关系。一般而言，低地位公司的数量要多于高地位公司的数量，因为每一个社会等级都代表着对进入上一社会等级的一种障碍。这一经验观察结果与前面对投资银行业以及葡萄酒业研究所得出的地位分布一致，与 Han(1994)对审计服务市场的研究也一致。

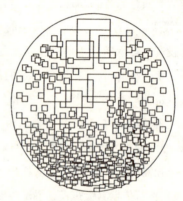

**图 8.3a　采取一般战略的企业的地位普遍高于
采取特殊战略的企业的资源—地位空间**

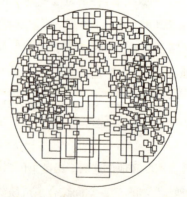

**图 8.3b　采取一般战略的企业的地位普遍低于
采取特殊战略的企业的资源—地位空间**

区位是一个长方形,因为品味与地位分别沿着两个维度排列,虽然实际的区位形状的确会影响基本的讨论[2]。与 Carroll 的理解一致的是,中心区域由规模较大的采取一般战略的公司占据,边缘区域由规模较小的采取特殊战略的公司占据,采取一般战略的公司是沿水平方向分隔开的,或者在球面空间中坐落于一系列的纵向坐标(longitudinal coordinate)上。区位宽度与地位之间的相关关系意味着,不同区位宽度的公司不仅在横向上是相互分隔的,而且在纵向上也是相互分隔的。不同区位宽度的公司系统性地分布于不同的地位纬度上。在诸如投资银行业这样的专业服务市场(见图 8.3a)中,规模较大的采取一般战略的公司主要位于北半球。在时装和啤酒等行业(见图 8.3b)中,规模较大的采取一般战略的公司主要集中于南半球。根据资源—地位模型,我们假定采取一般战略的公司所占据的区域中,主要的优势来源于规模经济和范围经济。与此相反,在采取特殊战略公司所占据的区域中,主要的优势来源于对独特的需求与品味的吸引力。

在这一资源—地位空间背后有两个隐含的假设,其中一个对于待检验的命题而言非常关键,另一个则不是那么关键。那个关键的假设是:**竞争既存在于横向维度中,也存在于纵向维度中**。公司只跟那些与之处于相互重叠区域的其他公司竞争。举个例子来说,汽车制造商们在资源空间根据其制造的汽车类型进行排列:跑车、家用汽车、豪华轿车等等。人们也可以从地位的角度来排列这些汽车制造商。比如,在跑车制造商中,马自达(Mazda)及其品牌米阿塔(Miata)可能处于地位较低的等级,法拉利(Ferrari)和兰博基尼(Lamborghini)可能处于地位较高的等级。在这个例子中,我们的分析框架认为法拉利公司与其他生产跑车的汽车制造商之间的竞争要比法拉利公司与那些专门生产家用汽车和豪华轿车的制造商之间的竞争激烈得多。同样道理,法拉利与兰博基尼之间的竞争比法拉利与马自达之间的竞争要激烈得多。虽然这一假设非常关键,但是这一假设却是直接从地位模型和资源分隔模型中推导出来的。两个模型均提出竞争的定位(localization)问题,地位模型将竞争置于纵向维度上,而资源分隔模型则将竞争置于横向维度上。

　　较少争议的那个假设是:资源空间的异质性在地位较高和较低处逐渐收敛。这一假设表明,资源—地位空间是一个球面体,其经线在两极会合。球面体的资源—地位空间表明了两点:一是地位特别高的公司所提供的产品和服务的品质适用于所有的顾客,不管他们的品味和偏好有多独特;二是地位特别低的公司所提供的产品和服务的品质对任何顾客都不适用,而不管他们的品味有多独特。如果人们对这些假设不满意,他们可能会将资源—地位空间建构成圆筒状而不是球面体。但是,与前一个假设不同,第二个假设一点都不会影响本章将详细论述的假说。

　　在介绍完这些基本背景之后,有必要探讨一下将地位和区位宽度结合起来考察的理论含义。因为在投资银行业中,区位宽度和地位之间是正向相关的,所以我们应当关注图 8.3a 所展示的资源—地位空间模型,因为这一模型展示的就是地位与区位宽度之间呈正向相关的情况。

　　让我们考虑一下位于南半球底部的采取一般战略和采取特殊战略的企业的死亡率问题。因为这部分资源空间对于采取特殊战略的公司有回报,人们自然而然地会想到采取一般战略的公司的死亡率应该高于采取特殊战略的公司。现在我们考虑地位的提高(即在资源地位空间中向北半球移动)是如何影响采取一般战略以及采取特殊战略的公司的死亡率。在前面的章节中,我们论述了地位对经济优势的影响,在此我们可以尝试推断出这样的结论,即地位的提高会同时降低采取一般战略以及采取特殊战略的公司的死亡率。如前所述,地位较低的区域相对于较高的区域而言较为拥挤,因为每一个地位等级本身就意味着是更高地位等级的一种进入障碍。但我们有很多理由可以相信地位提高对于采取一般战略和特殊战略的公司而言,其收益是不均等的。随着一个公司地位的提高,其所在的资源—地位空间越来越容易实现规模经济和范围经济。因此,虽然采取一般战略的公司和采取特殊战略的公司都能够从地位的提高中获益,但是采取一般战略的公司将获益更多,因为采取一般战略的公司在向资源—地位空间中对于区位宽度较宽的公司更有利的区域移动。在地位较高的北半球区域,采取一般战略的公司的死亡率最终将会低于采取特殊战略的公司的死亡率。上述论证过程可以描述为下列有条件的假说:**当规模经济和范围**

经济在地位较高的北半球区域比地位较低的南半球区域更大时,特定地位提高所带来的收益将会随着公司区位宽度的增加而提高(地位和区位宽度与死亡率之间呈负相关关系)。

　　图 8.4 简要地阐述了上述假说中采取一般战略的公司与采取特殊战略的公司的死亡率与其地位的关系。重要的是,这一关系取决于在地位较高的北半球区域比在地位较低的南半球区域存在更大的规模经济和范围经济。

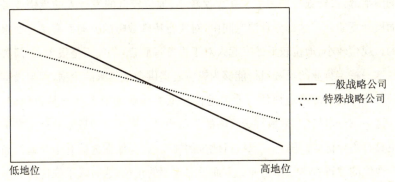

一般战略公司
特殊战略公司

低地位　　　　　　　　　　　　　　　　　高地位

图 8.4　规模经济和范围经济与高地位区位成正比时区位宽度与企业死亡率之间的关系

　　因为上述假说基于地位较高的市场中规模经济和范围经济更大这一假定,所以可能有人会接着问:如果是相反的情况呢? 如果是规模经济和范围经济在地位较低的市场中更大,那情况又会是怎样呢? 在这种情况下,地位的提高将更有利于采取特殊战略的公司,而非采取一般战略的公司,因为地位的提高意味着部分地离开采取一般战略的公司能获得最大利益的市场区域。

　　举例来讲,我们可以设想在啤酒酿造行业,一家采取一般战略的公司进入资源—地位空间中地位较高的区域将会损害这家正在扩张的公司的利益。采取一般战略的公司一旦进入地位较高的区域,它将发现这个区域不是那么有助于其实现规模经济和范围经济(原因在于在这个精英细分市场中,发送产品具有高品质的信号的能力与其所生产的产品数量成反比关系)。这家采取一般战略的公司之所以会在这个区域利益受损,是因为这部分资源—地位空间对区位宽度较窄的公司更为有利,而对区位宽度较宽的公司更为不利。Carroll 和 Swaminathan(2000)在对微型啤酒厂的研究中也得出了相似的结论。**相应的,当规模经济和范围经济在地位较高的北半球区域比地位较低的南半球区域小时,特定地位提高所带来的收益将会随着公司区位宽度的增加而降低(地位和区位宽度与死亡率呈正相关关系)。**

　　虽然这两个假说都力图在抽象层次上反映其一般性,但是也都可以在任何特定案例中对其进行具体化。例如在投资银行业,在资源—地位空间的南半部,投资银行们为了争夺规模较小、地位较低的发行人的承销业务而展开竞争。在这部分资源空间中,对实行特殊战略的公司而言是有回报的。规模较小、地位较低的发起人对于投资者而言,名气不是很大,专门关注这一特定行业的投资银行能够为投资者提供令他信服的论据,因为投资银行能够较为准确地评估行业内地位较低的企业的财务状况是否稳健。在这一细分市场中,采取特殊战略的公司相对于采取一般战略的公司来讲更具有主导优势。随着一家银行地位的提高,它开始在为拥有中等地位和高地位的发行者提供承销业务方面扮演重要的角色,这时候采取特殊战略所带来的收益比采取一般战略所带来的收益要低。投资者较为担忧那些地位较低企业的财务状况,相比较而言,他们对地位中等以上企业的财务状况则不是那么担忧。因为发行者现在规模都比较大,他们关注最多的是投资银行大规模承销证券的能力,而不管发行者来自什么行业。在这一细分市场中,大规模配售证券证券能带来"良性循环"(virtuous circle)。当一家投资银行为越多的来自不同行业的发行者承销证券时,它越容易与寻求建立庞大而分散的投资组合的大机构投资者建立关系。而投资银行越容易与大机构投资者建立关系,它就越容易为地位中等和地位较高的企业发行数额庞大的证券。因此,随着一个投资银行地位的提高,其区位宽度所获得的回报也越来越大。或者正如前面的第一个条件假说(contingent hypothesis)所言,在证券承销市场上,投资银行的地位和区位宽度与这家投资银行的业绩之间存在着正向相关的关系。

　　上述假说中地位和区位宽度对企业死亡率的影响只是将地位模型与资源分隔模型相互整合而带来的一个方面的含义。我们现在来考察一下另一方面的含义,即资源分隔模型假说对市场集中度的影响。如前所述,在资源分隔模型中,市场集中程度的提高意味着极少数采取一般战略的大企业能够扩大他们的区位。图 8.5 是假定区位宽度和地位之间呈正向相关关系时的资源—地位空间。我们假定有两家采取一般战略的公司处于图中的 E 点,而且二者都在试图扩大他们的区位。作为规模较大、地位较高的采取一般战略的公司,这两家企业在消耗战中占据优势。

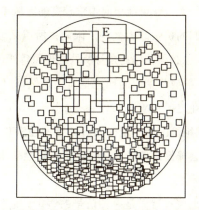

图 8.5　扩张中的采取一般战略公司的资源—地位空间

随着这两家采取一般战略的公司不断扩张,他们将占据哪些市场空间呢?资源分隔模型指出,这些公司将会进入由其他采取一般战略的公司所占据的市场空间。图 8.3 和 8.5 所显示的图景中,扩张中的采取一般战略的公司将会留在那些由采取一般战略的公司所主导的资源—地位空间中(例如,他们将向上或向下入侵由采取一般战略的公司所主导的资源—地位空间)。然而,由于这些入侵并未完全取代其他采取一般战略的公司,所以他们的纵向扩张反而给那些采取特殊战略的公司提供了资源空间。

然而地位模型却认为,拥有较高地位的公司不愿意向下扩张,因为这样做会损害他们的地位。如图 8.3 和 8.5 所展现的图景中,一家公司如果要扩张的话,就会主要集中于水平方向上的扩张,进入原先由高地位的采取一般战略和特殊战略的公司所占据的区位。然而,因为这些地位较高的采取一般战略的公司无法在不损害其地位的前提下向下扩张很多,所以他们并不能完全占据那些他们力图驱逐出市场的、地位比他们低一些的公司所占据的市场空间。因此,地位较高公司的扩张就大大降低了地位较低公司所在市场区域的拥挤程度,也降低了地位较低公司的死亡率。

即便在那些区位宽度和地位呈反向相关关系的市场中,地位模型仍然预言公司的扩张只能在某一等级的地位内部,而不是跨等级的扩张。扩张中的采取一般战略的大企业可能想向地位较高的区域扩张,但是他们在地位上的不足使得他们的扩张能力受到了限制。所以采取一般战略的企业即使想要扩张的话,也必须首先在自身所处的地位等级内部进行扩张。因此,不管扩张中的一般战略企业的地位是高还是低,地位模型都意味着于同一地位等级的企业之间的竞争(status-localized competition),并给出如下假说:**当市场中高地位区域的规模经济和范围经济较大(较小)时,市场集中程度的提高将会降低地位较低(高)企业的死亡率,同时增加了地位较高(低)企业的死亡率。**

上述假说基于地位被看做是一种信号的假定。地位的这种信号作用越弱,那些采取一般战略的规模最大的企业就越能够跨越其地位等级,占据其他采取一般战略企业所占据的区位。反之,地位的信号作用越强,那些扩张中的采取一般战略的企业就越难以跨越资源—地位空间,其结果与上述假说就越接近。

基于上述讨论,现在让我们转向 1920 年到 1949 年间美国的一级证券市场。如果在这一段时间里地位的信号作用一直很强,人们就可以推知市场集中程度的提高将意味着规模最大的企业扩张到原先由其他较高地位投资银行所在的区位,而不管这些较高地位的投资银行是采取一般战略还是采取特殊战略。随着这些较高地位银行被逐出市场,资源—地位空间将对那些中等地位和低地位的投资银行开放。而另一方面,如果在这段时间中,地位的信号作用不是很强的话,那么地位较高的采取一般战略的企业将会占据其他采取一般战略的企业所占据的区位,因为这些区位中规模经济和范围经济能带来最大的价值。

经验分析：投资银行业(1920—1949 年)

本部分所分析的样本是所有 1920 年到 1949 年间从事过承销活动的投资银行,我们关注的是投资银行从投资银行业中退出的行为。当一个样本是从某一群体或者部分样本公司的创始时点之后开始的话,我们就称这样的数据为"左侧受限"(left-censored,Tuma & Hannan,1984)。组织生态学家在作统计推断时会特别关注样本中包含左侧受限数据的问题。因此,为了将地位模型整合进组织生态学的分析框架,搜集那些被认为是产业萌芽时期的数据就变得非常重要。

当然很少有某个产业正式诞生的记录,个别企业可能在产业诞生之前就已经分散地进行过某种形式的活动,虽然我们还不能说当时这些活动为市场或产业的运转提供了基础。虽然美国在 20 世纪初就已经有相当数量的投资银行,但是当时的承销活动只是零星地发生。历史记录显示,承销活动直到 20 世纪 20 年代才成为筹集资金的主要机制(Carosso,1970)。因此,看来我们把 1920 年作为承销行业的诞生之年是合适的。另外,另一个将 1920 年作为分析起始年份的原因,是因为这是我们到目前为止可以获得关于投资银行退出市场可靠信息的最早年份。一直到承销团出现之前,我们找不到关于投资银行退出市场的系统记录,所以我们也就没有对退出行为进行编码的基础。

虽然搜集这一时期较为完整的数据可以让我们描述资源分隔模型所关注的动态演化过程,但有一个事实不容忽视,我们无法获得像 20 世纪 80 年代那么多关于投资银行和证券发行的详尽数据。因此,虽然第三章和第四章使用了许多承销发行费用以及发起者债券信用评级的资料,但是我们无法获得从 1920 年到 1949 年之间相关的数据资料。

关于 1920 年到 1949 年参与承销业务的投资银行业的信息有多种来源。研究总体来自于 1919 年至 1948 年间《华尔街日报》上所刊载的"墓碑公告"[3]。这一筛选过程使我们最终获得了 1919 年到 1948 年间共 6 606

份墓碑公告。那些总部设在美国和加拿大之外的投资银行被我们排除出样本范围，因为我们没法获得北美之外投资银行在组织层面的系统数据。这一时期北美洲曾经出现在墓碑公告上的投资银行一共有 1973 家，这1973家投资银行总共代表了 10950 份银行年数据（bank-years of data），因此平均每家投资银行在研究总体中的时间为 10950/1973 = 5.54 年。样本截止至 1949 年，因为这样长的时间段对于分析我们感兴趣的市场动态过程而言看来是足够了[4]。

另一个关于投资银行的信息来源是标准普尔公司（Standard & Poor's，1920—1950）自 1920 年开始每隔半年公开发行的《北美证券交易者》（*Security Dealers of North America*）。虽然这一信息来源在我们所研究的这段时期内是最完整的，但是它并没有区分参与承销活动的投资银行与未参与承销活动的投资银行。未参与承销活动的投资银行的数量远远超过参与承销活动投资银行的数量。因此，这一来源提供了许多组织层次的变量的信息，但并不适用于确定总体的边界。

除了给参与承销活动的银行划定总体界限之外，1919 年到 1948 年的墓碑公告还提供了确定地位和区位宽度的信息。墓碑公告还被用来获取其他信息，如一家投资银行参与的承销活动的次数以及一家投资银行作为牵头主承销商承销的证券金额等。

《北美证券交易者》包括的信息使得我们可以对创办时间和法律形式等组织层面的数据进行编码。虽然这些说明书是美国最完整的投资银行信息记录，但并不是样本中每一家投资银行的创办年份都有记录。有些投资银行的创办年份没有记录，但可以通过《华尔街日报》上发布的银行年度报告找到相关记录。尽管如此，仍然有 324 家（16%）投资银行的创办年份无法得到确认。至于法律形式方面的信息，投资银行目录可以告诉我们该投资银行是合伙制还是公司制。

在本研究中，一家银行第一次出现在墓碑公告上时，它就被认为是开始处于分析集合中。因为一家银行在第一次出现在墓碑公告上之前可能已经成立了许多年，所以在投资银行第一次出现在墓碑公告之前就将这家投资银行放入风险集合将会带来估计上的偏差。于是，一家投资银行的

"承销史"从它进入墓碑银行之列才开始计算。

因变量：退出一级证券市场的承销活动

因为我们关注的是一级证券市场,而在一级证券市场中投资银行的活动不仅仅只是承销证券,所以我们的研究兴趣只是投资银行从一级证券市场退出的行为,而不是投资银行本身的倒闭。从我们所收集到的10 950份银行一年的数据看,一共有2 714例退出事件。投资银行的破产显然是其退出一级证券市场的原因之一,但这并不是唯一的原因。另外还有一种情况就是一家投资银行退出仅仅是因为它决定不再从事承销证券业务。

因为投资银行不会在某一天发布声明退出承销活动,所以判断投资银行退出行为唯一可靠的指标就是一家投资银行在一段时间之内没有参加承销团。如果一家投资银行在此前的一年出现在墓碑公告上,那么我们就认为这家投资银行在此后的一年即 t 年度处于退出的风险中。如果这家投资银行在 t 年度没有参加承销活动,那么我们就把这家投资银行编码为退出。在所有2 714个退出事件中,有152个案例的退出是由投资银行倒闭造成的。显然,用一年作为时间标度来刻画退出行为存在一定的随意性,但是一年的时间也具有便利性和合理性,因为在我们的分析中,随时间变化而发生变化的协变量基本上每年更新一次。

本书第三章和第四章对投资级债券市场和非投资等级债券市场之间的重要差别做了深入探讨,人们可能会问：为什么本章的分析关注投资银行从承销活动中退出的行为,而不是关注从不同的一级证券市场中退出的行为。尽管非投资级债券市场在此前许多年并不存在,但权益和债权仍然被认为是证券发行的独立形式。其理由相对来说是非常直观的。如前所述,承销团的承销活动只有到20世纪20年代之后才开始有规律地出现,而当时这两个市场之间的相对差异基本可以被忽略。有关承销活动出现的历史记录中没有分别对权益和债权的单独记载。因此,看起来我们把初始权益发行和初始债权发行都归为一级证券市场是更合理的做法。

自 变 量

为了对退出进行分析，所有自变量都有一年的时间滞后。我们的主要研究兴趣显然集中在地位、区位宽度以及市场集中度，但其他一些变量也被纳入作为控制变量。

地位

本章对地位的测量与本书第三章和第四章应用 Bonacich 的 $c(\alpha, \beta)$ 测量法对墓碑公告进行的测量相同。

区位宽度(NW)

在投资银行业中，采取一般战略还是采取特殊战略会影响投资银行的竞争。为了分析的方便，区位宽度以一家投资银行承销证券的发行者所属行业的多样性程度来进行界定。虽然行业多样性并不是刻画区位宽度唯一的可以利用的维度，但行业多样性是非常重要的一个维度。一方面，一些投资银行在某些特定行业中已经建立起作为采取特殊战略的投资银行的声誉。在 20 世纪早期，Kuhn Loeb 公司在承销铁路证券上占据主导地位。Halsey Stuart 公司则集中于公共事业、电影公司与出版社公司的证券承销业务，并占据了主导地位(Carosso, 1970)。许多投资银行都集中精力针对特定行业进行关系的建立和维护工作。

而另一方面，有的投资银行会承销许多不同行业的证券。到 20 世纪 20 年代后期，即在投资银行业发展早期，差不多享有最高地位的投资银行 J. P. 摩根公司就承销了许多不同行业的证券。这一背景意味着一家投资银行承销企业的行业多样性信息使人们可以很好地将投资银行的区位宽度概念化。有人可能会提出将地域上的专业化(regional specialization)视为区位宽度的另一个可能的基础，但我们在经验分析中并未包括地域专业化，这有两方面的原因。第一，虽然显然有很多投资银行有明显的地域性,但地域性更多地是与一家投资银行的投资客户有关,而不是与这家投资银行参与承销证券的发行者有关。例如,在本研究所关注的时段中,位于波士顿的 Kidder Peabody 公司的投资客户主要是新英格兰地区的企业,但 Kidder Peabody 公司并不仅仅只参与承销新英格兰地区企业证券的承销团(Carosso,1970)。虽然 Kidder Peabody 公司作为牵头主承销商或副承销商更可能为一家新英格兰地区的企业提供承销服务,但 Kidder Peabody 公司作为承销团成员为全美国各个地区的企业承销证券。不根据地域专业化来界定区位宽度的第二个原因与第一个原因有很大的关系。因为"在地域上采取特殊战略的投资银行"并不一定将自己参与的承销活动限定在特定地域之中,因此很难对地域方面的专业化进行测量。

一家投资银行参与承销活动涉及产业的异质性程度可以根据墓碑公告上的信息加以测量。因为证券发行者的名字都会出现在墓碑公告上,我们就能够据此判断发行者主要业务所在的行业。在我们所研究的这个时段内,墓碑公告经常会提供证券发行者所在的主要行业。即使墓碑公告没有提供这部分信息,我们要把发起者的主要业务归到特定的行业也是相对容易的事情。根据标准产业分类系统(Standard Industrial Classification System)的规定,我们建立了 23 类产业的类别编码。根据这些类别编码,第 i 家银行的区位宽度可以被界定为:

$$NW_{it} = 1 - \sum_{j=1}^{23} \left(\frac{\tau_{jt}}{n_t} \right)^2$$

其中,NW_{it} 指的是投资银行 i 在 t 年所拥有的区位宽度,τ_{jt} 指的是投资银行 i 在 t 年参与对 j 类产业承销活动的次数,n_t 指的是投资银行 i 在 t 年参与的承销活动的总次数。如果一家投资银行所从事的承销活动完全集中在一个行业,那么其区位宽度就等于 0。一个区位宽度为 0 的投资银行是一家"纯粹的"采用特殊战略的银行,这就是说,这家投资银行只在一个行业中开展承销业务。一家投资银行参与的承销活动所涉及的行业种类越多,其区位宽度越接近于 1。

市场集中程度(HI)

这个变量测量投资银行作为牵头主承销商所承销的证券金额的赫芬达尔指数,其形式如下:

$$HI_t = \sum_{i=1}^{n} S_{it}^2$$

这里 S_{it} 指的是投资银行 i 在 t 年作为牵头主承销商所承销的金额比例。这个变量的数据每年更新一次,并且数据是滞后一年的。

环境变量

投资银行业发展历史中的市场和制度条件会对某一家投资银行是否退出一级证券市场产生系统性的影响。历史记录(Waterman, 1958;Longstreet & Hess, 1967; Miller, 1967; Carosso, 1970)显示美国投资银行业的发展可以分为如下几个时期,投资银行在不同时期的退出可能性不一样:大萧条时期(1929—1934),后大萧条管制时期(1935—1941),美国参加二次大战时期(1942—1945),战后时期(1946—1949)。这些历史时期的划分伴随着美国投资银行业的制度环境和竞争环境的重要变迁。相应的,关于这些不同时期的指示变量除了其中一个以外,都被纳入到本研究中,剩余类型就是 1920—1928 年这一段时期[5]。

本研究中还包含另一个环境变量,即美国资本发行总量(volume of capital issues)。承销活动总量由每年国内外股票和债券发行总额来估算(以亿美元为单位)。这些信息都刊载于《美国统计摘要》(*Statistical Abstract of the United States*,美国商务部、各相关年份)。

正如本章一开头我们就提到的,生态学分析强调行业密度(如一个行业内企业的数量)作为总体中企业存活率高低的关键指标具有重要意义。相应地,行业密度也是本研究中包括的一个环境变量。行业密度在这里被定义为在前一年出现在墓碑公告上的企业总数。为了保证外生性,这一变量也有一年的滞后期。

组织变量

反映组织特征的控制变量被纳入到我们的分析中来的,这些变量会对企业存活率产生系统性的影响——特别是企业成立年限、法律形式以及市场数量。

因为有些投资银行成立年数的数据是缺失的,同时投资银行在退出市场的方式方面存在一些区别,将成立年数所产生的效应进行模型化是很复杂的。企业成立年数所产生的效应可以用四种方式加以测量。第一种方法是测量一家投资银行事实上的**成立年数**,从这家投资银行开始创立时算起。因为有的投资银行在成立以后不是马上就开始承销业务,所以本研究中的第二个与年龄相关的变量是一家投资银行的"孵化期"(incubation),即这家投资银行从成立到首次参与承销活动的年数。这个变量被称为首次上墓碑公告时的成立年数(age at first tombstone)。当投资银行被纳入退出风险集时,这一变量的值是固定的。第三种测量方法是进入**风险集时钟**(risk-set clock)的年数。这一测量方法指的是银行处于退出风险集的年数,不管是由银行倒闭还是由不再从事承销业务造成的退出。在每一次退出时间发生后,时钟被重置为 0。第四种测量方法是银行**处于风险集的总年数**。这个指标测量的是一家银行在不同时期内处于风险集之中的总年数。举个例子来说,一个银行可能不止一次处于退出风险集之中,它可能在某一时期内退出之后在下一个时期又参与了承销活动。

相互矛盾的经验数据意味着人们可能难以用参数模型(parametric models)对这些数据加以处理,因为关于年数的各种指标与企业的市场退出行为之间存在非常复杂的关系[6]。直觉告诉我们,承销业务的空窗期(waiting time)的影响最大。风险集时钟的效应在不同时间段是不同的,但是在每一个时间段内是不变的。风险集时钟被分为 7 个时间段:0—2 年、2—4 年、4—7 年、7—10 年、10—15 年、15—20 年以及 20 年以上。

如前所述,我们无法找到关于投资银行成立年数的完整信息。在我们的观察值中,有 16% 的投资银行成立时间是缺失值。我们可以从《华尔街日报》中找到其中 9% 的银行成立于 1919 年之前的证据,1919 年是研究时段的第一年。对于这 9% 的观察值而言,其成立时间是左侧受限的。我们将使用指示变量对各类缺失值进行标识[7]。

在我们所研究的时间段内,投资银行的法律形式被界定为两种,即合伙制与公司制。为检验法律形式是否会影响组织退出的可能性,合伙制企业被编码为 1,公司制企业被编码为 0。这个变量也是每年更新一次,并滞后一年。

承销金额

承销数量这一变量与前面章节的界定是一致的,即一家银行在某一年作为牵头主承销商参与承销金额的自然对数。具体而言,因为许多银行在一些年份内没有牵头进行承销活动,而自然对数取 0 是没有意义的,因此,实际上这一变量是承销金额的自然对数值再加 1。

一个银行在特定年份发行证券时充当牵头主承销商的次数是分析中最后一个组织协变量。承销金额与充当牵头主承销商次数都是可以从墓碑公告上找到的信息。

结　　果

我们用一种分段常数指数模型(a piecewise constant exponential model,参见 Rohwer,1993)来对退出风险进行估计。分段模型适用于组织在样本时期之前就存在的情况,而左侧受限在其他许多参数风险率模型(parametric hazard rate models)中会引入偏差(Guo,1993)。分段模型的另外一个特点是:在预先选择的范围内,时间的效应可以有所不同。每一个时间段内都可以估计基准概率。

表 8.1 列出了对数据的描述性统计结果。每一个观察值代表 1"组织—年"。表 8.2 列出了变量之间的相关关系。地位与区位宽度之间的相关关系值得我们特别注意。与我们在图 8.2 中所观察到的结果相一致,采取一般战略企业的地位普遍高于采取特殊战略的企业,虽然区位宽度不一的投资银行在地位分布的各个点上都是一样的。表 8.3 列出

了分析组织退出行为的分段指数模型的分析结果。表8.3的第1列是包含了时段效应和控制变量的基准模型。首先让我们来看看对年数的操作化测量，我们发现退出风险随着空窗期的增加而增加。除了7—10年这个时间段外，其他时间段的效应都在统计上显著。同时，退出风险随着一个银行在风险集内总年数的增加而减少。首次上墓碑公告时的成立年数、左侧受限和成立时间信息缺失都会增加退出的可能性。然而，由于组织年数信息的不完整，我们在解读不同年数测量的结果及其含义时要特别小心谨慎。

表 8.1　美国 1920—1949 年投资银行的描述性统计

变量	均值	标准差	最小值	最大值
1. 风险集	2.64	3.98	0	30
2. 在风险集中所处的总年数	6.09	6.47	0	30
3. 成立年数	19.33	22.46	0	163
4. 首次上墓碑公告时的成立年数	10.96	18.67	0	162
5. 成立年份缺失	.16	.37	0	1
6. 左侧受限	.18	.38	0	1
7. 美国股票发行量	65.68	28.29	10.54	115.92
8. 密度/100	3.15	1.12	.99	5.32
9. 合伙经营	.50	.50	0	1
10. Log(充当牵头主承销商次数)	3.01	6.19	0	20.86
11. 充当牵头主承销商次数	.60	2.79	0	120
12. 地位	.35	.78	0	5.26
13. 区位宽度	.24	.31	0	.92
14. 市场集中度	.09	.04	0	.22
15. 区位宽度×市场集中度	.02	.03	0	.14
16. 地位×市场集中度	.03	.08	0	.75
17. 地位×区位宽度	.26	.59	0	4.17

注:10 950 个年时段。

我们可能推测，较高的资本发行金额将会降低退出的可能性。比如，每年增加 2 亿美元的证券承销将使退出可能性稍微降低一些：$EXP(-0.006 \times 2) = 0.988$。承销市场密度的增加则会增加退出的可能性。

关于组织规模有两个测量指标:承销金额以及发行者作为牵头主承销商的次数。因为这两个变量被纳入作为控制变量，因此将变量具体操作化

表 8.2　皮尔森相关系数

	1	2	3	4	5	6	7	8	9	10	11	12	13	14	15	16
1. 风险集																
2. 在风险集中所处的总年份	.67															
3. 成立年数	.33	.48														
4. 首次发布墓碑公告时的成立年数	.14	.18	.93													
5. 发行年缺失	−.00*	−.07	−.16	−.24												
6. 左侧受限	.30	.40	.43	.25	.24											
7. 美国股票发行量	.06	.02	.00*	.00*	−.01*	−.06										
8. 密度/100	.14	.18	.06	−.02*	−.20	−.18	.58									
9. 合伙经营	.05	.07	.22	.22	−.09	.10	.02	.01*								
10. Log(充当牵头主承销商的承销量)	.38	.26	.17	.10	.02	.24	−.03	.01*	.03							
11. 充当牵头主承销商的承销量	.38	.22	.10	.02	−.01*	.13	.02	.03	−.03	.50						
12. 地位	.59	.46	.30	.17	.02*	.30	.00*	.04	.01*	.55	.49					
13. 区位宽度	.49	.42	.24	.11	.00*	.28	.11	.10	.05	.41	.28	.50				
14. 市场集中度	−.00*	.06	.02	−.00*	−.05	−.02	−.25	−.14	.01*	−.05	−.01*	−.01*	−.05			
15. 区位宽度×市场集中度	.47	.43	.23	.09	.00*	−.24	−.07	.10	.05	.37	.27	.46	.91	.19		
16. 地位×市场集中度	.56	.45	.27	.15	.00*	.26	−.03	.02	.01*	.50	.46	.92	.44	.14	.52	
17. 地位×区位宽度	.55	.43	.26	.14	−.00*	.30	.05	.06	.01*	.51	.50	.88	.63	.02*	.58	.78

注：10 950 个年时段。
* 在 0.05 的水平上不显著。

表 8.3　美国 1920—1949 年投资银行的分段指数模型

变　　量	模型 1	模型 2	模型 3	模型 4	模型 5	模型 6
风险集（以年为单位）						
0—2	-2.725** (.153)	-1.638** (.196)	-1.626** (.196)	-1.659** (.197)	-1.563** (.198)	-1.579** (.198)
2—4	-2.442** (.160)	-1.627** (.201)	-1.629** (.202)	-1.653** (.202)	-1.549** (.203)	-1.567** (.203)
4—7	-1.696** (.163)	-.783** (.203)	-.772** (.203)	-.807** (.204)	-.697** (.205)	-.715** (.205)
7—10	-.789** (.172)	.256 (.213)	.291 (.213)	.230 (.213)	.348 (.214)	.329 (.215)
10—15	-.539** (.153)	1.773** (.221)	1.868** (.222)	1.748** (.222)	1.875** (.223)	-1.855** (.224)
15—20	2.056** (.209)	3.588** (.248)	3.688** (.249)	3.567** (.249)	3.715** (.250)	3.694** (.251)
>20	4.148** (.224)	5.944** (.265)	6.091** (.268)	5.096** (.266)	6.099** (.268)	6.068** (.269)
在风险集中的总年数	-.220** (.006)	-.271** (.007)	-.266** (.007)	-.271** (.007)	-.270** (.007)	-.271** (.007)
成立年数	-.285** (.006)	-.313** (.007)	-.323** (.007)	-.313** (.007)	-.317** (.007)	-.316** (.007)
首次进塞碑公告时的成立年数	.286** (.007)	.315** (.007)	.324** (.008)	.315** (.007)	.319** (.007)	.318** (.007)
成立年份缺失	.299** (.059)	.308** (.059)	.261** (.059)	.312** (.059)	.307** (.059)	.309** (.059)
左侧受限	-.249** (.082)	-.406** (.083)	-.318** (.081)	-.404** (.083)	-.398** (.083)	-.397** (.083)
时期						
大萧条时期(1929—1934)	-.281** (.093)	-.167 (.095)	-.157** (.094)	-.154 (.095)	-.174** (.095)	-.168** (.095)
管制时期(1935—1941)	-.565** (.101)	-.412** (.106)	-.419** (.105)	-.409** (.106)	-.396** (.106)	-.396** (.106)
"二战"时期(1942—1945)	-.603** (.127)	-.550** (.129)	-.567** (.129)	-.546** (.129)	-.538** (.129)	-.537** (.129)
战后时期(1946—1950)	-.982** (.136)	-.907** (.151)	-.895** (.151)	-.918** (.151)	-.892** (.151)	-.898** (.151)

续表

变量	模型 1		模型 2		模型 3		模型 4		模型 5		模型 6	
美国股票发行量	-.006**	(.001)	-.007**	(.001)	-.007**	(.001)	-.007**	(.001)	-.007**	(.001)	-.007**	(.001)
密度/100	.306**	(.028)	.275**	(.029)	.277**	(.029)	.277**	(.029)	.275**	(.029)	.276**	(.029)
合伙经营	.019	(.040)	-.003	(.040)	.006	(.040)	-.005	(.040)	-.006	(.040)	-.007	(.040)
Log(充当牵头主承销商的承销金额)	.332	(.032)	.197**	(.035)	.133**	(.036)	.194**	(.035)	.193**	(.036)	.192**	(.036)
Log(充当牵头主承销商的承销金额)²	-.018**	(.002)	-.011**	(.003)	.007**	(.003)	-.011**	(.003)	-.011**	(.003)	-.011**	(.003)
充当牵头主承销商的次数	-.201**	(.054)	-.332**	(.061)	-.339**	(.063)	-.339**	(.061)	-.351**	(.061)	-.353**	(.061)
市场集中度			-.651**	(.648)	-.897**	(.652)	-.631**	(.651)	-1.615**	(.672)	-1.527**	(.676)
区位宽度			1.759**	(.045)	1.960**	(.049)	1.496**	(.103)	1.758**	(.045)	1.632**	(.108)
地位			-.609**	(.059)	.306**	(.057)	-.635**	(.063)	-1.108**	(.119)	-1.066**	(.124)
地位×区位宽度					-3.603**	(.246)						
区位宽度×市场集中度							3.054**	(1.094)			1.467**	(1.145)
地位×市场集中度									5.938**	(1.074)	5.467**	(1.146)
Log-退出市场的可能性	-8 485.12		-7 573.25		-7 401.14		-7 569.28		-7 560.23		-7 559.40	
χ²(基于基准)			1 823.74**		2 167.96**		1 831.68**		1 849.78**		1 851.44**	
χ²(基于前期)			1 823.74**		344.22**		7.94**		26.04**		27.70**	

注:括弧内的数是标准误。
* p<0.05，** p<0.01

使之与数据最好地匹配便显得非常重要。更好的匹配将会使我们能找到更有意义的基准模型,以检测我们关心的变量的主效应。我们多次分析了主要关注的两个规模测量指标的线性效应和二次效应。第 1 列所显示的变量组合提供了与数据之间最好的匹配。

　　发行者作为牵头主承销商的次数在统计上显著。作为牵头主承销商的投资银行退出的可能性较小。承销金额对退出行为产生一种曲线效应(curvilinear effect)。退出比例在一开始不断上升,到后来便开始下降。年承销金额达 1 024 万美元的投资银行比没有承销金额的投资银行的退出率更低。从后一种情况看,一家投资银行难以走折中路线,要么成为规模较小的特殊战略企业,要么成为规模较大的一般战略企业。

　　第 2 列的模型增加了市场集中度、地位和区位宽度的主效应。市场集中度对退出率没有显著影响。前面的章节表明地位带来了好处,与这一研究结论相一致的是,我们这里的分析发现地位降低了组织的退出概率。一种理解地位的方式是比较不同地位的相应取值。地位从 0 开始每增加一个标准差,退出的可能性就相应地降低将近 40%: $EXP(-0.609 \times 0.78)$ = 0.622。控制变量的效应与前一个模型大致一样,只有一个例外。大萧条期间的基准退出率不再是边际显著(marginally significant)的。这一模型相对于基准模型而言,其统计显著性有了明显的提高($\chi^2 = 1\ 823.74$, $d.f. = 3$, $p < 0.01$)。

　　第 3 列的模型检验了地位和区位宽度的交互作用。根据资源—地位空间假说,区位宽度较宽的公司比区位宽度较窄的企业从地位中获得的收益更多。交互作用降低了退出的可能性,并在统计上显著。因此,与资源—地位空间假设相一致的是,地位的既定增量降低了区位宽度较大的企业退出的可能性。相对于第二个模型而言,这一模型的统计显著性有了明显提高($\chi^2 = 344.33$, $d.f. = 1$, $p < 0.01$)。

　　值得注意的是,当我们把交互效应纳入分析之后,地位的主效应变成正向的,并在统计上显著。因此对于一个区位宽度为 0(如所有的承销业务都集中于同一个行业)的银行而言,地位的上升会增加其死亡率,因此对于那些采取特殊战略的企业来讲,进入一个规模经济和范围经济都更大的领域将意味着要冒极大的风险。

第4列的模型增加了区位宽度与市场集中度的交互作用。在这个模型中,地位和区位宽度对组织退出的主效应仍然是统计显著的($p<$ 0.01)。因为区位宽度与市场集中度之间存在交互效应,市场集中度的系数表示市场集中程度对区位宽度为0(一个纯粹的特殊战略者)企业的影响。根据资源分隔假说,我们可以推断市场集中度的提高将会降低纯粹特殊战略企业的退出率。虽然市场集中度和退出率的系数在方向上与我们预测的一致,但在统计上并不显著。区位宽度与市场集中度的交互作用是正的,并且在统计上显著。因此,资源分隔模型得到了支持。

第5列的模型5检验的是市场上是否存在基于地位的分隔。为此,这个模型在第二个模型基础上增加了地位和市场集中度的交互项。结果显示,这个模型相对于第二个模型来说,其统计显著性有了明显的提高($\chi^2 = 26.04$, $d.f. = 1$, $p<0.01$)。市场集中度的系数是-1.615。因为在这个模型中,市场集中度与地位存在交互作用,所以这个系数表示当地位取0时市场集中度的作用。

系数显著为负,表明假定地位为0,市场集中度的增加将降低组织的退出率。市场集中度与地位的交互作用为正,表明一个组织的地位越高,市场集中度对退出率的影响越大。

随着地位的上升,市场集中度对退出率的影响由负转为正。当地位取值大于0.62时,市场集中度对退出率的影响在0.05的水平上显著地大于0[8]。也就是说,对于所有地位得分大于0.62的企业而言,其向更高地位区位的扩张将增加其退出的可能性。虽然0.62这个值显然远远大于平均值0.17,但是多少有点令人意外的是,地位得分在3和4之间的地位最高公司的扩张会对地位得分仅为0.62的公司有负向的影响。在第6列的完全模型中,使零假设被拒绝的值相对有点高,但是并不在统计上显著。值得注意的是,对市场集中度的主效应以及市场集中度与地位的交互作用的估计中存在某些不确定性。如果"真实的"主效应比-1.615小一个标准差,而"真实的"交互效应也比5.938小一个标准差,那么只有当银行的地位大于0.9时,零假设才能被拒绝。这一转折只有代表任一既定年份中地位排名在大约前 40 名的投资银行。因此,虽然我们需要谨慎理解这个估计的分隔点,但是这一结果仍然表明了一种基于地位的分隔现象。

最后,表 8.3 的第 6 列除了报告市场集中度和区位宽度的交互作用外,还报告了市场集中度和地位的交互作用。在这个模型中,地位和市场集中度的交互作用仍然统计显著,但区位宽度和市场集中度的交互作用变得在统计上不显著了。这个值得注意的结果显示:前面市场集中度和区位宽度交互作用的显著性是虚假的。那个交互作用显示了基于区位宽度的分隔,其在统计上显著,是因为基于地位分隔的可能性没有被考虑进来。

即便这里的分析表明基于地位的分隔主导了基于区位宽度的分隔,我们也有理由认为并不一定总是会这样。在本书的第四章,我们发现基于地位的分层与市场的不确定性负相关。相比较而言,不确定性程度不太可能影响在何种程度上区位宽度是分层的基础,因为规模经济和范围经济是由技术决定的。因此,我们可以推断:经过一段时间,基于地位的分隔会部分地让位于基于区位宽度的分隔。

很显然,这样一个结论还有待进一步的推敲。然而,对于特定背景下的分层而言,不管是地位还是区位宽度,都是重要的基础。本研究认为 Carroll 的资源分隔模型比其原初的构想具有更一般的解释意义。Carroll 指出,市场集中程度的提高是产业演化过程的一部分,这意味着保持折中路线的企业将最终消失,这反过来将对那些处于边缘区域的企业有利,他们原先要和中间路线企业相互竞争,但这些企业所占据的区位与市场领导者所占据的区位完全不一样。Carroll 在他的模型中参照了区位宽度,但我还是认为,在两个条件下他所提出的基本机制可以适用于另一个组织维度或特性。(1)企业在那个维度上占据了一系列相互依赖的区位;(2)企业在这个维度的位置上进行扩张时会受到一定的限制。本章对投资银行业的分析提供了这一动态过程可以适用于地位的经验证据。进一步的研究也许可以指向其他维度。

也许本章最具一般性的意义在于本章对如何将对地位动态过程与对市场演化的关注联系起来作出了一个说明。这里先提出一个我将在后面结论的部分还会阐述的观点,马太效应意味着地位的动态过程具有内在的稳定性和自我强化的性质。毫无疑问,信号机制本身就是一个不断均衡的动态过程(equilibrating dynamic),本章以及前面两章均指出,我们可以将对地位动态过程的关注与对市场演化的关注结合起来。本书第五章揭示了地位如何影响了引导市场产品质量不断变化的技术支撑条件。本书第六章揭示了地位如何影响市场准入的动态过程,而本章则揭示了地位透镜如何有助于增进我们对市场集中度的增加以及退出概率的理解。虽然我们离将地位模型内在的自我强化属性与市场演化的不同侧面联系起来作一个完整的理解还有很长的距离,但是这三章的内容为后面的分析提供了一些有价值的分析性探索。

注释

[1]人们可以设想区位宽度本身有一种信号机制,这一机制将强化区位宽度与地位之间的潜在关系。所以即便一家公司有能力平衡区位宽度对产品质量造成的任何负面影响,它仍然可能无法获得足以补偿生产高质量产品所需成本的回报。像 Gallo 公司和 Anheuser-Busch 公司的例子有助于说明这一点。产业观察家们大多认为,这两家公司都有能力生产品质量极高的产品,但是这两家公司共同面临的问题是葡萄酒或啤酒的质量依赖于极为精巧的生产工艺,而这些生产工艺难以运用于大规模生产。结果,虽然这两家公司可能代表了市场份额宽度和产品质量通常关系的一种例外情况,但这两家公司依然很难将产品质量提高到人们基于其区位宽度的预期质量水平。

[2]Péli 与 Nooteboom(1999)认为资源空间中的区位应该被理解为球面体或超球面体(hyperspheres),而不是 McPherson(1983)所理解的 n 维空方体。因为图 8.3 只是代表一种资源的维度,球面与矩形都转变为在同一个维度上的一条线。

[3]只有那些提供公开销售新发行证券详细信息的公告被我们用于决定研究总体。那些再融资发行(refunding issues)公告、私募发行以及关于企业兼并与获利的公告均被排除出我们的研究总体。

[4]人们可能会提出疑问,即为什么 1920—1949 年间能够收集到比 20 世纪 80 年代更多的公告。原因在第三、四章,因为操作方面的时间限制,我们只收集到几百份公告,而在本章我们能够收集到的公告多达 6 000 份以上。其原因在于这一时期典型的墓碑公告上投资银行的数量远远少于 20 世纪 80 年代墓碑公告上投资银行的数量。在这一时期,墓碑公告上投资银行的数量不超过 100 家,而不到 12 家投资银行的墓碑公告比比皆是,而编码所需要的时间更多地是一份墓碑公告上投资银行数量的函数,而不是墓碑公告数量的函数。如果人们想要比较的是不同数据中出现在墓碑公告上投资银行的数量,那么从规模的角度而言这些不同数据就更可比了。

[5]绝大多数研究都将历史分期作为指示变量,因此某种程度上需要确定历史分期的具体时点。也有一些研究是以一年作为历史分期的时点。只要分期时点的编码是合理的,其分析结果也大多是经得起检验的。

[6]但我们可以参见 Carroll 和 Hannan(2000)的研究,他们试图在理论上对充满矛盾的数据加以修复。

[7] 对于所有成立年份缺失的观察值而言,标识风险集时钟的成立年数这一变量与那些我们拥有完整信息的观察值的计算方法是一样的:把第一次参与承销活动定为 1919 年。同样的,首次上墓碑公告的成立年数对于所有这些观察值来讲,赋值都为 0。这一编码方案使我们可以将孵化期效应解释为那些我们拥有完整信息个案的孵化期变量。指示变量将显示那些成立年数缺失的企业与信息完整的企业之间在退出率方面是否存在系统性的差异。最后,对于那些没有确切成立日期的企业,成立年数这一变量就从它第一次出现在墓碑公告上的年份开始计算。在这种情况下,企业成立年数和第一次出现在墓碑公告上的年数是一样的。

[8] 为了检验在哪个区间内地位的效应大于 0,必须首先分清楚市场集中度与地位交互之后对企业生存机会的影响,这在模型 5 体现为 $-1.615+5.938\times$ 地位。这一联合效应的标准误等于变量每一个系数的方差之和减去系数估计值协变量的两倍,然后取平方根。这个标准误值是 1.04。因此,我们可以直观地推测,当地位取值大于 0.62 时,这一效应显著地大于 0。

第九章

反思不确定性

我们已经探讨过地位作为一种信号所发挥的重要作用,不确定性这个概念在其中居于核心位置。在本书前两章,我指出市场不确定性是地位能够作为一种信号发挥作用的存在理由(raison d'être)。在接下来的经验研究中,我们发现地位带来的市场结果取决于不确定性程度的高低。

在指出市场不确定性带来的一系列影响之后,我——至少到本章之前——已经提出了不确定性的概念,不确定性在很大程度上可以被归结为扮演评估者角色的行动者与作为被评估对象的行动者之间的信息不对称。虽然评估者并不确定所要评估的对象的行动、产品、服务的真实质量,但其评估对象对此是确定的。比如,我们对投资银行业的研究基于这样的假设,即一家投资银行潜在的交易伙伴对该投资银行的服务质量是不确定的,但并没有假设投资银行对自身提供服务的质量是不确定的。类似的,我们对葡萄酒业的研究基于这样的假设,即消费者不确定葡萄酒的质量,但并没有假设葡萄酒酿造商对其酿造的葡萄酒的质量是不确定的。

在本章,我将关注评估对象本身在如何组织其所拥有的资源以提供特定质量水平的产品方面面临不确定性的情况。为了分析这种情形,我们有必要区分两种类型的不确定性:**对他者的不确定性**(altercentric uncertainty),即一个评估者对评估对象质量的不确定性;**对自身的不确定性**(egocentric uncertainty),即评估者对自己应该如何进行投入组合和配置资源决策才能提供特定质量水平的产品和服务存在不确定性。在对这两种不确定性作出界定之后,我们知道对他者的不确定性是前面几章经验研究分析的内容。至于对自身的不确定性,我们可以举一个例子来加以说明。比如一个汽车生产商在如何作出资源配置决策才能使得其产品受到部分消费者青睐方面存在不确定性。

对自身不确定性的存在并不排除对他者不确定性的存在。比如上述汽车生产商对于如何作出资源配置决策才能使得其产品受到部分消费者青睐方面存在不确定性,但与此同时,消费者以及其他相关方,如该厂商的潜在合作伙伴,也都在试图找到一些参考依据,以对该汽车生产商在市场上提供的产品或服务的质量作出判断。

就如一种类型不确定性的存在不能排除另一种类型不确定性的存在一样,一种类型不确定性的存在,也不是另一种类型不确定性存在的必要条件。我们可以想象一种类型不确定性很高但另一种类型不确定性很低的情形。比如,图 9.1 显示了四种市场类型,正方形左上角的空格代表一种独特的疫苗市场,比如小儿麻痹症疫苗或天花疫苗市场。这一市场最主要的不确定性来自于该疫苗的开发能否成功。一旦疫苗开发成功并获得药品监督部门的注册审批,那么在消费者是否能从该疫苗中获益方面是不存在不确定性的。因此,疫苗生产市场代表了对自身不确定性较高但对他者不确定性较低的情形。现在我们转向正方形右下角的空格,这个区域是一种屋顶建筑施工市场。"屋顶建筑技术"相对简单,虽然屋顶施工者对具体的年份中哪个家庭需要修建或维护屋顶是不确定的,但他能够确定每家每户至少大约每 20 年左右就需要修建或维修一次屋顶。通过发放传单或者在电话黄页上做广告,这些屋顶施工者确定他们能够找到一些需要他们服务的顾客。然而,对于一个具体的消费者而言,他们很少进入这个市场,因此他们对不同施工公司的质量分布是很不清楚的。消费者可能通过咨询那些最近维修过屋顶的人,来部分地降低这种不确定性,但是这样一种咨询的存在就足以说明问题了。消费者只有通过这样的搜寻和咨询才能降低相对较高的不确定性。这就是对自身的不确定性较低,但对他者的不确定性较高的情况。许多标准的经济学"信息不对称"模型,比如前几章提高的声誉模型或信号模型,其假定的市场条件就是这种对自身的不确定性较低,但对他者的不确定性较高的情况。但是,这种信息不对称情况并非对自身不确定性和对他者不确定性的唯一一种组合。另一种组合的例子出现在"炫耀性消费品"市场上,在这个市场中,消费者购买某种商品并不是主要因为这种商品内在的质量，而是为了显示他们是消费得起某种品牌的精英中的一分子。在这种情形中，消费者面临的不确定性并不是所购买的商品的质量，而是品位和时尚的潮流是否会将使某一消费品牌或某种时尚就等同于精英地位。

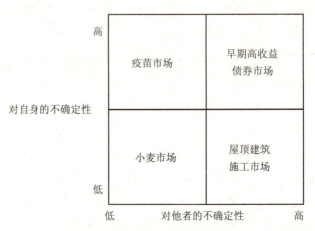

图9.1　由对自身的不确定性和对他者的不确定性所构成的市场类型示意图

最后，有些市场可能对自身不确定性和对他者不确定性同时存在较高或较低的情况。在非投资级债务市场刚刚萌芽的时期，该市场中这两类风险程度都非常高，对自身的不确定性在德崇公司以及随后各主要投资银行逐渐对高收益债券的发行对象和可配售金额有了更好的了解之后大大地降低了。

虽然对他者的不确定性这一类型在本书前几章多多少少已经提到过，但我们很有必要更详细地区分对自身的不确定性与对他者的不确定性，因为对自身的不确定性这个概念在社会学和组织研究的文献中更常被用到。虽然没有使用对自身的不确定性这个术语，但客观地说"卡耐基学派"（Carnegie School）及其公司行为理论的核心要义是如何在给定的对自身不确定性的前提下实现组织生产的最优化。诸如"满意搜寻行为"（satisficing search behavior）以及决策的"垃圾桶理论"（garbage can theory）也都是基于公司不知道如何配置其所拥有的资源以获得较好的产出结果这样一种假定。类似的，大多数关于信息通过社会网络流动的文献都假定中心行动者会采取这样的视角,即力图确定对实现行动者的目标最重要的资源组合方式,而不是关注其他行动者的质量如何。

在说明了对自身的不确定性与对他者的不确定性之间的区别之后,我的基本判断是:在一个市场中,对他者的不确定性提高了地位较高的位置的价值,而对自身的不确定性则降低了地位较高的位置的价值。有两个原因导致了这一基本判断。第一个原因与地位产生优势的主要机制有关;第二个原因与网络位置(networks position)的类型有关,对自身的不确定性事实上提高了网络位置的价值。我们将依次分析这两个原因。

如我们已经观察到的那样,地位的优势至少部分地来自于这样一个事实,即潜在的交易伙伴更愿意与拥有较高地位的公司建立交易关系,而不是与地位较低的公司建立交易关系。过于简单点说,假定其他条件都相同(ceteris paribus),地位最高的公司基本上都有机会选择他们的交易伙伴。当然,地位最高的公司希望避免与某些潜在的交易伙伴建立交易关系,显然是有原因的,这要么是因为他们认为地位较低公司的质量比较差,要么是因为他们认为与这些地位较低的公司发展交易关系会损害他们自身的地位。重要的是,地位最高的公司在选择交易伙伴时比其他公司更为谨慎。虽然地位最高的公司大多不愿意与地位较低的公司建立交易关系,但如果建立交易关系带来的潜在收益超过了潜在成本的话,他们也会根据具体的情况加以考虑的。

地位带来更多接触机会的价值取决于地位较高的公司在何种程度上能够确定什么样的交易关系组合能在事实上提高其产品或服务的质量。一个地位较高的公司可能更容易接触到上游供应商、金融资本提供者、人力资本以及合作伙伴,但除非他知道如何组合这些关系才能生产出质量较好的产品,否则再多的接触机会也没有什么价值。

既然从定义上说,在对自身的不确定性较高的细分市场上,生产者不确定哪种生产投入组合更有可能带来最令人满意的产出,地位在这种情形下的价值就会非常低。对自身的不确定性较高时,一个公司不清楚如何最好地利用地位带来的更多的机会。

上述观察所得到的结论可以用排队进行市场匹配的框架得到最好的

理解。想象一下这样的场景，生产者们都排着队等待任何他们所期待的交易机会，他们在队列中的位置是他人期待其成为一个交易伙伴程度的函数。因为生产者们大多愿意与那些地位比自己高的公司建立交易关系，所以假定其他条件不变，地位最高的生产者应该排在第一位，而地位第二高的生产者应当排在第二位，依此类推。然而，当对自身的不确定性较高时，地位最高的公司不知道它应该为哪个交易机会而去排队。结果，在对自身的不确定性较高的领域，其地位的价值就没那么高。与此相反，在对自身的不确定性相对较低的领域，地位在交易队列中就非常重要。因此，在对自身的不确定性相对较高的情况下，地位所具有的价值不高的一个原因，就是地位较高的行动者不知道该利用他们的地位与哪些行动者建立交易关系，结果，地位较高的公司应当避免进入那些对自身的不确定性相对较高的市场或细分市场。

虽然上述原因也许已经能够充分解释为什么一个地位较高的公司试图避免进入对自身的不确定性较高的市场中，但 Burt(1992) 的结构洞理论提供了另一种解释。Burt 所用的"结构洞"这个术语指的是社会关系网络中的一个特殊位置，处于这个位置上的行动者，其交易伙伴相互之间是相互隔断的。事实上，位于结构洞位置上的行动者处于网络的中心焦点位置上，如果没有他的话，交易网络就会相互分离。Burt 认为网络位置能带来最大信息收益的网络就是结构洞数量多的网络。因为位于结构洞位置的行动者所联系的那些人原先是相互隔断的，因此，相对于那些处于交往相对密切的某一派系中的行动者，位于结构洞位置的行动者能够更快地获得来自更多渠道的不同信息。当行动者不确定该如何配置资源的时候，能更快地获得各种不同来源的信息意味着巨大的优势。

虽然 Burt 在讨论结构洞的信息优势时并没有使用对自身的不确定性这个概念，但显然对自身的不确定性的讨论与 Burt 对结构洞信息优势的讨论是相关的。行动者所处网络的结构洞并不是其他行动者对该行动者进行判断的基础，相反，这些结构洞决定了行动者何种程度上可以克服在如何最好地实现他们的目标方面出现的不确定性[1]。

因此，那些与若干个相互隔断的生产者保持联系的汽车制造商比那些只跟同一个城市的一两个公司保持紧密联系的汽车制造商更可能获得有助于其提高汽车质量的信息。假定人们处在一个不存在对自身的不确定性的情境中时,结构洞在降低对自身的不确定性方面所具有的价值就会表现得更加清楚。如果小汽车制造商拥有关于顾客的品位以及竞争者生产方式的完美信息时,结构洞的信息优势就消失了,因为这些信息对于生产出高质量的产品是非常有帮助的。正是由于这个原因,Burt 认为结构洞的信息收益必然是短暂的;随着信息扩散到整个市场,那些最初获得信息的人所具有的信息优势将荡然无存。然而,在将一个人网络中的结构洞最大化和将一个人的地位最大化之间存在一定的张力,因为地位的最大化意味着出现更多的基于地位的类聚现象,但是结构洞的最大化意味着建立跨越不同地位边界(否则就会相互隔断)的关联。因此,对自身的不确定性不仅降低了地位的价值,而且给发展关系网络带来了竞争压力,因为关系网络将导致地位较高的行动者建立的关系会稀释其自身的地位。结果,对于那些地位较高并且试图保持其地位的行动者而言,他们必须解决好市场上对自身的不确定性较高的问题。

上述关于不同类型的风险和不同类型网络位置的讨论毫无疑问是非常抽象的,一个简单的例子能够帮助我们理解这里面的道理。试想一下这样的一种情形,即一个大学或学院想要招聘一个老师。院系因此进入学术劳动力市场上的交易关系中,他们希望学校各方面的相关支持者们都认为其招聘的老师在研究和教学方面是比较优秀的,这些支持者(如招收的学生、校友、奖学金发放机构等)为该院系所在的学院或大学提供资金支持。

经过一些简化处理后,我们考虑院系只在两种类型的学术市场上进行招聘:一种是资历较浅的市场,由刚毕业的博士组成;另一种是资历较深的市场,由那些在学术界拥有多年教职甚至有终身教职的学者组成。因为院系对那些资历较深学者的信息要多于那些资历较浅的博士,所以对于招聘的院系来讲,资历较浅的博士们所在的初级市场上对自身的不确定性相对要高,而资历较深的学者们所在的高级市场上对自身的不确定性要相对低一些。

我们现在可以把院系在其领域中的个人关系看成是院系建立的关系

网络。这些个人关系所提供的信息可以用以评估候选人在各自市场中的状况,而院系在更为宽泛的学科网络中的位置可以用其所拥有的结构洞数量及其地位来进行测量。一个院系如果拥有结构洞很多的关系网络,那么院系的成员就与该领域中大量的相互分隔的其他成员有联系。一个院系如果拥有较高地位的网络,那么院系的成员就大多与地位较高的(其他)院系有联系。

前文关于结构洞能减缓对自身的不确定性这一说法,意味着院系共同人际关系网络(joint personal network)中的结构洞越多,院系在招聘资历较浅的博士时就越能作出更好的决策。在这样一种缺乏雇佣决策所需的可观察信息的情形下,私人网络所产生的个人信息对招聘工作很有帮助。与此相反,拥有许多结构洞的网络对于资历较深学者的招聘所具有的价值相对较小,因为我们已经有了关于这些资深学者教学和研究的历史资料,这些资料独立于通过个人关系网络所传递的信息。显然,这样的一个院系从资历较浅的博士招聘中所获得的利益将会大于从资历较深的学者招聘中所获得的利益,我们可以推测,随着时间的推移,这一院系在招聘刚毕业的博士方面所下的功夫将越来越多,而在招聘资深学者方面所下的功夫将越来越少。

地位能降低对他者的不确定性这一论断表明,院系的地位越高,其在招聘资深学者方面更具有优势。虽然地位在资历较浅的博士细分市场也能给高地位的院系带来一些优势,但此时地位较高的院系在应该用其地位来招聘哪个人方面存在很大的不确定性。结果,拥有较多结构洞网络的院系倾向于招聘资历较浅的博士,而地位较高的院系则倾向于招聘资历较深的学者。

熟悉地位和结构洞这些网络研究概念的读者可能会提出这样一个合情合理的问题,即是否地位和结构洞可能对不同细分市场的选择有完全不同的影响。看起来我们有理由推断,行动者的地位及其网络中的结构洞之间可能存在高度的相关性。根据定义,一个其交易关系网络中有许多结构洞的行动者,在更大的关系网络中他/她的地位也会非常重要——作为一个更大的关系结构中跨越许多各种类型小派系的桥梁或扳手。

　　虽然人们常常认为地位较高的行动者在他们所处的关系网络中将会占据许多结构洞的位置，或者如 Burt 所说的那样，企业家一般都是地位较高的行动者，但地位较高的网络位置与拥有许多结构洞的网络位置这两个概念之间的差异足以解释如下问题，即为什么在建立能增加结构洞的关系和建立能提高行动者地位的关系之间存在选择。让我们回顾一下前面提及的那个地位较高的院系。

　　如果核心院系主要是和其他一些地位较高的院系有联系，那么核心院系的成员可以和与这些院系有联系的其他地位较高的院系建立联系，以此来保持甚至提升核心院系的地位。或者，核心院系可以选择与那些地位中等或较低的院系发展关系，虽然核心院系的成员与这些院系目前并没有什么联系。前一种做法是能够最大程度地提升或维持自身的地位；后一种做法则能够最大限度地扩张自身的结构洞数量。

　　根据上面的分析，我们可以得出这样的结论：拥有较多结构洞的行动者将会把自己归入对自身的不确定性较高的细分市场中，而地位较高的行动者可能转向对自身的不确定性较低的细分市场中。我在分析中并没有假定市场行动者都知道他们所处网络的特点让他们如何来应对对自身的不确定性这一问题。网络模式和细分市场之间的关联仅仅要求企业在不同的细分市场之间能对较好与较差的市场绩效作出回应就可以。比如，地位较高的企业只需要意识到他们在对自身的不确定性较高的细分市场中只能获得较低的回报，他们便可以将所拥有的资源投入到对自身的不确定性较低的细分市场中去。企业不需要明确地意识到其自身的地位在对自身的不确定性较高的细分市场中用处不大。

　　需要指出的是，如果这样一种强化机制是细分市场之间转换的首要推动力，那么在经验上区分"聚焦型"（focused）公司和"分散型"（diversified）公司就是有价值的。所谓"聚焦型公司"，指的是其业绩主要受到紧密相关的不同市场或细分市场的影响；而所谓"分散型"公司，指的是其业绩主要受到一系列相对独立的市场的影响。

　　分散型公司的各个业务部门受网络与细分市场不匹配的影响相对较小，因为各个业务部门的业绩不仅取决于本部门的活动，而且取决于其他部门的活动(Milgrom & Roberts，1992)。这一观察可以很自然地推导出一系列经验分析。

为了检验这些对地位和结构洞相关性的基本判断,我将主要关注风险投资市场,这个市场中的各个细分市场之间有着较高的对他者的不确定性,同时各个细分市场对自身的不确定性之间差异很大。对自身的不确定性差异较大,使得我们可以对基本假说进行一系列检验。虽然这个市场上的绝大多数"生产者"是风险投资家,但同时也存在着许多其他类型的实体——公司、投资银行、多样化的金融公司——他们作出哪些创业公司(entrepreneurial company)值得投资,而哪些不值得投资的决策。结果,在分析中有必要指出这些判断主要适用于风险投资企业(venture capital firm)还是适用于这些更多样化的机构。

经验背景：风险投资

在风险投资市场,风险投资商在投资者与需要大量金融资本的创业公司之间扮演中介或经纪人的角色[2]。风险投资企业扮演经纪角色的第一步是从投资者那里募集资金并将这些资金投入到一个专门的基金之中。这个基金是以合伙制的形式经营的,风险投资企业的高级成员充当高级合伙人(general partner),而投资者充当有限责任合伙人(limited partner)。风险投资企业将资金投入创业公司以换取其所有权股份(ownership stake)。在经过一段固定的期限之后(通常是 7 到 10 年),基金就解散了。风险投资企业将拿走部分的收益,通常是 20％左右,剩余的部分就按照初始投资的比例在有限责任合伙人中进行分配。

对风险投资企业的评价是根据其通过对基金的成功投资为有限责任合伙人赚取高额回报的能力。一家风险投资企业可能同时经营多个基金,但有限责任合伙人的收益仅取决于他所投资的那个基金的效益。一个基金运作得越成功,清算时有限责任合伙人的投资回报就越高,这家风险投资企业募集下一个基金也就越容易。更进一步讲,那些长期以来一直能够为投资者赚取超额回报的风险投资企业不仅能够比较容易地募集到资金,而且能够增加其在分红中的比例。

　　为了分析上的方便,本章将投资者视做"消费者",而将风险投资企业视为"生产者"。从风险投资企业的角度来看,风险投资市场对自身的不确定性和对他者的不确定性都比较高,其中,投资者扮演着关键的"变动因素"(alters)。投资者和风险投资企业对于某一项具体投资能否赚到足够高的回报都是高度不确定的。即便与市场投资相关联的部分不确定性可以"通过定价"(priced away)而转化为风险,但仍然有很大一部分无法通过价格方法转化的不确定性留存在市场中。风险投资之所以能够形成一种制度,在很大程度上是因为传统的金融机构不愿意向缺乏担保品的创业企业提供融资。因此,风险投资的出现是这一市场上较高的对自身的不确定性以及对他者的不确定性的一种体现。在本章研究的访谈中,许多风险投资家都坦诚地谈到其投资中的相关风险很难用可靠的定量方法来加以度量这个问题。

　　一个风险投资企业的品质取决于其能否在这种高度不确定性的情形下作出高明的投资决策。风险投资企业必须学会去辨识能提高一家创业公司从起步到最后成功可能性的那些特征。在评估一家创业公司成功的几率时,风险投资者需要考虑许多因素。例如,需要评估创业公司的技术能力、创始人的管理能力、创业公司试图参与竞争的市场的运行机制、创业公司公开募集资金时金融市场可能的反应等等。

　　我们现在比较清楚的是,风险投资市场具有高度的对自身的不确定性和对他者的不确定性,但需要指出的是,不同投资在对自身的不确定性水平上存在很大的差异。为了理解这种差异的基础,我们有必要详细地回顾一下创业者是如何从风险投资者那里募集到资金的。创业公司一般是以"分阶段"(rounds)的方式募集基金的。也就是说,创业公司并不是从风险投资者那里直接获得持续的资金流支持。相反的,他们在一些特定的时期向风险投资者寻求资金支持。在一个周期结束之后,这一过程重新开始。在某些周期中,创业公司所需要的资金可能会超过任何一家风险投资企业愿意投资的额度,这样,在某个特定周期,可能会有多家公司参与投资。

　　上述投资周期可以被分为几个阶段。为了分析的方便，我在这里划分了三个阶段。在第一个阶段，创业者还没生产出可行的产品。这个阶段的创业者对他们想要生产的产品最多只有一个想法或概念。这个阶段的融资被称为"种子融资"（seed financing）或"启动融资"（start-up financing）。一旦创业公司确认了产品的可行性，他就开始追求对生产和销售的资金支持。我把这个阶段的融资称为第二阶段融资。在公司生产出了产品但还没有开始盈利时，第二阶段就开始了。最后，公司将进入第三个融资阶段，这时候公司已经开始获利，其融资目的是为了扩大生产和销售。随着公司经历这几个不同的阶段，其价值开始激增。从风险投资企业的角度来看，也就是从购买了公司股份的投资者的角度来看，最高的回报来自于对在一家处于最早阶段的公司进行投资，而这家公司后来取得了成功这种情况。因为在越后面的阶段，投资的不确定性越小，其收益也相应地会越小。

　　一家创业公司不一定需要在种子或萌芽阶段就开始融资，在被收购或公开上市之前也不一定需要经历这三个阶段的全部过程。举个例子来说，生物技术公司在产品研发阶段需要投入大量资本，在适应市场需要的产品被制造出来之前，往往需要经历很长的时间。

　　在市场的另一面，风险投资企业不必为了能够在后期阶段进行投资而在前期阶段进行投资。然而，风险投资者在作出初次投资决策之后，他们对所投资的企业就拥有了明显的信息优势，其再次投资所面临的不确定性将大大地低于初始投资决策时的不确定性。这一事实对经验研究具有重要的含义。在分析风险投资企业的投资模式时，我只将注意力放在对创业公司启动阶段所进行的投资，因为一旦一家风险投资企业在一家创业公司处于启动阶段时就进行了投资，那么如果（当）其他风险投资者对这家创业公司进行投资（时），这家风险投资企业将很有可能继续追加投资。

　　更一般地说，对于本研究的分析目的而言，对这三个阶段的划分为根据风险投资者在作出资源配置决策时所面临的对自身的不确定性来对投资进行分类提供了一个重要的基础。风险投资者在越靠后的阶段开始投资，其面临的投资决策的不确定性就越小。

模　型

为了探究对自身的不确定性在何种程度上导致了地位较高的企业与结构洞较丰富的企业选择将自身归属于不同的细分市场,我建立了这样一个模型:

$$\overline{R_{i,\,t+1}} = \alpha H_{i,\,t} + \beta S_{i,\,t} + \sum_{k=1}^{n} \gamma_k + \sigma_i + \tau_t + \varepsilon_{i,\,t+1}$$

其中,$\overline{R_{i,\,t+1}}$ 指企业 i 在第 $t+1$ 年进行初始投资时的平均阶段,$H_{i,\,t}$ 指企业 i 在第 t 年时其网络的结构洞数量,$S_{i,\,t}$ 指企业 i 在第 t 年时的地位,γ_k 代表一系列控制变量,σ_i 指风险投资企业 i 的企业特定效应(a firm-specific effect),而 τ_t 指第 t 年的时间特定效应(a time-specific effect)。基于上述设定,我们对地位的讨论意味着 $\beta > 0$,而 Burt 的结构洞理论则意味着 $\alpha < 0$。也就是说,一个企业的地位越高,越有可能在比较靠后的阶段进行风险投资。相反的,一个企业所拥有的结构洞位置越多,就越有可能在比较靠前的阶段进行风险投资。

这个模型可以用传统的最小二乘法技术对面板数据进行分析。企业特定效应 σ_i 包含模型估计中所有企业之间的差异。这样的话,对其他变量的估计就不会受到不随时间变化的未被观察到的变量的影响。更进一步讲,将企业间差异与企业特定效应加入进来,使我们对自变量在时点 t 的取值变化会对时点 $t+i$ 的取值产生影响更有信心。如果没有加入这些企业特定效应,人们或许会担心是否会存在企业间未被观察到的特性,使(在时点 t)各家企业结构洞数量分布不均衡,并使(时点 $t+1$)各家企业的早期投资数量分布不均衡。然而,因为只有企业内部的差异被用来估计网络效应,我们可以排除任何企业间未观察到的变量而导致的不同企业间系统性的差异。

分　析

本研究所使用的数据来自于证券数据公司的风险经济数据库(Venture Economics Database）。证券数据公司收集了大量金融市场信息，并将这些信息卖给各类财经团体。证券数据公司风险经济学数据库中的信息既有通过公开渠道获得的，也有通过私人渠道获得的。风险投资者用这些数据来获得对其进行绩效评估的参照标准，企业用这些数据可以更好地了解风险投资者的投资偏好。

虽然证券数据公司关于处在起步阶段创业公司的信息能够追溯到 20 世纪 70 年代早期，但是 20 世纪 70 年代的数据非常少，可能这一时期的多数数据都缺失了。由于存在早期数据缺失的问题，我将研究的范围限定在 1981 年到 1996 年，我也使用了 1980 年的数据，因为模型中因变量需要一个一整年的历史"窗口"。

除了确定合适的分析时段之外，我们还需要确定哪些行动者应当被纳入作出资源配置决策的"生产者"总体中。证券数据公司的风险经济数据库既包括风险投资企业的投资信息，也包括各类金融机构的投资信息，同时还包括非盈利组织（诸如政府、大学等）以及有钱的个人的投资信息。这些机构或个人中有一些只是偶尔做做投资，因此在数据中只出现过少数几次。因为那些只做少数几次投资行动者的网络与身份对于风险投资界来说意义不大，因此有必要将这类市场行动者排除出去。我采用了这样一种筛选规则，即把在 t 年（滞后的一年）作出至少 5 次投资的行动者纳入当年的研究总体。这样一种筛选标准看起来是比较保守的，也就是说，被纳入分析的行动者包括那些很可能不把风险投资作为首要经济活动形式的投资者。但是，看起来即使将这些人纳入进来而犯错误，也要比将这些人排除在外更好。

即便我采取了这种筛选机制，仍然有一部分不是风险投资企业的行动者被纳入我的研究总体。我参考了各种档案资料，将这些在创业公司起始阶段就开始投资的实体分为七种类型：风险投资企业、消费者银行（如第一波士顿银行）、投资银行（如高盛公司）、诸如保险公司或投资基金等非银行金融机构（如 Fidelity 公司、Allstate Insurance 公司）、非金融企业（如 Apple Computer 公司、Raytheon 公司）、诸如政府或大学等非营利机构以及个人投资者。为了论述的方便，我将所有这些行动者统称为风险投资者(venture capitalists),因为他们都作出了选择哪一家创业公司进行投资的决策。然而,一个风险投资者显然不一定就是一家风险投资企业。

表9.1报告了各类行动者的分布情况。尽管我已经查阅了许多相关的资料,但还是有大约12%的投资实体无法确认其类别。第1列统计了各类行动者的数目,第2列统计了每一类的行动者一年数,第3列统计了每一类实体的投资数量(number of investments)。(行动者一年数不一定是连续的,但对于绝大多数行动者来说是连续的。)如前所述,人们可能会认为前面讨论的理论最适用于那些将风险投资作为其最主要经济活动的投资实体。根据我们的假设,一个决策实体受到风险投资市场之外的激励越大,风险投资市场内部竞争动态过程就越不会导致我们假说中叙述的分类过程(sorting processes)。我使用了三种方式分析这些投资实体:(1)来自美国的风险投资企业 $(N = 248)$[3],(2)来自美国的风险投资企业与其他来自美国的金融机构 $(N = 238+13+18+7 = 276)$;(3)所有在第 t 年其所做的投资次数超过5次的实体 $(N = 387)$。如果这种以强化为基础的学习过程(reinforcement-based learning)的确是分类过程背后的驱动机制,那么我们将会看到在专门的风险投资企业样本中,网络对分类过程的影响是最大的,而包括所有金融企业的样本的影响相对较弱,影响最弱的是所有的样本[4]。

表 9.1 创业公司起始阶段的金融支持者类别

金融支持者	数量	行动者×年数	投资数量
风险投资企业	248	1 788	9 853
投资银行	13	126	1 129
各类金融机构	18	101	670
消费者银行	7	41	204
政府组织	2	5	26
非金融企业	28	163	1 607
个　人	10	57	262
待定类别	50	204	770
总　计	387	2 485	13 547

因 变 量

平均投资阶段

对风险投资者平均投资阶段的测量是比较直观的。如前所述,证券数据公司的风险经济数据库将投资分为三个阶段。在此,我复述一下这三个阶段。当一个创业企业还没有生产出可行的产品时,它被认为处于第一个投资阶段。当创业公司已经生产出可行的产品,但还没有从生产和销售产品中获得利润时,被称为处于第二个投资阶段。最后,当创业公司开始营利时,被称为处于第三个投资阶段。表9.2报告了各个阶段投资的分布情况。显而易见,在第三个阶段,投资量呈急剧下降趋势。这就表明绝大多数企业在实现营利之前,要么直接挂牌上市了,要么已经倒闭了。

表 9.2　投资阶段的分布状况

投资阶段	投资数量
第一阶段	7 525
第二阶段	4 706
第三阶段	1 300
总　　计	13 531

我对第一阶段赋值为1,第二阶段赋值为2,第三阶段赋值为3。然后我将这些值加到一家企业在特定年份的投资数量中,然后除以总的投资数量。这一变量的取值位于1和3之间。

关于因变量可能有两个问题。第一,因为投资阶段是定序变量,如果假定阶段1和阶段2之间的间隔长度与阶段2和阶段3之间的间隔长度相等的话,这显然是武断的。换言之,你可以将第1阶段的投资赋值为0.5而不是1,但这样的变动会明显地影响因变量的取值,并且进而影响点估计的准确性。第二,因为因变量的取值被设定在1和3之间,异方差性(heteroscedasticity)问题便不可避免。为了解决上述这两个问题,我采用了第二个因变量——非第一阶段投资占总投资的比例[5]。因为这个变量是一个比例数,所以异方差性就不成问题了。

另外,比例数就隐含地意味着对是否在第一阶段投资进行了二元化编码处理,这样间隔长度的问题也就不存在了。当然,这一测量结果在后面的阶段就分层,就不会那么敏感了。只要统计结果在两种结果测量中都比较稳定,我们就对分析结果抱有相对的信心。

自　变　量

地位

为了测量风险投资企业在 t 年时的地位,我建构了一个基于风险投资者在对创业公司进行投资时呈现出来的共同参与矩阵。也就是说,我建立了一个矩阵 R_t,其中每一个单元格 R_{ijt} 指在第 t 年风险投资企业 i 和风险投资企业 j 共同投资于一家处于创业阶段的企业的次数。然后,与我对投资银行业、葡萄酒业和半导体行业的研究一样,我用 Bonacich 的 $c(\alpha, \beta)$ 测量法对地位分值进行了计算。

基于上述操作,一个风险投资者的地位是与其共同投资的企业的地位和数量的函数;其投资伙伴们的地位也就是他们的财团合作伙伴们的地位和数量的函数,依此类推。我在分析中特地将一家风险投资企业参与的交易次数作为控制变量加入分析中(见下文),所以这种地位测量方法反映了一家企业在多大程度上拥有作为"积极参与者"(players)的融资伙伴。

这种对地位的测量方法存在一个问题,即共同投资安排(joint-financing arrangement)并没有像我们在分析投资银行墓碑公告时那样表达出一种强烈的顺从感(a sense of deference)。更进一步讲,在每一个投资阶段中,在各家参与投资的风险投资企业中一般会有一家风险投资企业被视为领头羊,这样一种领导角色暗示出其他企业扮演的是顺从者的角色。很可惜的是,证券数据公司的数据并没有包含哪家风险投资企业处于领头羊位置的信息。虽然一些其他来源的数据提供了关于领头投资企业的信息,但这些数据资料不像证券数据公司的数据那样完整。然而,虽然我在具体的测量中遗留了关系对称性(symmetry of the ties)问题,但我对业内人士的访谈至少能够为这里的测量方法提供一些侧面支持。我发现地位较低的风险投资者强烈地表达出希望自己能够参与由地位较高风险投资企业所主导的投资,而地位较高的风险投资者有时却会因为一家创业公司接受了地位较低风险投资者的投资而拒绝为其提供金融支持。结果,地位高就意味着成为圈内人,而地位低就意味着成为圈外人,而共同投资就建立了一种对称的顺从形式(a symmetrical form of deference),每一个共同投资的风险投资者都认可参与交易活动的其他人的地位(表 9.3 所提供的描述性信息为地位得分的分布提供了更多信息)。

表 9.3　1981—1996 年风险投资市场的描述性统计

变　量	平均投资	较小四分位数	中位数	较大四分位数
阶段	1.56 (.46)	1.20	1.50	1.90
结构洞	.83 (.17)	.81	.88	.93
地位	.11 (.16)	.01	.04	.13
交易数量	34.8 (39.8)	11.0	22.0	43.0
基金数量	2.24 (1.74)	1.00	2.00	3.00

注:$N \times T = 2\,470$。这个表中总的投资一年数($N \times T$)比表 9.1 小 15,因为有 15 个投资一年数的平均投资阶段是缺失值。括号内的数值是标准差。

结构洞

为了测量风险投资者网络中结构洞的数量,我用了 Burt(1992)的测量方法:

$$H_i = 1 - \sum_j \left(p_{ij} + \sum_q p_{iq} p_{qi} \right)^2, \quad i \neq j \neq q$$

其中,p_{ij} 指企业 i 与企业 j 的投资关系所形成的网络在企业 i 的关系网络中所占的比例,p_{qi} 指企业 q 与企业 i 的投资关系所形成的网络在企业 q 的关系网络中所占的比例[6]。如果企业 i 跟无限多的相互之间没有多大联系的企业(亦即企业 i 的网络中有许多结构洞)建立投资关系,那么其 H_i 值就趋近于 1。如果 i 只跟一个行动者有联系(亦即在企业 i 的网络中没有结构洞),那么其 H_i 值等于 0[7]。为了分析上的方便,我将一个风险投资者的网络区别于他跟其他风险投资者的共同投资。也就是说,如果风

险投资者 i 与 j 在一家创业公司起始阶段进行共同投资,那么我将这种共同投资活动编码为 i 和 j 的一种关联。因此,H_i 是与风险投资企业 i 相关联的各类共同投资的风险投资者数量以及这些风险投资者所投资的各类不同创业企业数量的增函数。与此相反,如果公司 i 的投资数量非常少,并且与之相关联的其他风险投资者之间形成小派系,那么 H_i 的值将会变得非常小。

因为我检验的是风险投资企业在一段时间内平均投资阶段的变化,所以我允许风险投资者的网络在这段时间内发生变化,并且将行动者 i 在时点 t 的结构洞记为 H_{it}。我用一个移动的"一年时间窗口"(moving "one-year window")来确认不同风险投资者之间的关联。换句话说,当风险投资者 i 和 j 在同一年中有共同的投资项目时,我们就称 i 和 j 之间存在关联。Burt 的自主权测量(autonomy measure)使对关联强度(tie strength)的测量是连续的。为了分析上的需要,我用共同投资的项目数量来测定两家风险投资者的关联强度。

控制变量

我在分析中加入了两个控制变量。第一个是风险投资者 i 在第 t 年所参与的投资数量(交易数量 N)。有几个理由使得我们应该把这个变量作为控制变量纳入到分析中。首先,基于存在能够支持我们详细讨论的假说的证据,我想把地位和结构洞的效应与风险投资者所参与的活动区分开。现实中至少存在这样的可能性,即至少有部分观察得到的网络效应可能只是风险投资者所参与活动数量的一种虚假结果。其次,一个行动者所参与的交易数量是对其经历的一种测量,如果行动者能从其经历中总结经验和教训,那么行动者的总投资数量应当会减少其在后续投资决策中所面临的不确定性。因为行动者在前期阶段对自身的不确定性高于后期阶段,其需要从中学习的东西也多于后期阶段,所以我认为这种从经验中学习到的东西对投资者以后在前期阶段进行明智投资的帮助要大于对其在后期阶段作出明智投资的帮助。实际上,较高的地位能够促使风险投资企业在后期阶段进行投资,而经验——比如结构洞——则会促使行动者参与到风险较高的前期阶段的投资中。

第二个控制变量是一家风险投资企业在第 t 年所投资的基金数量
(N)。如前所述，在特定的时间段中，一家风险投资企业可能拥有不止一
个。我们有三个理由将这个变量作为控制变量纳入分析。前两个理由与
我们前面把滞后的交易数量作为控制变量纳入分析的理由是类似的。与
交易数量一样，滞后的基金数量在很大程度上可以作为企业规模和经验的
指标。为了把基金数量作为衡量企业规模的一项指标，我想把潜在的结构
洞和地位效应与可能的规模效应区别开。如果基金数量是反映企业经验
的一项指标，那么基金数量对一家风险投资企业平均投资阶段的影响应当
是负向的。第三个将基金数量纳入作为控制变量的理由是为了排除对假
设的地位效应的其他备选解释。我认为地位较高的投资者更有可能在后
期阶段投资，因为地位在这些细分市场上具有极大的价值，投资者可以利
用其社会关系作为一种杠杆来调动金融资源、发展交易关系。然而，如果
说地位较高的投资者比地位较低的投资者能够获得更多金融资源的话，那
么地位较高的企业将不得不更多地在后期阶段进行投资，因为——起始阶
段的生物科技公司是一个例外——前期阶段的投资一般所需的资本量比
较少。比如，软件公司在第一阶段的资本需求量远远小于第二阶段和第三
阶段，因为第一阶段是产品开发阶段，而第二阶段和第三阶段就需要组合
资源来生产产品，或至少将部分生产和销售的功能外包出去。简言之，地
位较高的投资者拥有的资金可能远远地超过了第一阶段的投资需求。因
此，至少有两个原因使我们推测基金数量的影响效应将是正向的，而至少
有一个原因使我们认为这一影响效应该是负向的。因为我只是将这个变
量作为控制变量纳入分析，所以我没有提出关于哪种影响效应会更强的
假说。

最后，除了上述两个控制变量外，我还将企业特定效应 σ_τ 以及时间特
定效应 τ_t 纳入到分析中。加入这些变量只是为了控制未被观察到的异质
性，这种未被观察到的异质性对特定企业与或某一特定年份的所有观察值
而言都是很常见的。

结　果

表 9.3 显示了因变量与自变量的描述性统计指标。表 9.4 显示了两个主要的解释变量之间的相关关系。值得注意的是,地位与结构洞的相关系数是 0.23。虽然这一相关系数在统计上是显著的,但很显然,这两项测量在经验上是可区分的。

表 9.4　解释变量间的相关关系

变　量	地位	交易数量	基金数量
结构洞	.23	.26	.19
地位		.71	.55
交易数量			.75
基金数量			

注:所有的相关系数都在 $p < 0.05$ 的水平上显著。

表 9.5 显示了当总体只包含可辨识的风险投资企业时的回归结果。模型 1 和模型 2 分别排除了地位和结构洞两个变量,模型 3 和模型 4 则是完整模型。这两个模型之间的区别在因变量上。在模型 3 中,因变量是平均投资阶段。而模型 4 的因变量则是非第一阶段投资所占比例。首先来看看控制变量,我们发现过去一年交易数量这一变量对平均投资阶段没有显著影响。基金数量在模型 1 中有显著的负向影响,此时地位这一变量不在模型 1 中。然而,当我们把地位这个变量加入进来时,这一变量变得边际不显著了。现在转向对主效应的分析,我们发现分析结果与我们的基本假说一致。特别值得注意的是,这些结果是基于企业内部的差异而获得的。因为每一家公司的固定效应都已经被包括进来,所以所有企业间的差异都已经被消除,结果显示了一家企业的投资决策是如何随着其社会网络的变化而发生变化的。当一家企业获得了拥有许多结构洞的"交易流"网络("deal-flow"network)时,这家企业就更有可能在早期阶段进行投资。如果企业拥有的网络显示其拥有较高的地位,那么其投资比例将更多地集中于后期阶段。值得注意的是,我们的分析结果对因变量的不同操作化都

是稳健的。

表 9.5   总体中只包含风险投资企业时解释变量对投资阶段分布的影响

变 量	模型 1	模型 2	模型 3	模型 4
结构洞	−.14*(.07)	—	−.14*(.07)	−.12*(.05)
地位	—	.22*(.10)	.22*(.11)	.13*(.08)
交易数量	2.9×10^{-4}	4.5×10^{-4}	3.2×10^{-4}	4.9×10^{-4}
	(5.8×10^{-4})	(6.5×10^{-4})	(6.5×10^{-4})	(4.9×10^{-4})
基金数量	−.02**(.01)	−.02 (.012)	−.02 (.012)	−.014(.009)

注：$N = 1783$。1—3 列的因变量是平均投资阶段。第 4 列的因变量是非第一阶段投资所占比例。关于年的指示变量没有出现在报告中，但被包含在所有模型之中。括号内的数值是标准误。
    * $p < 0.05$，单尾检验，** $p < 0.05$，双尾检验。

    因为这两个因变量都被操作化为比例变量（ratio variables），所以在如何解释变量的变化上仍然存在一些模糊之处。当变量值增加时，可能是因为分子增大，或因为分母减小，或因为分子增大的同时分母减小。比如，如果只看因变量，我们很难说清楚是因为地位较高企业较少在前期阶段投资，或较多在后期阶段投资，或者是因为这两种情况同时发生。但是，交易数量这一控制变量能够澄清这一点。因为交易数量与平均投资阶段不是显著相关的，企业增加后期阶段的投资，就意味着要减少早期阶段的投资，同样的，增加早期阶段的投资，就要减少后期阶段的投资。因此结构洞效应意味着投资从后期阶段向早期阶段转移，而地位效应则意味着投资从早期阶段向晚期阶段转移[8]。

    表 9.6 报告了以平均投资阶段为因变量的完整模型的分析结果。但这里的总体被以三种方式加以界定。在第 1 列中，因变量只包含风险投资企业。因此，这一列的结果与表 9.5 第 3 列的结果是一样的。第 2 列的总体是所有对创业公司进行了投资的金融机构，第 3 列的总体是所有对创业公司进行了投资的行动者。当总体被界定为包含所有行动者时，影响效应是更弱的——事实上，是统计不显著的。当总体是所有金融机构时，统计是显著的，但是地位的正向效应有所减弱。如前所述，这样的统计结果与基于强化的机制（reinforcement-based mechanism）是一致的。对于那些金融投资对其财务成功没有那么大影响的相对多元化的行动者而言，面对根据自己的网络与对自身不确定性水平的匹配情况而将自己归类到某一市

场区域的压力,他们的反应并不那么灵敏[9]。

表 9.6 总体中包含不同类别投资者时解释变量对投资阶段分布的影响

变 量	风险资本企业	所有金融企业	所有企业
结构洞	$-.14^*$ (.07)	$-.14^*$ (.06)	$-.06$ (.06)
地位	$-.22^*$ (.11)	$.15^*$ (.09)	$-.11$ (.08)
交易数量	3.23×10^{-4} (6.5×10^{-4})	1.9×10^{-4} (4.4×10^{-4})	1.5×10^{-4} (4.7×10^{-4})
基金数量	$-.12$ $(-.012)$	$-.16$ (.01)	$-.015 (-.010)$
行动者—年数	1 783	2 046	2 470

注:括弧内的数据是标准误。
 * $p < 0.05$,单尾检验。

值得关注的地方在于分析结果显示,两种类型不确定性之间的区别构成了市场决策和行动的基础。本书前八章主要关注一种类型的不确定性,现在我们把这种不确定性称为对他者的不确定性,这是信号发送模型的核心所在。本章我们引入了一种新的不确定性,即对自身的不确定性。我们有理由推测,对自身的不确定性和对他者的不确定性之间的区别并不限于市场领域,也体现在政治领域中——例如立法机构。立法机构中的每一位政治家都希望自己的提案获得通过,但为此他必须获得大多数同僚的支持。和我们可以将对自身的不确定性和对他者的不确定性这对概念应用于市场领域一样,我们也可以把它们应用于立法机构中。例如,为了推出诸如医疗保健这样复杂的提案,一个立法者在设计能带来自己期望的后果的提案时,可能要面临极大的对自身的不确定性。这时也存在着对他者的不确定性,即他的同僚可能会怀疑议案的“质量”如何(比如议案的潜在目标能否实现)。与市场中的情境一样,这两种不确定性在分析中是可以区分的。例如,立法者可能对提案的实际影响并不存在什么不确定性,这要么是因为提案本身并不复杂,要么是因为立法者在这方面的知识非常丰富。然而,如果立法领域存在许多互相不信任的情况的话,那么对他者的不确定性可能就很高。与市场一样,我们可以推测:结构洞较多的网络形态有助于降低对自身的不确定性,而地位较高的网络形态则对克服同僚的质疑以降低对他者的不确定性特别有帮助。

在市场研究方面,引入两种不确定性的区别显然会引出一系列将来的研究问题。例如，对自身的不确定性和对他者的不确定性是否存在什么演化的趋势？有人可能会认为，在消费者解决不同生产者产品质量差异方面的不确定性问题之前，生产者可能已经想办法解决了如何组合资源以生产出合格的产品和服务方面的不确定性问题。然而正如本章开头的讨论，市场情境中有两种不确定类型的不同组合，有些市场是二者同高或同低，有些市场是此高彼低。相应的，两种不确定性的关系不能简单地被归结为对自身的不确定性水平决定了对他者不确定性水平的下限这样的说法。怀特(2002a)通过 W(y)模型的参数告诉我们应该如何针对两种类型不确定性的共同含义构建分析模型。至于如何将这两种不确定性与地位结合起来分析，本书的最后一章提出了一些结论以及未来研究的方向。

注释

　　[1] 在 Burt(1992)对结构洞最早的论述中，以自我为中心的网络有助于处于结构洞位置的行动者建立广泛而正面的声誉。如果个体只是跟一小部分密切联系的人建立联系，那么最多就是这一部分人知道该个体的声誉。相反的，如果个体与大量相互隔断的人们保持联系，那么他将很容易建立广泛而正面的声誉。如果结构洞与声誉之间真的存在这样的关系，那么对他者的不确定性就能够提高结构洞的价值。当对他者的不确定性较高时，那些在他们的网络中有很多结构洞的人相对于自身网络中结构洞较少的人而言，就具有了声誉方面的优势。然而，Burt 与 Knez(1995)的研究发现一种广泛的、具有扩张性的网络对建立正面声誉并没有促进作用。一个广泛的、具有扩张性的网络能够降低行动者建立声誉中的变数，但并没有提高平均的声誉水平。换言之，在自身所属网络中拥有许多结构洞位置的行动者不太可能有一个较差的声誉，但也不太可能有一个较好的声誉。随着结构洞数量的增加，行动者拥有中等声誉的可能性也增加。既然结构洞并不总是能够提升行动者的声誉，那么结构洞的价值只能靠对自身的不确定性而非对他者的不确定性来加以提升。

　　[2] 这部分内容主要参考 Podolny 和 Feldman(1997)对风险投资行业的研究。

　　[3] 表 9.1 第 2 行中第一类实体的英文为"venture capitalist"，根据前文的论述应该翻译为风险投资者，意指包括全部 7 种类型实体在内的所有投资实体。但此引文处的论述却显示有 248 家来自美国的风险投资企业，与表 9.1 第 2 行中的数量"248"一致。译者认为作者可能应该把表 9.1 第 2 行中第一类实体的英文改为"venture capital firm"。译者在表 9.1 中暂时改译为"风险投资企业"。——译者注

　　[4] 有人可能会很有道理地问我为什么不根据公司类型构建交互作用。原因在于将公司特定效应纳入分析就排除了对交互作用的估计。

　　[5] 我用非第一阶段投资所占比例而不是第一阶段投资所占比例作为因变量，这样假说中系数变化的方向就和将平均投资阶段作为因变量时相同。有了这两个因变量之后，我们可以推测：这一比例的取值越高，就意味着越有可能在后来的阶段继续投资。

　　[6] 我在这里用 H_i 表示结构洞。需要注意的是，Burt 在他的研究中所使用的变量是

C_i，即行动者 i 所受到的限制。C_i 就等于 $1-H_i$。我更倾向于使用 H_i，因为 H_i 在方向上与他对结构洞的理论架构是一致的。但因为网络分析软件如 UCINET 只能计算 C_i 而不计算 H_i，所以这一差别值得注意。

[7] 虽然大量以自我为中心的网络关系的取值都在 0 和 1 之间，但值得注意的是，人们可以举出例子来说明以自我为中心的网络关系的取值可能为 -1。例如，假定 i 有两个联系人，他分别赋予这两个人以相同数量的关系强度。在这个案例中，$p_{ij} = p_{iq} = 0.5$。假定这个案例中两个联系人全部的网络关系也就是他们彼此之间的关系，所以，对两个人来讲 $p_{qj} = 1$。因此两个人括号内的值也都等于 1，而 H_i 值就等于 -1。

[8] 我们有理由担心这里可能存在相反的因果关系，所以我们可以在重新安排变量的时间顺序后重复上述分析。具体而言，我们可以分析时点 t 的平均投资阶段和时点 $t+1$ 的网络相关变量。网络相关变量的系数是不显著的，两个 t 比率（t-ratio）都小于 1。这一检验让我们对假设中因果关系的方向增加了信心。

[9] 虽然表 9.6 与我们对地位的预测是一致的，但人们仍然可能会问：为什么地位较高的风险投资者会在后期阶段投资。一种可能的理由是这样的：虽然后期阶段投资中对自身的不确定性比早期阶段小，但同时对他者的不确定性也小。相应的，虽然风险投资者在后期阶段分辨好投资和坏投资的能力提高了，但投资者们的辨别能力也提高了。因此，投资者在后期阶段的投资不再像前期阶段的投资那么依赖于地位作为信号。因此，即便是一家地位较高的风险投资企业也不能轻易地从其地位中获得租金。所以，地位的上升对平均投资阶段的作用看来是不确定的。但前述这样一种质疑是基于一个错误的前提。如前所述，风险投资者对创业公司进行投资，但提供资金给风险投资企业的投资者们并没有这样做。投资者把钱放入一个风险基金，风险投资商将这些基金分配给一系列公司。因为投资者一般在把钱投入到风险基金之前不知道钱最终会投给处于哪个阶段的哪家企业，因为风险基金一系列投资的加总，投资者对于不同投资之间不确定性变化的敏感程度要低于风险投资企业。因此，虽然对自身的不确定性——风险投资者的不确定性——在前后投资阶段的分布是变化的，但是对他者的不确定性一般而言都被认为是不变的。对于地位较高的风险投资者而言，并不存在什么抵消不确定性方面的原因会导致其从后期阶段投资转向前期阶段投资。

假定地位较高的风险投资者清楚地将自身划归到便于其最大程度地发挥自身地位的杠杆作用的某一细分市场中，那么显然我们应该发现风险投资者从其地位中获得了货币收益的证据。至少 David Hsu（即将出版）对此为我们提供了一些有启发的证据，他专门关注那些从风险投资者处获得了多次金融支持的特殊企业。David Hsu 发现，"声誉"较好的风险投资企业的投标更有可能被接受，而且其中标价格比"声誉"较差的风险投资企业要低 10%—14%。把 David Hsu 的发现和我的发现联系起来的唯一问题在于他对声誉这个变量的操作化是一种地位指标和声誉指标的混合体，因此，我们无法下结论说哪一部分效应就是地位效应。但他的分析结果还是非常有启发的。

第十章

结　　论

　　每一门学科都有其基本图景，研究者正是依靠这些基本图景来把握研究对象。这些基本图景形塑了研究者提出的研究问题以及探究这些问题的研究路径。比如在新古典经济学中，市场被界定为供给曲线和需求曲线的相交，人们基于对价格和商品数量的权衡作出选择，经济学的基本问题是供给曲线和需求曲线的变动如何影响了交点偏离理想化的完全竞争条件下交点的位置。因此，垄断或最低工资制度的影响就根据这些基本的偏离得到解释。在博弈论的决策树模型中，互相影响的行动者之间的一系列决策都将导致最终收益的变化，因此核心的研究问题就是将市场或组织决策与激励，以及将激励和行动联系在一起，其最终的目的是要理解机制设计的变化如何通过激励效应而改变了行动。

　　社会学的基本图景与经济学不同，其提出的问题也不一样。本书集中关注社会学的基本图景之一，即地位次序，这一特定的图景引发了一系列特定问题。当我们转向市场领域时，这一图景将会引发以下一系列相关问题：

　　（1）什么是维持市场地位次序的主要市场机制？

　　（2）与市场相关的其他领域中的地位特征是如何溢出到市场领域，从而对市场竞争产生影响的？

　　（3）哪些经济报酬方面的差异是由地位次序带来的？

　　（4）哪些环境条件决定这些由地位次序带来的经济报酬是大还是小？

　　本书的研究为上述四个问题提供答案。让我们依次对这些问题进行探讨。

什么是维持市场地位次序的主要市场机制

本书的研究从作为质量信号并通过顺从关系和交易关系而发生渗透的地位这一概念开始讨论。我们发现有三种用于维持地位次序的市场机制：(1)成本差异阻止低地位行动者以一个相当的价格提供质量与高地位行动者相仿的商品和服务；(2)高地位行动者与低地位行动者之间的价格差异使高地位行动者能对相同质量的投入品报出更高的价格，从而获得该投入品；(3)交换关系模式中基于地位的类聚现象。

在对投资银行业的研究中，我们发现这三种机制都发挥了作用；而对葡萄酒业的研究中，我们发现第二种机制发挥了显著的作用。在较小规模的债券发行中，地位和发行费用之间的负相关关系表明，高地位投资银行提供特定质量水平服务的成本较低(机制1)。在规模更大、更复杂的债券发行中地位和回报之间的正相关关系说明，当不确定性足够大时，高地位投资银行可以就同一要素投入报出较高的价格，这能确保他们击败低地位竞争者而中标(机制2)。对葡萄酒行业的研究为第二个机制提供了又一个证据。与地位较高的区域有过联系的酒庄比那些没有类似经历的酒庄在特定质量的投入品中可以获得更高的回报。债券市场上基于地位的类聚现象以及地位增长模型都显示，地位较高的投资银行不愿意与地位较低的投资银行建立交易关系，否则高地位投资银行的地位必然会受到损失(机制3)。第三种机制看来特别重要，因为它将市场地位信号与其他信号或声誉区别开来，因为这一机制表明地位会通过交易关系发生渗透。

与市场相关的其他领域中的地位特征是如何溢出到市场领域，从而对市场竞争产生影响的

地位作为产品内在质量的信号不仅在——生产者在一边而消费者在另一边的——产品市场内部发挥作用，而且在与市场相关的其他领域中也发挥了作用。在本书第六章，我们看到地位较高的公司通过重视(showing deference to)一些发明而忽略另一些发明，对技术从而对影响市场质量演进的决定性因素施加了相当大的影响。而且，当一家公司因为一项发明在市场上占据了一席之地，但其发明的质量尚存在不确定性时，公司在技术领域中的地位就可以成为其产品质量的信号，促进其销售的增长。事实上，技术领域中的地位特征溢出到了市场领域，影响了消费者的消费潮流，因此，在技术领域地位较高的行动者会发现他们在市场上能更容易地吸引到经济资源，从而能将更多的经济回报投入到技术领域——这些经济回报又强化了技术领域中地位较高行动者们对技术网络拓展方式的主导能力。同样地，我们在本书第七章发现，在某些环境中，个体的社会地位与公司的地位之间也会呈现出某种一致性。较高的社会地位会成为获准进入某个市场的基础，只要获得某一市场的准入权，个体就能获得更多的金融资源，这些额外的资源将会进一步帮助个体保持或提升其社会地位。

人们也可以在——除了社会领域与技术领域之外的——其他领域发现公司之间的地位差异所发挥的作用。举个例子来说，在本书第二章，我们曾经指出：市场地位能够降低生产特定质量水平产品的交易费用，其原因之一就是在其他条件一样的情况下，人们更愿意为地位较高的而不是地位较低的公司工作。因此，在产品与服务市场上的地位差异带来了劳动力市场上的地位差异，这反过来又进一步强化了他们在产品和服务市场上的地位差异。

你甚至可以考虑将相近产品的市场视为相互依赖的相关领域。所以，当非投资级债券市场兴起时，一家投资银行在投资级债券市场上的地位就可能是其在非投资级债券市场上地位排名最重要的决定因素。我们也看到了例外的情况。德崇公司在非投资级债券市场中较高的地位是因为德崇公司是非投资级债券市场的先驱者。但是，地位似乎会在市场之间渗透这一点依然成立。在非投资级债券市场中较高的地位带来的经济回报又转化为在投资级债券市场中的更高地位，而这又反过来进一步提高了其在非投资级债券市场上的地位。

我们由此可以看到在一系列相互依赖的、具有自我强化特征的领域中公司的地位次序的图景。图 10.1 是反映这种相互依赖关系的维恩图。虽然公司在一个领域中的地位并不一定与其在另一个领域中的地位完全等同,但不同领域之间经常存在的地位溢出效应意味着不同领域之间的地位次序之间存在着一种联系或者说存在一种锁定的情况(lock-in)。这一图景显示了市场运转中三种地位次序维持机制发生作用的宽广背景。

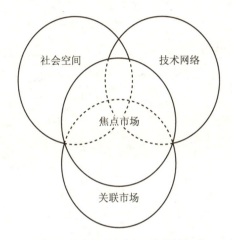

图 10.1　市场生产者相互依赖的领域

哪些经济报酬方面的差异是由地位次序带来的

这个问题的答案与第一个问题中得以确认的三种市场机制以及第二个问题中确认的跨领域锁定现象直接相关。低成本与高价格的机制本身就是经济不平等的来源,同时也是经济不平等所导致的结果。交换关系中基于地位的类聚机制意味着市场分层的存在,地位较低的公司被迫降格到地位较低的层级中。地位较高的公司对技术和质量演进享有更大的控制权,这意味着这些公司能够从他们对研发的投入中获得更大的回报。

除了我在本书中所提到的这些经济不平等的来源以外,其他学者的研究还指出了其他一些经济不平等的来源。这些研究中最值得我们注意的可能就是检验"中等地位一致性"(middle-status conformity)假设在市场上相关性的研究(Han,1994;Philips and Zuckerman,2001)。这些研究强调了市场上地位最高的行动者能够打破行业常规而不冒任何丧失地位风险的办法。尝试新做法和打破行业常规对公司的长期适应能力而言是重要的,这些研究由此为地位次序的自我维持提供了另一种理由。虽然地位最低的行动者的地位不可能再降低,因此他们也可以打破行业常规,但是他们一般都缺乏从这种自由中获得利益所需的资源。

经济不平等在不同的背景中发挥的作用显然是不一样的。的确,有些经济不平等的来源——如价格与细分市场份额——是相互替代的。如果地位较高的公司想提出更高的报价,那么这势必会使低地位细分市场更受欢迎,从而不得不让出部分市场份额给地位较低的公司(当然,地位较高的公司只有在认为制定高价的策略所获得的边际收益大于所付出的边际成本时,才会选择这样做)。

未来也许有一个研究方向值得注意,即在特定市场情境下,什么样的环境将会使得经济不平等的表现尤为突出。目前已经有一些经验研究在这方面做了一些探索。但是,为了对这些探索做一个令人信服的描述,我们有必要考察第四个问题的答案。

哪些环境条件决定这些由地位次序带来的经济报酬是大还是小

不确定性——或者(用第九章的术语)更具体地讲,对他者的不确定性——显然是影响由地位所引起的经济不平等的核心环境变量。在对投资银行业的研究中,我们发现一家银行从其承销证券中所获得的发行费用随着投资者们不确定性的增加而增加。在对半导体行业的分析中,我们看到当一个公司的生产技术不确定性程度相对更高的时候,这家公司的地位将对其收益具有更重要的影响。在对英国远洋航运业卡特尔的研究中,我们发现当新进入者成立的时间越短,从而卡特尔成员们能够考察其真实情况的参考历史越短,那么地位对这家公司是否会被准许进入(利润丰厚的)卡特尔的影响就越大。

值得注意的是,虽然投资银行业的证据显示地位对收益的影响是对他者的不确定性的增函数,但与此同时,对投资银行业的研究也显示对他者

的不确定性降低了一个地位较高的公司在地位较低公司所占领的市场中
扩张市场份额的意愿。平均而言，与投资级债券市场相比，地位较高的银
行更不愿意进入非投资级债券市场。但是，关于一家公司扩张其市场份额
的意愿是对他者的不确定性的函数这一点，最有意思的一项证据来自对非
投资级债券市场的纵向考察。随着非投资级债券市场越来越成熟，对他者
的不确定性越来越低，地位较高的公司变得更愿意与地位较低的公司建立
主承销商—副承销商关系。

对投资银行业的研究显示，随着对他者的不确定性的增加，高地位公
司的收益会相应增加，但与此同时其市场份额会相应下降。这一分析对由
地位引发的经济不平等如何在不同背景中有不同的表现这一问题进行了
探索。当对他者的不确定性较高时，地位较高的公司因为其自身地位带来
的收益已经很高，因此他们不愿意冒着损失地位的风险而扩大市场份额。
但是，当对他者的不确定性不是很高时，地位较高的公司因为本身地位带
来的收益会降低，因此会更愿意冒着损失部分地位的风险扩大部分市场份
额。当对他者的不确定性很低时，地位所带来的回报也就很低。因此，把
第一个环境因素纳入考虑，不仅为回答什么时候由地位带来的经济不平等
最大这一问题提供了启发，而且能够为回答在特定情境下会出现何种形式
的不平等问题提供启发。

我们现在可以再回顾一下本书开篇提及的珠宝市场中绿松石的例子。
我们发现，同样是地位较高的珠宝商，他们对同一市场现象可能采取完全
不同的回应方式。地位较高的珠宝商是否进入低地位公司所占领的市场
取决于其对市场上对他者的不确定性状态的判断。在绿松石的案例中，市
场上是否存在什么制度变化使得消费者变得越来越成熟（sophisticated）
呢？消费者们一眼就能辨识绿松石真正品质的能力提高了吗？或者，消费
者在判断某件珠宝是否物有所值时，仍然高度依赖于珠宝商的地位所发出
的信号？如果现在的消费者并不比过去的消费者更成熟，那么珠宝商就会
谨慎考虑，以免因进入绿松石生意而降低自身的地位。然而，随着国际旅
行越来越频繁、因特网带来的信息扩散以及全球市场的形成，所有这些都
意味着消费者在判断当地珠宝商的商品品质时比过去更加具有优势。面

对这些变化，地位较高的珠宝商意识到扩大市场份额比从细分市场中赚取更高的单件产品销售收益能够获得更高的回报。Eiseman 公司看起来对这种环境变化更加适应，他们积极地搜索高质量的绿松石并进行销售。Lane 公司则拒绝销售任何绿松石。Tiffany 公司拒绝通过扩大收购量以适应日益增长的需求，这样的做法似乎与对他者不确定性降低的制度变迁不相适应。

毫无疑问，对他者的不确定性是决定从地位中获得回报大小的核心环境变量。给定作为信号的地位这一概念，并给定信号的价值取决于以对他者的不确定性形式表现出来的信息不对称，那么对他者的不确定性就应该是决定地位影响作用的主要变量之一，如果不是唯一的主要变量的话。当然，其他变量也发挥了一定的作用。

在前面的章节中，我们发现关于对自身的不确定性影响了地位较高的企业在何种程度上可以保持自身的地位并确保在未来一段时间内从中获得更高的回报。当对自身的不确定性较高时，地位较高的公司在选择交易伙伴以保证对其自身地位进行再生产的时候，应该会面临很大的困难。相应的，我们发现，地位较高的风险投资商寻求进入那些对自身的不确定性相对较低的细分市场中。

最后，除了这两类不确定性以外，本书的第八章还揭示了影响经济回报不平等的第三个变量——随时间推移而不断提高的市场集中度。从 Glenn Carroll 的资源依赖模型中，我们得到这样的启示，即不断演化的市场有一个共同的特点，就是市场集中度会不断提高。至少在投资银行业中，市场集中度的提高是地位最高的公司蚕食中等地位公司市场份额的结果。中等地位的企业被卷入激烈的市场竞争，这减轻了地位较低的企业所面临的竞争压力。结果，随着时间的推移，中等地位的企业发生了分化，只剩下少数几个能获得可观经济回报的高地位公司以及许多几乎没有经济回报的地位非常低的公司。

第三个环境变量与第一个环境变量是否完全可分离，目前仍然尚不能确定。地位较高的企业能够不断增加其市场份额的原因之一，就是对他者的不确定性会随着时间的推移而不断降低。然而，毫无疑问除了对他者的不确定性以外,市场上还存在其他市场集中度提高的原因,比如规模经济或网络经济(network economies)。因此,将市场集中程度分离出来作为第三个相关的环境变量的做法是合适的。

下一步的工作是探讨什么变量决定了地位在某些情形中影响力更大,而在另一些情形中影响力更小。但不管这些额外的变量是什么,从我们已有的分析,应该可以得到下述结论:**如果地位具有影响力,那么它就是一种内在的保守和稳定的力量**。正如我们对投资银行业和葡萄酒业的研究所得到的结论一样,生产者无法通过依靠其他信号——如(投资银行业中的)规模,或者(在葡萄酒业中的)声誉——来摆脱这种自我再生产的动态过程(self-reproduction dynamic)。地位发挥的是透镜的作用,通过这个透镜,其他的信号——如声誉——才能够被观察到,从而一家企业产品质量的声誉最终与由其地位发信号所标识的质量一致。因此,市场内部的信号动态过程以及地位在与市场相互依赖的其他领域的溢出效应加强了马太效应的适用性。

地位动态过程研究中关键的方法论问题

本书的目的之一是要阐明地位次序图景带来的一些问题及其答案,而本书的另一个目的则与分析市场上地位动态机制时所应强调的方法论问题有关。至少在我看来,有两个问题是非常重要的。第一个也是最明显的问题是我们观察到的任何地位效应都可能是虚假的,除非研究者能够完全控制产品质量这一变量的影响。众所周知,地位成为一种信号,恰恰是因为产品的质量是难以观察的,因此研究者不可避免地要很好地控制不可观察的变量的影响。市场行动者在判断质量时会面临与研究者在控制质量差异影响时所遇到的同样的困难,虽然我们可以尝试通过指出这一点而把这个问题搁置在一旁,但这样的处理方式是不够的。即便市场参与者许多可得的信息来自于非系统性的观察或趣闻轶事,市场参与者在独立地评估一家公司在市场地位次序中的位置时,显然也是有部分依据的。因此,我们的确需要想办法很好地控制质量、声誉或者地位之外其他重要的关于质量的指标。

　　许多实证分析已经提出了解决这一方法论问题的各种不同的办法。在对投资银行业地位动态过程的研究中,我们缺少一项对质量的考察,但我们加入了地位信号之外几乎是最重要的控制变量——承销量。因为承销量对质量有着正向的影响,并且行业参与者显然尽了很大的努力将承销量作为质量的一个指标,所以承销量看来是最好的、独立于地位次序的质量的替代指标。葡萄酒业显然因为有匿名品尝评级的数据,所以能够很好地测定其产品质量。在对半导体行业的分析中,不可观测的质量通过计量替代指标(econometric proxy)的方法加以控制。在对专利是否被引用的研究中,一个发生依赖项——专利此前被引用的次数——被纳入进来作为控制变量。在对企业收入增长的分析中,一个固定效应项(a fixed effect term)被纳入作为不同企业之间不随时间变化的质量差异的控制变量。对风险投资业的研究同样也依赖于对固定效应的控制。显然,没有任何一个控制变量是完美的,在系统性的指标与市场参与者非系统性的看法之间,总是存在一些没有被测量到的差异。哪一种是最好的办法? 这显然与案例中可得的数据有关。然而,你越是努力地控制质量、声誉和/或其他关于质量的备选指标,你就对你的研究结果越有信心。

　　第二是一般性的方法论问题是辨识出那些能够最好地界定地位次序的顺从关系。显然,研究者在这方面的辨识能力依赖于其对市场利益的制度性知识。即使一个人拥有丰富的不同情境下的制度性知识,不同情境下顺从关系的可获得性和可编码性也存在着极大的差异。这些差异的存在意味着需要进行权衡。一方面,研究者可以继续只研究行业本身——比如20世纪80年代末期之前的投资银行业——就可以获得界定地位的顺从关系的好指标。然而,持续依赖对个别行业的研究会引来对研究结论一般性的质疑。而且,把关注点放在少数几个行业,将会削弱研究者对不同经济结果的探索能力,因为有些行业的经济结果(比如掠夺性定价)包含的数据很理想,但是缺乏关于地位的理想数据。与此同时,研究者不能仅仅拿着那些看来在特定的行业中是最好的测量指标,然后就声称这一指标必然已经达到了某一最低合理要求。以我们对葡萄酒业的研究为例,如果研究者对地位的测量容易产生歧义,那么可以想象,研究者可能会找到一些感性的联系(perceptual correlates)来支持这种测量方式。然而,因为社会学对地位的测量在很大程度上是基于各种顺从关系,所以这种感性的联系可能从来就被认为无法代替行为指标。

对地位做进一步研究的几个问题

本书深入探究了前面所提及的四个问题,但这四个问题绝不仅仅是将市场视为地位层级这一图景所引发的所有问题。事实上还存在着许多与之相关的问题。在这里我将重点阐述几个看起来特别有研究潜力的问题。

什么因素决定地位分布的"形状"

在本书第四章和第八章的分析中,我尝试将地位分隔研究的微观视角和宏观视角区别开来。微观视角将地位分隔概念化为一种基于地位的类聚趋势;而宏观视角则关注地位分布的整体形状。我们知道,对他者的不确定性是决定类聚趋势的重要因素,而随着规模较大的企业不断挤占中等地位企业的市场份额,与市场集中程度相关的分隔过程影响着地位分布的整体形状。更进一步讲,也许正如本书对各类市场的研究中地位分值所显示的那样,地位的分布形状大多呈现为对数正态分布(log-normal):少数地位非常高的公司加上大量的地位较低的公司。然而,在地位次序的对数正态分布以及影响地位分布的分隔过程之外,探讨各种制度因素和认知因素如何影响地位分布中断裂点(break points)的形成还有很大的潜力,这些断裂点对于企业经济绩效来讲具有非常重要的影响(Saunder, 2004)。

个体在劳动力市场上的地位次序如何影响市场竞争

如前所述,企业参与的相互依赖的市场领域之一就是劳动力市场。在许多劳动力市场上，参与者之间的地位存在差异——这些地位差异植根于参与者之间的顺从关系和交易关系。虽然本书第八章在讨论英国远洋运输业卡特尔的时候将地位整合到对市场竞争的研究中，但是社会地位和劳动力市场或职业地位并不完全相同。地位特征作为个体工作质量的信号，产生于特定的行业或职业中。在工程、演艺以及法律等多样化程度较高的行业中，有些人获得的顺从关系比较多，而另一些人的顺从关系则比较少。Faulker(2003)在对好莱坞作曲家的研究中，揭示了作曲家中存在着许多清晰的地位群体。

在我看来，现有的地位研究中最有吸引力的部分研究工作主要关注的是个体在其职业领域内的地位次序如何影响市场竞争。比如 Hsu(2003)发现，当市场上对产品质量没有一个清晰界定（因此企业没有一个可感知的建立地位次序的基础）的时候，生产者在劳动力市场上的地位在引导市场决策中的重要性将增加。Groysberg，Polzer 和 Elfenbein(2003)在一项对投资银行分析师的研究中发现，企业拥有许多明星分析师（地位较高的个体）将阻碍其组织绩效的提升；但地位较高的企业容纳明星分析师的能力相对更强。换言之，企业的地位越高，就越能够招揽更多地位较高的员工而不至于带来消极后果。Huckman(2003)在一项关于职业地位如何影响市场竞争的研究中，研究了一家医院在治疗冠状动脉硬化症的两种疗法上的倾向性——即冠状动脉分流手术以及冠状动脉成形手术。不同的医学专家偏好不同的手术方法，心脏外科医生倾向于使用分流手术，而心脏病专家则更多地采用成形手术。在控制了诸多可能解释选择不同治疗技术的影响因素之后，Huckman 发现：一家医院选择两种疗法之一的可能性在很大程度上受其心脏外科医生和心脏病专家的相对职业地位的影响。如果在一家医院中，心脏外科医生的职业地位比心脏病专家高，那么这家医院会更倾向于采用分流手术；反之，如果心脏病专家的职业地位比心脏外科医生高，那么这家医院会更倾向于采用成形手术。所有这些研究都指向了对跨层级的地位动态过程(cross-level status dynamics)的研究，在这种地位动态过程中，个体的地位影响了企业的市场选择。

对地位动态过程的敏感性在何种程度上
能够为理解企业和市场的边界问题提供参考

自从 Williamson(1975)的《市场与层级制》(*Markets and Hierarchies*)发表以来,经济制度研究的一个核心问题便是"企业的边界问题":为什么有些交易发生在市场上,而另一些交易发生在层级制当中? 我相信对地位动态过程的研究能够为解决这个问题提供一些启发,虽然我要在这里要事先声明,我这里的想法可能还存在很多可推敲的地方。

在我看来,地位过程与企业边界问题之所以有关系,是因为地位过程既与市场治理高度相关,也与企业治理高度相关。本书发现,地位次序的自我生产性质作为市场上的一种治理机制或控制机制是非常重要的——它既限制了交易对象,也限制了交易的条件。与此相似,社会交换理论(Blau,1955,1989;Homans,1951)的相关研究认为,非正式地位特征在组织内的治理中扮演了重要的角色。

为了阐述的方便,我在这里将引证 Blau(1955)在《官僚系统的动态过程》(*Dynamics of Bureaucracy*)一书中的相关论述。Blau 在他的研究中考察了一个旨在审计企业是否遵守两项联邦法律的联邦局(federal bureau)。这个联邦局由 18 个人组成:1 位主管、16 位审计员和 1 个办事员。主管将具体的任务分派给审计员。每一次审计都涉及对雇主以及部分由随机抽样挑选的雇员的访谈、对企业账目的审核、对企业遵守法律的程度的检查以及(如果企业并未完全遵循法律的要求)与雇主商议应该采取何种措施进行补救,从而符合法律的要求。绝大多数审计工作相对较为简单,所需要的时间很短。事实上,平均每次审计需要的时间是 17 个小时,但是有一些审计活动需要好几个月。

不管一个案子有多复杂,主管从来不会安排一个以上的审计员对一个案子进行审计。有许多法律条文和法院的判例可以作为审计的参考。对于一个审计案子,常见的参考资料是一本上千页的工作手册。如果这些材料还不够,审计员可以调用两个书架的"行政实施细则"(administrative explications)和法院的意见。如果这些书面资料还不足以作出判断的话，审计员不应该向其他审计员寻求帮助，而应该直接找主管。那位主管告诉Blau，"他们不能够询问其他审计员，如果有什么问题，他们应该直接来找我。"(p. 127)

在上述情境中，有两个问题值得注意。首先，虽然绝大多数案例都是常规性的，但是也有少数是比较复杂的。因为一项审计的复杂性要到审计开始的时候才知道，所以审计员事先无法准确地预计一项审计的复杂程度。因此，审计活动就面临着控制问题：如何才能最好地协调审计活动，预测可能的不确定性。主管对这一问题的解决方法是一种对正式科层制的依赖。换言之，主管认为协调行动以应对不确定性的最好办法，就是在组织内部建立一种科层制，主管本人成为这一科层制的中心环节。

然而，Blau通过对审计活动的观察却得出结论，平均每个审计员每小时与其同事联系5次。虽然这些谈话中有一部分是私人谈话，但许多谈话是与工作部分相关的。这些与工作相关的互动既包括一两句话就能讲清楚的问题，也包括对高度复杂的案例的长时间讨论。

更重要的是，Blau发现这些沟通模式和沟通内容与其说是随机的，还不如说它反映了审计员群体内潜在的一种地位次序。审计员把沟通对象的地位作为判断其建议质量的信号，以此来解决控制问题。反过来，正如审计员依赖于他人的地位作为行动的指南一样，他们也依赖于自身的地位作为采取合适行动的指南。地位中等及以下的审计员很难提出新的建议，因为他们的建议可能受到忽略或遭到群体的嘲笑。事实上，他们的地位决定了他人对他们建议的质量的看法，因此他们也不想尝试思考或提出与自己地位不相符的建议。然而，地位较高的审计员更愿意将创新性观点引进到审计群体中，因为他们的地位暗示其他人应该赞同他的这些观点。因此，虽然这一体系中存在着一种科层制的要素，但这不是一种正式权威的科层制，而是一种——和市场中的科层制一样——内生于以地位为基础的个体间互动的科层制。

企业内部的地位次序与市场内部的地位次序之间存在一些差异。首先，企业内部的社会交换所带来的地位次序更可能是基于个体之间来来回回的、更多样化的互动。一些个体能够通过讲笑话或提建议以及提供社会支持来提升自己的地位;相比较而言,市场上的地位次序更多地基于特定的内容。其次,一般来说,明确的定价机制在市场上所起的作用比在企业中所起的作用要大。市场上的交易伙伴多少都会花点时间去计算他们交易资源的货币价值,但在企业内部,这种计算常常是完全被搁置的。

然而,这些差异也不应被夸大。正如 Eccles 和 Crane(1988)对投资银行业的研究所指出的那样,投资银行会为其客户安排一系列非正式活动,这些活动有助于其提高服务质量。更进一步讲,正如 Uzzi(1997)指出的那样,在长期的市场关系中,计算可以被搁置(suspended)。Eccles 和 White (1988)发现,虽然定价机制的主要特征在企业内部的实行被认为是不具有合法性的,但是定价机制可以作为一种促进交易的办法被引入到企业中。因此,虽然平均而言市场上的地位次序与企业内部的地位次序的运作方式存在一定差异,但是最好是把这些差异理解为一种趋势,而不是一种绝对的二元对立。

在 20 世纪 50 年代与 60 年代,许多社会学研究指出了地位过程对于组织内部治理和控制的重要性。我们现在已经找到了许多证据,表明地位过程在一系列不同的市场背景中也都扮演着治理和控制的角色。

上述比较不仅本身具有非常重要的意义,而且有助于我们理解在什么情形下交易发生在企业组织内部,而在另外的情形下交易发生在市场上。对这一问题的回答最值得关注的回答来自于交易费用经济学。交易费用经济学传统下的学者认为,当企业内部的交易费用较低时,交易应当在企业内部进行;当市场上的交易费用较低时,交易应当在市场上进行。当然,除非能够说明在什么情形下,市场中的交易费用比企业的低,或者相反的情形,否则这样的答案是空洞无物的。

当市场上有大量的买者和卖者,买者和卖者都有相关的知识,一旦一方不满意另一方,他就有能力可以随时更换交易伙伴,那么市场上的交易费用就比较低。事实上,当市场交易逼近新古典经济学的完全竞争市场模型时,市场交易费用就相对较低。在这种情形下,买方和卖方都有很强的激励参与能够带来共同利益的交易——和层级制不同——不需要层级制为监督这些交易而耗费成本。

当市场上交易双方的数量比较少，和/或交易双方对现在的交易对象不满意时难以方便地更换交易对象的情况下，市场的交易费用就会显著增加。在这种情况下，买卖双方都担心潜在的交易对象会有机会主义行为——就是说，利用买者或卖者不能轻易选择交易对象的事实为自己牟利。市场行动者减少这些担忧的办法是要么干脆放弃交易，要么设置一个长期而复杂的合约，以涵盖一个机会主义的交易伙伴所有可能出现的意外情况（当然，不管书面合约的期限有多长、条款有多复杂，市场行动者还是会担心潜在的交易伙伴还是会进行机会主义行为，直到你接受这一行为和追究这一行为毫无差异的地步为止）。取消市场交易与签订复杂的长期合约都有很高的成本。对取消市场交易而言，成本就是无法从交易中获得的收益；对签订复杂的长期合约而言，成本是在合约中详细地列出所有可能出现的各种机会主义行为所需要花费的时间和资源。在这种情况下，层级制的成本相对较低，因为层级制中的权威能够推进交易，并防止独立各方可能出现的机会主义行为。

Granovetter（1985）从两个方面批评了交易费用经济学。首先，他批评这一视角假定相对交易效率的比较足以解释特定制度安排的出现。人们可以列举出许多无效的制度安排长期存在的现象，相对交易效率并不足以解释特定制度安排为什么会存在。第二，他批评交易费用经济学采用了社会化不足的市场概念（an undersocialized conception of the market）和过度社会化的企业概念（oversocialized conception of the firm）。

我不反对 Granovetter 对交易费用经济学的第一点批评，但在这里，我将第一点批评先搁置在一旁，主要关注他的第二点批评。在认识到治理对于市场和企业的同等重要性之后，我们就有可能对第二点批评增加一些详细的说明。如果地位在市场的治理结构和企业内部的治理结构中都扮演着重要角色的话，那么交易费用经济学就犯了基本的选择错误。交易费用经济学采用新古典经济学关于市场的图景，过于强调买卖双方从众多交易对象中挑选交易对象的慎重程度；交易费用经济学将层级制等同于正式权威，这又过于强调企业的内部交易能被实施的程度。

　　当然,简单地说交易费用经济学犯了基本的选择错误,并没有回答交易费用经济学试图回答的问题:即是什么因素决定了交易发生在市场上还是发生在企业内部? 地位与市场治理及企业治理的普遍联系似乎意味着这里存在着较高的不确定性。然而——这也完全是我大胆的猜测——我认为要回答这个问题,首先应当回到本书第七章曾经提及的 White 对市场泵的隐喻中去。

　　重复一下,市场泵隐喻背后的基本想法是市场的效率取决于作为一种快速区别机制的生产者差异化次序(differentiated order)所发挥的作用,这一机制使得先前分散的行动和材料凝结成不同的产品,这些产品的质量很容易辨识,所以市场行动者可以很快地找到合适的交易对象。完全不同的行动者蜂拥而入(flow in),相互对接起来,然后"满意"而归(pump out "satisficed")。诚然,如果有新的交易的话,行动者会很快地重新出现,但市场效率最终是由交易的速率(the velocity of exchange)来判断的。

　　虽然我们在对多个市场的研究中都发现存在显示交易速率重要性的指标,但这个概念在我们对于市场的理解中可能理论化程度还不够。举个例子来说,失业率或一个房子在市场上存留的时间都可以解读为对交易速率的一种测量。在产品市场上,公司的库存(inventory)也是一种类似的测量方法。所有这些测量方法都与资源存留在市场上而未离开市场的时间长短有关。虽然所有这些测量方法都与市场交易速率有关,但这些方法都是片面的理解。失业率并没有反映雇主花费在搜寻上的时间;一个房子在市场上存留的时间也没有反映买方花费在搜寻上的时间;与此相似,公司库存的测量方法,比如零售商交易清单上的汽车数量,并没有反映买方的搜寻时间。

　　如我在第七章所指出的,作为地位次序的市场图景与泵的隐喻是一致的,因为地位次序提供的信息减少了搜寻时间,提高了交易速率。但是关于这一点,我需要做进一步的解释:市场交易速率可以被理解为一种判断地位次序的效率标准。这个结论回应了 Baker(1984)对商品交易市场效率的开创性研究。在本书第一章,我们曾经提及 Baker 研究了证券交易商的数量与该证券价格波动之间的关系。由于存在大量潜在的交易对象，交易商就面临着搜寻问题，交易商通过将交易对象限制在相对较小范围内来解决搜寻问题。交易商发展出来的搜寻程序能够缩短交易过程，但由此也导致了市场的分隔。事实上，从交易商的角度（而不是从新古典理论的角度）来看，一个开放的市场——意味着增加搜寻成本并降低市场交易速率——比一个分隔的市场的搜寻效率更低。Baker 的论述与我所提供的解释之间明显的差异在于，Baker 没有关注市场分隔与层级制模式相一致或不一致的程度问题。

　　所以让我们再回到企业的边界问题上来：只要市场上地位的排序创造出聚焦点（focal points）从而减少了市场行动者完成交易的时间，那么市场运作就会更有效率。然而，如果买方要花费很多时间来搜寻生产者，而生产者面临着大量的库存与闲置的工人，那么生产者就会有激励将某些交易放在公司内部，以尽量加快交易速率。

　　诚然，如交易费用经济学最初所解释的那样，我们想避免仅仅通过效率的假设去解释交易为什么会发生在市场或企业的做法。然而，我们可以从地位次序的生态学——交易各方相互竞争——的角度考察其快速完成交易的能力。企业内部的地位次序可以用更丰富的交易内容来加以刻画，但总体上缺乏一个毫无争议的定价机制。而市场上的地位次序可以用相对严格限定的交易内容以及更具合法性的定价机制加以刻画。

　　如果仅仅按照交易费用经济学所提供的解释，当市场上存在大量买者和卖者时，以市场为基础的地位次序将会支配以企业为基础的地位次序，因为以市场为基础的地位次序不需要管理费用，并且一个不存在争议的市场定价机制显然对提高交易效率有极大的帮助。

　　那么，在什么条件下，以企业为基础的地位次序能够取得支配地位呢？回答这个问题需要仔细的推敲。然而，带着对自我的提醒（caveat），地位次序的自我再生产性质意味着没有什么内生原因能够解释为什么地位次序会崩溃，导致交易从市场中转入企业内部。因此，我们不仅需要探究使得地位次序难以建立的外生环境因素、探究颠覆（discomfirmed）地位次序的外生冲击，而且需要探究一种稳定的地位次序出现之前对完成交易的各种挑战。举个例子来说,当市场上对自身的不确定性较高时,稳定的地位次序就无法产生。更进一步讲,当新的市场刚出现时,地位次序需要一段时间才能演化出来,那么在这种情形下,大部分交易将会发生在正式的组织内部,而不是发生在公开的市场上。对商业群体的研究也有相似的结论,许多研究的证据显示,新兴经济体倾向于被纵向整合的商业群体所支配,而不知被市场所支配(Granovetter,1995)。一般而言,学者们认为这类企业出现的原因在于缺乏完善的法律基础设施(legal infrastructure)。然而,缺乏稳定的地位次序区分机制也可能是另一个原因。最后,外生的冲击可能是市场上地位信号作用失效的一个关键原因。革命性的技术改进是最好的例证,但外生的冲击显然可以来自不同的领域。法律上的变化,比如(本书第三章所讨论的)一级证券市场上引入暂缓注册制度可能是地位次序开始遭到破坏的原因。当外生的冲击开始破坏地位次序时,更多的交易可能就发生在纵向整合的关系中——既包括企业内部的正式关系,也包括长期的非正式关系,在这些长期的非正式关系中,替代者最多是非常罕见的例外。当这些交易远离市场时,市场交易速率便受到企业内部以及长期关系中的地位动态过程的驱动。

我认为有必要再次强调:这一从地位角度的对企业边界问题的回答还有可推敲之处。然而,进一步的推敲显然对于任何进一步的研究都是有必要的,虽然社会学家对于交易费用经济学所提供的解释持一种批判的态度,但是社会学家并没有对这一重要问题给出自己强有力的备选答案。虽然社会学家常常强调 Durkheim(1933)所谓的"合约的非合约要素"——特别是指出信任在促进市场交易过程中所发挥的作用(Granovetter,1985;Uzzi,1997),但是,社会学家并没有对在什么情况下信任足以使得市场(而不是层级制)成为更好的交易治理机制这一问题给出理论解释。我们知道:信任是与个体间社会关系的密度相关的(Coleman,1988;Portes & Sensenbrenner,1993),但是我们没有任何证据(甚至理论)可以说明在社会关系密度较高时,通过市场治理的交易数量将会增加。也许引入地位动态过程将有助于发展出替代经济学的社会学理论。

结　语

在结论部分，我已经强调了一些细节问题，比如人们对市场上地位次序的依赖所带来的一系列问题、对这些问题的回答、在探索过程中发现的特定方法论问题。我也关注了一些将来对市场上的地位过程做进一步研究时可能有探索价值的问题。然而，我想在这里谈一些更一般化的观察。虽然本书将关注点放在地位的动态过程上，但是本项研究还有更广阔的意义，就是提出了将可预测性问题(the problem of predictability)作为社会学市场问题研究的出发点的重要性。

Jon Elster(1989)在其著作《社会的黏合剂》(*The Cement of Society*)一书中指出，人类制度必须解决的两个关于秩序的基本问题——合作的问题和可预测性问题。从 Durkheim 的《社会分工论》(*Division of Labor*)到 Granovetter 新提出的嵌入性问题(Uzzi, 1997；Raub & Weesie, 1990)，社会学家们在研究市场时主要关注前一个问题。然而，对地位的研究显然涉及可预测性问题。通过将可预测性问题作为分析的出发点，以地位为基础的模型与组织社会学的研究有了共同的关联，后者试图探索企业领导人的社会关系如何能够降低企业决策中的不确定性(Davis, 1991；Haunschild, 1994)。更直接地讲，可预测性问题的根基为以地位为基础的模型以及经济社会学领域目前所展现的一些更前沿的研究提供了有力的支撑(White, 2002；Kocak, 2003；Zuckerman, 1999；Strang & Macy, 2001)。基于上述一系列研究，社会学在探讨秩序的可预测性问题上还有巨大的潜力，有待进一步挖掘。

感　　谢

　　本书第三章到第九章的部分内容来自下列论文。在此感谢这些论文的版权所有者允许我使用这些已经发表的论文。

Podolny, Joel M. 1993. "A Status-Based Model of Market Competition." *American Journal of Sociology* 98(4):829-872.

　　Original article published by University of Chicago Press and is © 1993 by the University of Chicago. All right reserved.

Podolny, Joel M. 1994. "Market Uncertainty and the Social Character of Economic Exchange." *Administrative Science Quarterly* 39(3):458-483.

　　Original article © Johnson Graduate School of Management, Cornell University, and is used by permission.

Podolny, Joel M., and Toby E. Stuart. 1995. "A Role-Based Ecology of Technological Change." *American Journal of Sociology* 100(5):1224-1260.

　　Original article published by University of Chicago Press and is © 1995 by the University of Chicago. All right reserved.

Podolny, Joel M., Toby E. Stuart, and Michael T. Hannan. 1996. "Networks, Knowledge, and Niches: Competition in the Worldwide Semiconductor Industry, 1984-1991." *American Journal of Sociology* 102(3):659-689.

　　Original article published by University of Chicago Press and is © 1996 by the University of Chicago. All right reserved.

Podolny, Joel M., and Damon J. Phillips. 1996. "The Dynamics of Organizational Status." *Industrial and Corporate Change* 5(2):453-472.

　　Original article was published by Oxford University Press, and is used by permission.

Benjamin, Beth A., and Joel M. Podolny. 1999. "Status, Quality, and Social Order in the California Wine Industry, 1981-1991." *Administrative Science Quarterly* 44(3):563-589.

　　Original article © Johnson Graduate School of Management, Cornell University, and is used by permission.

Podolny, Joel M. and Fiona Scott Morton. 1999. "Social Status, Entry and Pre-
dation: The Case of British Shipping Cartels, 1879-1929. " *Journal of In-
dustrial Economics* 47(1):41-67.

Original article was published by Blackwell Publishing, Ltd.

Park, Douglas Y. , and Joel M. Podolny. 2000. "The Competitive Dynamics of
Status and Niche Width: US Investment Banking, 1920-1949. " *Industrial
and Corporate Change* 9(3):377-414.

Original article was published by Oxford University Press, and is used by
permission.

Podolny, Joel M. 2001. "Networks as the Pipes and Prisms of the Market. "
American Journal of Sociology 107(1):33-60.

Original article published by University of Chicago Press and is © 2001 by
the University of Chicago. All right reserved.

参 考 文 献

Abolafia, Mitchel Y. 1996. *Making Markets: Opportunism and Restraint on Wall Street.* Cambridge, MA: Harvard University Press.

Adler, Patricia, and Peter Adler. 1984. *The Social Dynamics of Financial Markets.* Greenwich, CT: JAI Press.

Albert, M. B., D. Avery, F. Narin, and P. McAllister. 1991. "Direct Validation of Citation Counts as Indicators of Industrially Important Patents." *Research Policy* 20:251–59.

Aldcroft, D. H. 1968. *The Development of British Industry and Foreign Competition, 1875–1914.* London: Allen and Unwin.

Altman, Edward. 1989. "Measuring Corporate Bond Mortality and Performance." *Journal of Finance* 44:902–922.

Amerine, Maynard A. 1984. "Sensory Evaluation or How to Taste Wine." Pp. 448–452 in D. Muscatine, M. A. Amerine, and B. Thompson (eds.), *The Book of California Wine.* Berkeley: University of California Press.

Anders, George. 1981. "Experts Say IBM's Entry Will Buoy Already Booming Software Industry." *Wall Street Journal* (August 19).

Anderson, Philip. 1995. "The Microcomputer Industry." Pp. 37–58 in Glenn R. Carroll and Michael T. Hannan (eds.), *Organizations in Industry: Strategy, Structure, and Selection.* New York: Oxford University Press.

Anderson, Philip, and Michael Tushman. 1990. "Technological Discontinuities and Dominant Designs: A Cyclical Model of Technological Change." *Administrative Science Quarterly* 35 (1): 604–633.

Asch, Solomon E. 1940. "Studies in the Principles of Judgments and Attitudes II: Determination of Judgments by Group and by Ego Standards." *Journal of Social Psychology* 12:433–465.

Asquith, Paul, David W. Mullins, Jr., and Eric D. Wolff. 1989. "Original Issue High Yield Bond: Aging Analyses of Defaults, Exchanges, and Calls." *Journal of Finance* 44 (4): 923–952.

Bain, Joe S. 1956. *Barriers to New Competition.* Cambridge, MA: Harvard University Press.

Baker, Wayne E. 1984. "The Social Structure of a National Securities Market." *American Journal of Sociology* 89:775–811.

Baker, Wayne E., and Robert R. Faulkner. 1993. "The Social Organization of Conspiracy: Illegal Networks in the Heavy Electrical Equipment Industry." *American Sociological Review* 58:837–860.

Barnett, William P. 1994. "The Liability of Collective Action: Growth and Change among Early Telephone Companies." Pp. 337–354 in J. Baum and J. Singh (eds), *Evolutionary Dynamics Of Organizations.* New York: Oxford University Press.

Barnett, William P., and Glenn R. Carroll. 1987. "Competition and Mutualism among Early Telephone Companies." *Administrative Science Quarterly* 32:400–421.

Barron, David N., Elizabeth West, and Michael T. Hannan. 1994. "A Time to Grow and a

Time to Die: Growth and Mortality of Credit Unions in New York City, 1914–1990." *American Journal of Sociology* 100 (2): 381–422.

Basberg, Bjorn L. 1987. "Patents and the Measure of Technological Change." *Research Policy* 16:131–141.

Baum, Joel A. C., and Christine Oliver. 1992. "Institutional Embeddedness and the Dynamics of Organizational Populations." *American Sociological Review* 57 (4): 540–559.

Beckert, Jens. 2002. *Beyond the Market: The Social Foundations of Economic Efficiency*. Princeton, NJ: Princeton University Press.

Belsley, David A., Edwin Kuh, and Roy E. Welsch. 1980. *Regression Diagnostics*. New York: Wiley.

Benjamin, Beth A., and Joel M. Podolny. 1999. "Status, Quality, and Social Order in the California Wine Industry, 1981–1991." *Administrative Science Quarterly* 44 (3): 563–589.

Berger, Joseph, M. Hamit Fisek, Robert Z. Norman, and Morris Zelditch, Jr. 1977. *Status Characteristics and Social Interaction: An Expectation States Approach*. New York: Elsevier.

Berk, Richard A. 1983. "An Introduction to Sample Selection Bias in Sociological Data." *American Sociological Review* 48:386–398.

Blau, Peter M. 1955. *The Dynamics of Bureaucracy: A Study of Interpersonal Relations in Two Government Agencies*. Chicago: University of Chicago Press.

Blau, Peter M. 1964. *Exchange and Power in Social Life*. New Brunswick, NJ: Transaction.

Blume, Marshall E., and Donald B. Keim. 1987. "Lower-Grade Bonds: Their Risks and Returns." *Financial Analysts Journal* 43:26–33.

Bolton, Patrick, and David Scharfstein. 1990. "A Theory of Predation Based on Agency Problems in Financial Contracting." *American Economic Review* 80:93–106.

Bonacich, Philip. 1987. "Power and Centrality: A Family of Measures." *American Journal of Sociology* 92:1170–1183.

Bork, Robert. 1978. *The Antitrust Paradox*. New York: Basic Books.

Bourdieu, Pierre. 1984. *Distinction: A Social Critique of the Judgement of Taste*, translated by Richard Nice. Cambridge, MA: Harvard University Press.

Bowles, Samuel, and Herbert Gintis. 1976. *Schooling in Capitalist America: Educational Reform and the Contradictions of Economic Life*. New York: Basic Books.

Boyce, Gordon. 1995. *Information, Mediation, and Institutional Development: The Rise of Large-Scale Enterprise in British Shipping, 1870–1919*. Manchester, England: Manchester University Press.

Brodsky, Marc H. 1990. "Progress in Galium Arsenide Semiconductors." *Scientific American* (February), pp. 68–75.

Brooks, John. 1973. *The Go-Go Years*. New York: Weybright and Talley.

Burns, Malcolm R. 1986. "Predatory Pricing and the Acquisition Cost of Competitors." *Journal of Political Economy* 94:266–296.

Burrough, Bryan, and John Helyar. 1990. Barbarians at the Gate: The Fall of RJR Nabisco. New York: Harper & Row.

Burt, Ronald S. 1992. *Structural Holes: The Social Structure of Competition*. Cambridge, MA: Harvard University Press.

Burt, Ronald S., and Mark Knez. 1995. "Kinds of Third-Party Effects on Trust." *Rationality and Society* 7:255–292.

Camerer, Colin. 1995. "Individual Decision Making." Pp. 587–703 in J. H. Kagal and A. E. Roth (eds.), *Handbook of Experimental Economics*. Princeton, NJ: Princeton University Press.

Camic, Charles. 1992. "Reputation and Predecessor Selection: Parsons and the Institutionalists." *American Sociological Review* 57:421–445.

Carosso, Vincent P. 1970. *Investment Banking in America, a History*. Cambridge, MA: Harvard University Press.

Carroll, Glenn R. 1985. "Concentration and Specialization: Dynamics of Niche Width in Populations of Organizations." *American Journal of Sociology* 90: 1262–1283.

Carroll, Glenn R. 1997. "Long-Term Evolutionary Change in Organizational Populations." *Industrial and Corporate Change* 6:119–143.

Carroll, Glenn R., and Michael T. Hannan. 2000. *The Demography of Organizational Populations*. Princeton, NJ: Princeton University Press.

Carroll, Glenn R., and Anand Swaminathan. 2000. "Why the Microbrewery Movement: Organizational Dynamics of Resource Partitioning in the U.S. Brewing Industry." *American Journal of Sociology* 106:715–762.

Carruthers, Bruce G. 1996. *City of Capital: Politics and Markets in the English Financial Revolution*. Princeton, NJ: Princeton University Press.

Castellucci, Fabrizio, and Joel M. Podolny. 2003. "The Dynamics of Position, Capability, and Market Competition." Harvard Business School Working Paper.

Chernow, Ron. 1990. *The House of Morgan: An American Banking Dynasty and the Rise of Modern Finance*. New York: Touchstone.

Chevalier, Judith A. 2000. "What Do We Know about Cross-Subsidization? Evidence from the Investment Policies of Merging Firms." University of Chicago GSB and NBER Working Paper.

Christensen, Clayton M. 1997. *The Innovator's Dilemma: When New Technologies Cause Great Firms to Fail*. Boston: Harvard Business School Press.

Cohen, Michael D., James G. March, and Johan P. Olsen. 1972. "A Garbage Can Model of Organizational Choice." *Administrative Science Quarterly* 17:1–25.

Coleman, James S. 1988. "Social Capital in the Creation of Human Capital." *American Journal of Sociology* 94:S95–S120.

Cox, David R. 1966. *Statistical Analyses of Series of Events*. New York: Wiley.

Dannefer, Dale. 1987. "Aging as Intracohort Differentiation: Accentuation, the Matthew Effect, and the Life Course." *Sociological Forum* 2:211–236.

Davis, Gerald F. 1991. "Agents without Principles? The Spread of the Poison Pill through the Intercorporate Network." *Administrative Science Quarterly* 36 (4): 583–613.

Davis, Gerald F., and Mark S. Mizruchi. 1999. "The Money Center Cannot Hold: Commercial Banks in the U.S. System of Corporate Governance." *Administrative Science Quarterly* 44 (2): 215–239.

DiMaggio, Paul, and Sharon Zukin. 1990. "Introduction." In Paul DiMaggio and Sharon Zukin (eds.), *Structures of Capital: The Social Organization of Economic Life*. Cambridge: Cambridge University Press.

Dobbin, Frank. 1994. *Forging Industrial Policy: The United States, Britian, and France in the Railway Age*. Cambridge: Cambridge University Press.

Domhoff, William G. 1967. *Who Rules America?* Englewood Cliffs, NJ: Prentice Hall.

Dumont, Louis. 1981. *Homo Hierarchicus: The Caste System and Its Implications*, translated by Basia M. Gulati. Chicago: University of Chicago Press.

Durkheim, Émile. 1933. *The Division of Labor in Society*. New York: Free Press.

Eccles, Robert G., and Dwight Crane. 1988. *Doing Deals: Investment Banks at Work*. Boston: Harvard Business School Press.

Eccles, Robert G., and Harrison C. White. 1988. "Price and Authority in Inter–Profit Center Transactions." *American Journal of Sociology* 94:S17–S51.

Eerden, C. van der, and F. H. Saelens. 1991. "The Use of Science and Technology Indicators in Strategic Planning." *Long Range Planning* 24 (3): 18–25.

Elias, Norbert, and John Scotson. 1994. *The Established and the Outsiders,* 2nd ed. London: Sage.

Elster, Jon. 1989. *The Cement of Society: A Study of Social Order*. Cambridge: Cambridge University Press.

Espeland, Wendy N., and Mitchell L. Stevens. 1998. "Commensuration as a Social Process." *Annual Review of Sociology* 24:313–343.

Fama, Eugene F. 1970. "Efficient Capital Markets: Review of Theory and Empirical Work." *Journal of Finance* 25 (2): 383–423.

Faulkner, Robert R. 2003. *Music on Demand: Composers and Careers in the Hollywood Film Industry.* New Brunswick, NJ: Transaction.

Figiel, Richard. 1991. "Is There Gout de Terroir out There? Findings of the First Annual Grand Harvest Awards: Charting the Sensory Landscape of America's Viticultural Areas." *Vineyard and Winery Management* (March–April), pp. 32–34.

Fligstein, Neil. 2001. *The Architecture of Markets: An Economic Sociology of Twenty-first Century Capitalist Societies*. Princeton, NJ: Princeton University Press.

Fombrun, Charles, and Mark Shanley. 1990. "What's in a Name? Reputation Building and Corporate Strategy." *Academy of Management Journal* 33:233–258.

Frank, Robert H. 1985. *Choosing the Right Pond: Human Behavior and the Quest for Status*. Oxford: Oxford University Press.

Fudenberg, Drew, and Jan Tirole. 1985. "Predation without Reputation." MIT Department of Economics Working Paper #377.

Genesove, David, and Wallace P. Mullin. 1997. "Predation and Its Rate of Return: The Sugar Industry, 1887–1914." MIT Department of Economics Working Paper.

Gilder, George. 1989. *Microcosm*. New York: Simon & Schuster.

Glasberg, D. S. 1981. "Corporate Power and Control: The Case of Leasco Corporation versus Chemical Bank." *Social Problems* 29:104–116.

Goode, William J. 1978. *The Celebration of Heroes: Prestige as a Social Control System*. Berkeley: University of California Press.

Gould, Roger V. 1995. *Insurgent Identities*. Chicago: University of Chicago Press.

Gould, Roger V. 2001. "The Origin of Status Hierarchies: A Formal Theory and Empirical Test." *American Journal of Sociology* 107:1143–1178.

Granovetter, Mark S. 1974. *Getting a Job*. Cambridge, MA: Harvard University Press.

Granovetter, Mark S. 1985. "Economic Action and Social Structure: The Problem of Embeddedness." *American Journal of Sociology* 91:481–510.

Granovetter, Mark S. 1995. "Coase Revisited: Business Groups in the Modern Economy." *Industrial and Corporate Change* 4:93–131.

Granovetter, Mark S., and Richard Swedberg. 1992. *The Sociology of Economic Life*. Boulder, CO: Westview Press.

Groysberg, Boris, Jeff Polzer, and Hillary A. Elfenbein. 2003. "Too Many Cooks." Harvard Business School Working Paper.

Guo, Guang. 1993. "Event History Analysis for Left-truncated Data." in P. V. Marsden (ed.), *Sociological Methodology*. Cambridge, MA: Blackwell.

Han, Shin-Kap. 1994. "Mimetic Isomorphism and Its Effect on the Audit Services Market." *Social Forces* 73:637–663.

Hannan, Michael T., and Glenn R. Carroll. 1992. *Dynamics of Organizational Populations: Density, Legitimation, and Competition*. New York: Oxford University Press.

Hannan, Michael T., and John Freeman. 1977. "The Population Ecology of Organizations." *American Journal of Sociology* 82:929–964.

Hannan, Michael T., and John Freeman. 1989. *Organizational Ecology*. Cambridge, MA: Harvard University Press.

Haunschild, Pamela R. 1994. "How Much Is That Company Worth? Interorganizational Relationships, Uncertainty, and Acquisition Premiums." *Administrative Science Quarterly* 39 (3): 391–411.

Hawley, Amos. 1950. *Human Ecology*. New York: Ronald Press.

Hayek, Friedrich A. 1949. "The Meaning of Competition." *Individualism and Economic Order*. London: Routledge & Kegan Paul.

Hayes, Samuel L. 1971. "Investment Banking: Power Structure in Flux." *Harvard Business Review* (March–June), pp. 136–152.

Hayes, Samuel L. 1979. "The Transformation of Investment Banking." *Harvard Business Review* (January–February), pp. 153–170.

Hayes, Samuel L. III, A. Michael Spence, and D. Van Praag Marks. 1983. *Competition in the Investment Banking Industry*. Cambridge, MA: Harvard University Press.

Heckman, James J., and George J. Borjas. 1980. "Does Unemployment Cause Future Unemployment: Definitions, Questions, and Answers from a Continuous Time Model of Heterogeneity and State Dependence." *Economica* 47:247–283.

Helm, Leslie. 1992. "U.S. Japan Battle of the Patents." *Los Angeles Times* (April 24).

Hewitt, John P., and Randall Stokes. 1975. "Disclaimers." *American Sociological Review* 40:1–11.

Hirsch, Fred. 1976. *The Social Limits to Growth*. Cambridge, MA: Harvard University Press.

Hirsch, Paul M. 1986. "From Ambushes to Golden Parachutes: Corporate Takeovers as an Instance of Cultural Framing and Institutional Integration." *American Journal of Sociology* 91:800–837.

Holt, Douglas B. 2004. *How Brands Become Icons: The Principles of Cultural Branding*. Boston: Harvard Business School Press.

Homans, George C. 1951. *The Human Group*. London: Routledge & Kegan Paul.

Hovland, Carl I., Irving L. Janis, and Harold Kelley. 1953. *Communication and Persuasion*. New Haven, CT: Yale University Press.

Hsu, Greta. 2003. "The Structure of Quality in Market Contexts." Ph.D. dissertation, Stanford University.

Hsu, David. Forthcoming. "Why Do Entrepreneurs Pay for Venture Capital Affiliation?" *Journal of Finance*.

Huckman, Robert S. 2003. "The Utilization of Competing Technologies within the Firm: Evidence from Cardiac Procedures." *Management Science* 49:599–617.

Hughes, Thomas P. 1987. "The Evolution of Large Technological Systems." Pp. 51–82 in Wiebe E. Bijker, Thomas P. Hughes, and Trevor J. Pinch (eds.), *The social Construction of Technical Systems*. Cambridge, MA: MIT Press.

Jensen, Michael. 2003a. "The Reproduction of Status Hierarchies: Status Descrimination in Market Entry." Michigan Business School Working Paper.

Jensen, Michael. 2003b. "The Role of Network Resources in Market Entry: Commercial Banks' Entry into Investment Banking, 1991–1997." Michigan Business School Working Paper.

Johnston, John. 1960. *Statistical Cost Analysis.* New York: McGraw-Hill.

Johnston, John. 1984. *Econometric Methods*, 3rd ed. New York: McGraw-Hill.

Kadlec, David J. 1986 . "Will the Sun Ever Shine on Merrill's Investment Bankers?" *Investment Dealer's Digest* 52 (April 21).

Kalblfleisch, John D., and Ross L. Prentice. 1980. *The Statistical Analysis of Failure Time Data.* New York: Wiley.

Kanter, Rosabeth M. 1977. *Men and Women of the Corporation.* New York: Basic Books.

Kerckhoff, Alan C., and Elizabeth Glennie. 1999. "The Matthew Effect in American Education." *Research in Sociology of Education & Socialization* 12:35–66.

Klepper, Steven, and Elizabeth Graddy. 1990. "The Evolution of New Industries and Market Structure." *RAND Journal of Economics* 21:27–44

Knight, Frank H. 1921. *Risk, Uncertainty, and Profit.* Boston, MA: Houghton Mifflin.

Kocak, Ozgecan. 2003. "Social Orders of Exchange: Problems of Valuation and the Emergence of Social Order in Markets." Ph.D. dissertation, Stanford University.

Kollock, Peter. 1994. "The Emergence of Exchange Structures: An Experimental Study of Uncertainty, Commitment, and Trust." *American Journal of Sociology* 100 (2): 313–345.

Kramer, Matt. 1992. *Making Sense of California Wine.* New York: Morrow.

Kreps, David M., and Evan L. Porteus. 1978. "Temporal Resolution of Uncertainty and Dynamic Choice Theory." *Econometrica* 46:185–200.

Ladd, David, David E. Leibowitz, and Bruce G. Joseph. 1986. *Protection for the Semiconductor Chip Masks in the United States.* Weinheim: Verlag Chemie.

Latour, Bruno. 1987. *Science in Action.* Cambridge, MA: Harvard University Press.

Lerner, Josh. 1995. "Pricing and Financial Resources: An Analysis of the Disk Drive Industry, 1980–88." *Review of Economics and Statistics* 77:585–598.

Levin, Richard, and David F. Weiman. 1994. "Preying for Monopoly? The Case of Southern Bell Telephone Company, 1894–1912." *Journal of Political Economy* 102: 103–126.

Levin, Richard C., Alvin K. Klevorick, Richard R. Nelson, and Sidney G. Winter. 1987. "Appropriating the Returns from Industrial Research and Development." *Brookings Paper on Economic Activity.* Washington, DC: Brookings Insititution.

Lewin, Kurt. 1935. *Dynamic Theory of Personality.* New York: McGraw-Hill.

Link, Bruce, and Barry Milcarek. 1980. "Selection Factors in the Dispensation of Therapy: The Matthew Effect in the Allocation of Mental Health Resources." *Journal of Health & Social Behavior* 213:279–290.

Lomi, Alessandro. 1995. "The Population and Community Ecology of Organizational Founding: Italian Cooperative Banks." *European Sociological Review* 11:75–98.

Longstreet, J. R., and A. P. Hess, Jr. 1967. "Characteristics of Corporate New Issues in the Post-SEC Period." In I. Friend, J. R. Longstreet, M. Mendelson, E. Miller, and A. P. Hess, Jr. (eds.), *Investment Banking and the New Issues Market.* Cleveland: The World Publishing Company.

Manfreda, John, and Richard Mendelson. 1988. "U.S. Wine Law." Manuscript. Sonoma County Wine Library, Healdsburg, CA.

Mansson, Sven-Axel, and U.-C. Hedin. 1999. "Breaking the Matthew Effect on Women

Leaving Prostitution." *International Journal of Social Welfare* 81:67–77.

March, James G. 1988. *Decisions in Organizations*. New York: Basil Blackwell.

McClean, William J., ed. 1981–91. *Status: A Report on the Integrated Circuit Industry.* Scottsdale, AZ: Integrated Circuit Engineering Corporation.

McGee, John S. 1980. "Predatory Pricing Revisited." *Journal of Law and Economics* 23:289–330.

McPherson, Miller J. 1983. "An Ecology of Affiliation." *American Sociological Review* 48:519–532.

Merton, Robert K. 1968. "The Matthew Effect in Science." *Science* 159:56–63.

Milgrom, Paul R., and John Roberts. 1982. "Predation, Reputation, and Entry Deterrence." *Journal of Economic Theory* 27:280–312.

Milgrom, Paul R., and John Roberts. 1992. *Economics, Organization, and Management*. Englewood Cliffs, NJ: Prentice Hall.

Miller, E. 1967. "Background and Structure of the Industry." In I. Friend, J. R. Longstreet, M. Mendelson, E. Miller, and A. P. Hess, Jr. (eds.), *Investment Banking and the New Issues Market*. Cleveland: The World Publishing Company.

Mitchell, Will. 1995. "Medical Diagnostic Imaging Manufacturers." In Glenn R. Carroll and Michael T. Hannan (eds.), *Organizations in Industry: Strategy and Structure*. New York: Oxford Unversity Press.

Mizruchi, Mark S., and Linda Brewster Stearns. 1994. "A Longitudinal Study of Borrowing by Large American Corporations." *Administrative Science Quarterly* 39:118–140.

Mizruchi, Mark S., and Linda Brewster Stearns. 2001. "Getting Deals Done: The Use of Social Networks in Bank Decision-Making." *American Sociological Review* 66:647–671.

Monroe, Ann. 1986. "Just Like Film Stars, Wall Streeters Battle to Get Top Billing." *Wall Street Journal*, January 15, p. 1.

Moulton, Kirby. 1984. "The Economics of Wine in California." Pp. 380–405 in D. Muscatine, M. A. Amerine, and B. Thompson (eds.), *The Book of California Wine*. Berkeley: University of California Press.

Narin, Francis, Elliot Noma, and Ross Perry. 1987. "Patents a Indicators of Corporate Technological Strength." *Research Policy* 16:143–155.

Nelson, Richard R., and Sidney G. Winter. 1982. *An Evolutionary Theory of Economic Change*. Cambridge, MA: Belknap Press.

Office of Technology Assessment and Forecast, U.S. Department of Commerce, Patent and Trademark Office. 1976. *Technology Assessment and Forecast*, 6th ed. Washington, DC: Government Printing Office.

Okowa, Willie J. 1989. "The Matthew Effect, Ake's Defense Radicalism and Urban Bias in Nigerian Development Planning." *Scandinavian Journal of Development Alternatives* 84:31–38.

Olzak, Susan, S. Shanahan, and E. H. McEneany. 1996. "Poverty, Segregation, and Race Riots, 1960–1993." *American Sociological Review* 61:590–613.

Ordover, Janusz A., and Garth Saloner. 1989. "Predation, Monopolization, and Antitrust." In R. Schmalensee and R. Willig (eds.), *Handbook of Industrial Organization*. New York: North-Holland.

Orenstein, Susan. 1992. "Japanese Companies Shift Gears, Fight in Court." *Legal Times* (June 22).

Padgett, John F., and Paul McLean. Forthcoming. "Economic and Social Exchange in

Renaissance Florence." *American Journal of Sociology.*

Park, Douglas Y., and Joel M. Podolny. 2000. "The Competitive Dynamics of Status and Niche Width: US Investment Banking, 1920–1949." *Industrial and Corporate Change* 9:377–414.

Parsons, Talcott. 1963. "On the Concept of Influence." *Public Opinions Quarterly* 27:37–92.

Péli, Gabor, and Bart Nooteboom. 1999. "Market Partitioning and the Geometry of the Resource Space." *American Journal of Sociology* 104:1132–1153.

Pfeffer, Jeffrey, and Gerald R. Salancik. 1978. *The External Control of Organizations.* New York: Harper & Row.

Phillips, Damon J. 2001. "The Promotion Paradox: Mortality and Employee Promotion Chances in Silicon Valley Law Firms, 1946–1996." *American Journal of Sociology* 106:1058–1098.

Phillips, Damon J., and Ezra W. Zuckerman. 2001. "Middle Status Conformity: Theoretical Restatement and Empirical Demonstration in Two Markets." *American Journal of Sociology* 107:379–429.

Pinch, Trevor J., and Wiebe E. Bijker. 1987. "The Social Construction of Facts and Artifacts." Pp. 17–50 in Wiebe E. Bijker, Thomas P. Hughes, and Trevor J. Pinch (eds.), *The Social Construction of Technical Systems*, Cambridge, MA: MIT Press.

Podolny, Joel M. 1993. "A Status-Based Model of Market Competition." *American Journal of Sociology* 98:829–872.

Podolny, Joel M. 1994. "Market Uncertainty and the Social Character of Economic Exchange." *Administrative Science Quarterly* 39:458–483.

Podolny, Joel M. 2001. "Networks as the Pipes and Prisms of the Market." *American Journal of Sociology* 107:33–60.

Podolny, Joel M., and Andrew Feldman. 1997. "Choosing Ties from the Inside of a Prism: Egocentric Uncertainty and Status in the Venture Capital Markets." Stanford University, Graduate School of Business Working Paper.

Podolny, Joel M., and Greta Hsu. 2003. "Quality, Exchange, and Knightian Uncertainty." Pp. 77–106 in Vincent Buskens, Werner Raub, and Chris Snijders (eds.), *The Governance of Relations in Markets and Organizations.* Amsterdam: JAI Press.

Podolny, Joel M., and Fiona M. Scott Morton. 1999. "Social Status, Entry and Predation: The Case of British Shipping Cartels, 1879–1929." *Journal of Industrial Economics* 47:41–67.

Podolny, Joel M., and Damon J. Phillips. 1996. "The Dynamics of Organizational Status." *Industrial and Corporate Change* 5:453–472.

Podolny, Joel M., and Toby E. Stuart. 1995. "A Role-Based Ecology of Technological Change." *American Journal of Sociology* 100:1224–1260.

Podolny, Joel M., Toby E. Stuart, and Michael T. Hannan. 1996. "Networks, Knowledge, and Niches: Competition in the Worldwide Semiconductor Industry, 1984–1991." *American Journal of Sociology* 102:659–689.

Polanyi, Karl. 1944. *The Great Transformation.* New York: Rinehart & Co.

Portes, Alejandro, and Julia Sensenbrenner. 1993. "Embeddedness and Immigration: Notes on the Social Determinants of Economic Action." *The American Journal of Sociology* 98:1320–1350.

Powell, Walter W. 1985. *Getting into Print: The Decision-Making Process in Scholarly Publishing.* Chicago: University of Chicago Press.

Rao, Hayagreeva, Gerald F. Davis, and Andrew Ward. 2000. "Embeddedness, Social

Identity, and Mobility: Why Firms Leave the NASDAQ and Join the New York Stock Exchange." *Administrative Science Quarterly* 45:268–292.

Raub, Werner, and Jeroen Weesie. 1990. "Reputation and Efficiency in Social Interactions: An Example of Network Effects." *American Journal of Sociology* 96:626–654.

Ristelhueber, Robert. 1993. "Time for a Reality Check." *Electronic Business*, p. 99.

Robinson, David T., and Toby E. Stuart. 2003. "Network Effects in the Governance of Biotech Strategic Alliances." Columbia Business School Working Paper.

Rohwer, Götz. 1993. *Transition Data Analysis*, ver 5.2. Institut für Empirische und Angewandte Soziologie, Universität Bremen.

Ross, Lee, and Richard E. Nisbett. 1991. *The Person and Situation: Perspectives of Social Psychology*. New York: McGraw-Hill.

Rubin, Donald B. 1987. *Multiple Imputation for Nonresponse in Surveys*. New York: Wiley.

Saloner, Garth. 1987. "Predation, Merger, and Incomplete Information." *The RAND Journal of Economics* 18:165–186.

Saloner, Garth, Andrea Shepard, and Joel Podolny. 2001. *Strategic Management*. New York: Wiley, pp. 305–317.

Saunder, Michael. 2004. "Third Parties and Status Position." Northwestern University Working Paper.

Schelling, Thomas. 1960. *The Strategy of Conflict*. Cambridge, MA: Harvard University Press.

Scherer, Frederic M. 1984. *Innovation and Growth: Schumpeterian Perspectives*. Cambridge, MA: MIT Press.

Scott Morton, Fiona M. 1997. "Entry and Predation: British Shipping Cartels, 1879–1929." *Journal of Economics and Management Strategy* 6:679–724.

Shapiro, Carl. 1983. "Premiums for High Quality Products as Returns to Reputation." *Quarterly Journal of Economics* 98:659–679.

Spence, A. Michael. 1974. *Market Signaling: Informational Transfer in Hiring and Related Processes*. Cambridge, MA: Harvard University Press.

Standard & Poor's. 1920–1950. *Security Dealers of North America*. New York: Standard & Poor's Corporation.

Stevens, Mark. 1991. *The Big Six: The Selling Out of America's Top Accounting Firms*. New York: Simon & Schuster.

Strang, David, and Michael W. Macy. 2001. " 'In Search of Excellence': Fads, Success Stories, and Adaptive Emulation." *American Journal of Sociology* 107:147–182.

Stuller, Jay, and Glen Martin. 1989. *Through the Grapevine: The Great Story behind America's Eight Billion Dollar Wine Industry*. New York: Wynwood Press.

Swedberg, Richard. 2003. *Principles of Economic Sociology*. Princeton, NJ: Princeton University Press.

Thaler, Richard. H. 1994. *The Winner's Curse: Paradoxes and Anomolies of Economic Life*. Princeton, NJ: Princeton University Press.

Thompson, Bob. 1984. "The Critics Look at California Wines." Pp. 486–536 in D. Muscatine, M. A. Amerine, and B. Thompson (eds.), *The Book of California Wine*. Berkeley: University of California Press.

Trajtenberg, Manuel. 1990. "A Penny for Your Quotes: Patent Citations and the Value of Information." *Rand Journal of Economics* 21 (1): 172–187.

Tripas, Mary, and Giovanni Gavetti. 2000. "Capabilities, Cognition and Inertia: Evidence from Digital Imaging." Harvard Business School Working Paper Series,

No. 00-067, 2000.

Tuma, Nancy B., and Michael T. Hannan. 1984. *Social Dynamics: Models and Methods*. Orlando, FL: Academic Press.

Useem, Michael. 1984. *The Inner Circle: Large Corporations and the Rise of Business Political Activity in the U.S. and U.K.* New York: Oxford University Press.

Uzzi, Brian. 1997. "Networks and the Paradox of Embeddedness." *Administrative Science Quarterly* 42:35–67.

Uzzi, Brian, and Ryon Lancaster. 2004. "Embeddedness and the Price of Legal Services in the Large Law Firm Market." *American Sociological Review* (forthcoming).

Veblen, Thorstein. 1953. *The Theory of the Leisure Class*. New York: New American Library.

Walberg, Herbert, and Shiow-Ling Tsai. 1983. "Matthew Effects in Education." *American Research Journal* 20:359–373.

Waterman, Merwin H. 1958. *Investment Banking Functions: Their Evolution and Adaptation to Business Finance*. Ann Arbor, MI: University of Michigan Press.

Weber, Max. 1948. "Class, Status, and Party." Pp. 180–195 in H. H. Gerth and C. Wright Mills, (eds.), *From Max Weber*. Oxford: Oxford University Press.

Weber, Max. 1978. *Economy and Society,* edited by Guenther Roth and Claus Wittich. Berkeley: University of California Press.

White, Harrison C. 1981. "Where Do Markets Come From?" *American Journal of Sociology* 87:517–547.

White, Harrison C. 2002a. "Manipulation Versus Niches within Market Networks?" Cambridge Colloquium on Complexity and Social Networks Working Paper.

White, Harrison C. 2002b. *Markets from Networks: Socioeconomic Models of Production*. Princeton, NJ: Princeton University Press.

Whyte, William. 1981. *Street Corner Society: The Social Order of an Italian Slum,* 3rd ed. Chicago: University of Chicago Press.

Williamson, Oliver E. 1975. *Markets and Hierarchies.* New York: Free Press.

Williamson, Oliver E. 1985. *The Economic Institutions of Capitalism.* New York: Free Press.

Wilson, Robert W., Peter K. Ashton, and Thomas P. Egan. 1980. *Innovation, Competition, and Government Policy in the Semiconductor Industry.* Toronto: Lexington Books.

Zelizer, Viviana. 1994. *The Social Meaning of Money.* New York: Basic Books.

Zuckerman, Ezra W. 1999. "The Categorical Imperative: Securities Analysts and the Legitimacy Discount." *American Journal of Sociology* 104 (5): 1398–1438.

Zuckerman, Ezra W. 2000. "Focusing the Corporate Product: Securities Analysts and De-diversification." *Administrative Science Quarterly* 45:591–619.

Zuckerman, Ezra W., and Tai-Young Kim. 2003. "The Critical Trade-off: Identity Assignment and Box Office Success in the Feature Film Industry." *Industrial and Corporate Change* 12:27–67.

Zuckerman, Ezra W., and Stoyan Sgourev. 2003. "Peer Capitalism: The Role of Parallel Relationships in the Market Economy." MIT Sloan School Working Paper.

译　后　记

　　2005年，我到上海大学参加"组织社会学工作坊"，会议的倡导者周雪光教授为与会者们推荐了8篇组织社会学研究的经典文献，作为会议的讨论内容。其中打头的第一篇就是Podolny教授于1993年发表的《基于地位的市场竞争模型》。这是我第一次读到Podolny教授的论文，这篇文章给我留下了非常深刻的印象。那次会议结束回到北大后，我还专门提议刘世定老师在师门读书会专门举行一次关于这篇文章的讨论。

　　2007年秋天，我到耶鲁大学管理学院访学一年。一年的时间过得很快，阅读和写作是这一年的主要生活内容，简单而充实。回国后不久的一天，我偶然读到一条关于"耶鲁大学管理学院院长、社会学家Podolny教授"的新闻。我这才突然意识到原来自己仰慕已久的社会学家就是我访学所在学院的院长。未能当面向这位社会学家表达自己的感激之情，悔之何及！

　　2010年，当田青女士问我是否愿意翻译Podolny教授的《地位的信号》一书时，也许是因为觉得自己欠了Podolny教授点什么，我当时毫不犹豫地一口答应下来。记得收到原版书的那一天，正好康奈尔大学社会学系的Mark博士在浙大访问。他听说我要翻译这本书，善意地提醒我："这本书可不太好翻译！"但只有在动手翻译之后，我才真正体会到Mark博士的这句话真是毫不夸张。

　　幸亏我找了同师门的艾云和张惠强和我一起翻译这本书。艾云翻译第四、五、六章的初稿，张惠强翻译第七、八、九、十章的初稿，我翻译其余章节，并负责全书的统稿和校对工作。张惠强还帮我校对了部分的二校稿。这是我负责翻译的第一本书，没有经验，事先实在没有想到翻译这本书的工作量会如此之大。2011年暑假最热的日子里，有一个多月时间，统稿和校对就是我生活的主要内容。

　　在此我要感谢本书的作者 Podolny 教授，他的这本著作为喜欢经济社会学的同仁们提供了一个全新的视角，为推进社会学和经济学之间的对话提供了一个很好的范例；我要感谢周雪光教授，他近年来不遗余力地向国内社会学界推介经济社会学和组织社会学的优秀作品，推动"组织社会学工作坊"的定期召开和专业学术社区的建立；我要感谢国家社科基金一般项目"金融社会学：历史、理论与现实研究"（11BSH040）对本书翻译的财务支持；我还要感谢格致出版社罗康女士对我一再拖延交稿时间的宽容和理解，她认真细致的编辑工作减少了我译稿中的许多错误。

　　因为本人学识有限，译稿中一定还会有不少错漏之处，还请广大读者们来信批评指正，我的联系电邮是 xiangzhang@zju.edu.cn。

张　翔

2011 年 11 月 11 日于杭州

图书在版编目(CIP)数据

地位的信号:对市场竞争的社会学研究/(美)波
多尼著;张翔,艾云,张惠强译.—上海:格致出版社:
上海人民出版社,2011
(经济与社会译丛)
ISBN 978-7-5432-2023-2

Ⅰ.①地… Ⅱ.①波… ②张… ③艾… ④张… Ⅲ.
①市场竞争-研究 Ⅳ.①F713.5

中国版本图书馆 CIP 数据核字(2011)第 213839 号

责任编辑 罗 康
美术编辑 路 静

地位的信号
——对市场竞争的社会学研究
[美]乔尔·波多尼 著
张翔 艾云 张惠强 译
张翔 校

世纪出版集团
www.ewen.cc

格致出版社
www.hibooks.cn

出 版

上海人民出版社

(200001 上海福建中路193号24层)

编辑部热线 021-63914988
市场部热线 021-63914081

发　　行　世纪出版集团发行中心
印　　刷　上海江杨印刷厂
开　　本　635×965 毫米　1/16
印　　张　19.5
插　　页　2
字　　数　275,000
版　　次　2011 年 12 月第 1 版
印　　次　2011 年 12 月第 1 次印刷
ISBN 978-7-5432-2023-2/F·482
定　　价　38.00 元